온라인 게임 아트 디렉터를 위한

게임 배경 원화
테크니컬 북

Background Concept Art for Online Game

김수영 지음

BM (주)도서출판 성안당

온라인 게임 아트 디렉터를 위한

게임 배경 원화 테크니컬 북

2011. 10. 7. 1판 1쇄 발행
2012. 4. 20. 1판 2쇄 발행
2015. 3. 9. 1판 3쇄 발행
2020. 6. 17. 1판 4쇄 발행

지은이 | 김수영
펴낸이 | 이종춘
펴낸곳 | **BM** ㈜도서출판 **성안당**
주소 | 04032 서울시 마포구 양화로 127 첨단빌딩 3층(출판기획 R&D 센터)
     | 10881 경기도 파주시 문발로 112 출판문화정보산업단지(제작 및 물류)
전화 | 02) 3142-0036
     | 031) 950-6300
팩스 | 031) 955-0510
등록 | 1973. 2. 1. 제406-2005-000046호
출판사 홈페이지 | **www.cyber.co.kr**
ISBN | 978-89-315-5675-9 (13000)
정가 | 29,000원

이 책을 만든 사람들
책임 | 최옥현
진행 | 조혜란
교정 · 교열 | 안종군
본문 · 표지 디자인 | 디자인 뮤제, 박원석
홍보 | 김계향, 유미나
국제부 | 이선민, 조혜란, 김혜숙
마케팅 | 구본철, 차정욱, 나진호, 이동후, 강호묵
제작 | 김유석

■ **도서 A/S 안내**

성안당에서 발행하는 모든 도서는 저자와 출판사, 그리고 독자가 함께 만들어 나갑니다.
좋은 책을 펴내기 위해 많은 노력을 기울이고 있습니다. 혹시라도 내용상의 오류나 오탈자 등이
발견되면 **"좋은 책은 나라의 보배"**로서 우리 모두가 함께 만들어 간다는 마음으로 연락주시기
바랍니다. 수정 보완하여 더 나은 책이 되도록 최선을 다하겠습니다.
성안당은 늘 독자 여러분들의 소중한 의견을 기다리고 있습니다. 좋은 의견을 보내주시는 분께는
성안당 쇼핑몰의 포인트(3,000포인트)를 적립해 드립니다.
잘못 만들어진 책이나 부록 등이 파손된 경우에는 교환해 드립니다.

시작하며

간단하고 시각적인 구성으로 접근하기 위하여 되도록 너무 깊은 개발 과정은 생략하고 기본적으로 개발자들이 반드시 공유해야 할 기본 지식을 중심으로 제작하였다. 이 책에서는 배경 작업의 이해를 돕기 위해 세 가지 방향으로 접근하였다.

BLOCK 01 포토샵의 기능을 활용해 보자

Part 01~Part 03에서는 포토샵의 기본적인 필요 옵션과 그에 관련된 툴의 설명을 실었다. 포토샵의 기능과 연결되는 실질적인 옵션들을 좀 더 쉬운 예제와 간단한 설명을 통해 수록함으로써 초보자도 쉽게 다가갈 수 있도록 구성하였다. 중급 이상의 작업자들 또한 그동안 잊고 있었던 부분을 다시 한 번 체크해 볼 수 있도록 배려하였다.

BLOCK 02 포토샵을 이용하여 원화 튜토리얼을 진행해 보자

Part 04에서는 본격적인 게임 배경 작업으로 게임 배경 원화에 필요한 가장 기본적인 부분을 제작하는 방법에 대하여 서술하였다. 작업자마다 가지각색의 채색 방법을 가지고 있지만 필자가 사용하고 있는 방법 중에서 간단한 툴의 세팅과 기본적인 작업 진행은 튜토리얼을 통한 스텝 바이 스텝의 방법으로 접근하였다. 자신이 제작하고 있는 작업물과 비교해 가면서 작업을 따라하면 많은 도움이 되리라 생각한다.

BLOCK 03 개발 현장의 작업을 경험하자

Part 05~Part 06에서는 게임 배경의 필수적인 구성 요소인 필드, 마을, 성, 던전 등을 제작하는 방법을, 그동안 현장의 스텝들과 부딪히면서 쌓아온 노하우들을 통해 정리하였을 뿐만 아니라 10년 이상 현장에서 작업한 한국, 일본, 중국 등지에서의 작업 결과물들을 정리하여 바로바로 참고할 수 있도록 정리하였다. Part 05에서는 이론을 중심으로 한 제작 방법적인 접근을 유도하였으며, Part 06에서는 필자 자신의 작업물을 기본으로 하여 작업에 바로 적용할 수 있도록 정리하였다.

게임 배경의 현장에서 지금도 최선을 다하고 있는 개발자들과 배경 콘셉트 원화가가 되기 위해 준비하고 있는 예비 개발자분들에게 이 책이 조금이나마 도움이 될 수 있기를 바란다.

이런 분들에게 추천합니다

온라인 게임 개발에 참여하는 사람들에게

"배경은 학문이다." 온라인 게임에서 배경을 개발하는 일은 계속되는 실패와 반복의 연속이다. 온라인 게임의 배경을 만드는 일은 완료의 개념이 없기 때문에 일 자체를 즐기지 않으면 오랫동안 직업을 유지하기가 힘들다. 필자는 게임 업계에 들어온 지 10년이라는 세월이 흐르는 동안 수많은 리얼 터치의 콘솔 게임과 1개의 성인용 온라인 게임, 2개의 캐주얼 SD MMORPG를 경험했다. 배경의 경우, 특히 온라인 게임의 원화는 알고 그리는 것과 회화적인 감성의 비주얼만으로 그리는 것은 그 결과와 과정이 천차만별이다. 경험과 노하우를 피부로 배운 배경 작업자일수록 더욱 훌륭한 원화가가 될 수 있다고 생각한다. "배경은 학문이다."라는 말은 필자가 지금까지 개발해 온 과정에서 얻은 교훈이다. 이 책은 다양한 장르의 게임 배경 작업 중에서 온라인 게임 배경 원화 콘셉트를 전문적으로 공부하려는 사람과 이를 준비하는 사람들에게 조금이나마 도움을 주기 위해 만들었다. 독자들은 이 책을 통해 현장에서 사용되거나 통용되는 개발의 흐름이나 다양한 기술적인 부분을 체크해 볼 수 있을 것이다.

게임 작업자로서의 마음가짐에 대하여

"그래픽 데이터의 끝이 게임 개발의 시작이다." 배경 콘셉트 원화가의 역할은 일러스트레이터나 화가들과는 전혀 다르다. 게임 개발에 그림을 그리기만을 위해서 참여하면 동료 개발자들에게 오히려 피해를 줄 수 있다.

그래픽 개발자들 중 "게임에 모든 그래픽 데이터가 다 넘어 갔으므로, 내가 맡은 일은 끝났다"라고 생각하는 개발자들이 있는데 이는 좀 성급한 결론이다. 게임에 들어간 순간부터 그래픽 업무는 시작이라고 해도 과언이 아니기 때문이다. 그래픽 개발자들은 게임 배경에서의 풀 하나, 나무 하나가 게임에 방해가 되고 있지는 않은지, 데이터의 양이 무겁지는 않은지, 공간은 제대로 설정되어 있는지, 캐릭터와 톤은 적절히 매칭되고 있는지 등과 같은 수많은 피드백을 해결하지 않으면 안 된다. 하지만 초보적인 작업자일수록 자기가 맡은 데이터 업무가 끝나면 아무것도 하려 하지 않는 경향이 강하다. 게임은 팀장이나 PM들이 만드는 것이 아니다. 작업자 한 명, 한 명이 게임을 즐기는 유저의 입장이 되어 그래픽을 철저하게 관리해야만 진정한 프로라고 할 수 있다.

배경 콘셉트 원화가들에게

'바로 참고하고, 바로 응용하기 좋은 책' 게임에서는 전체 개발비의 4분의 1 정도가 배경 제작비로 들어가는 것이 보통이다. 캐릭터 파트의 제작비를 7분의 1이라고 보았을 때, 이는 꽤 높은 비중이라고 할 수 있다. 최근 MMORPG 경쟁이 치열해지면서 배경 작업에 관한 관심도가 점차 높아지고 있는 추세이다. 하지만 이와는 반대로 배경에 관한 전문 서적은 전무하다.

필자는 그동안 경험한 현장 경험을 바탕으로 '바로 참고하고, 바로 응용하기 좋은 책'을 만들 목적으로 이 책의 집필을 시작하였다. 이 책은 포트폴리오를 준비하는 예비 배경 콘셉트 원화가가 업계에서 사용되는 일반적인 작업 흐름을 쉽게 이해할 수 있도록 함으로써, 좀 더 높은 수준의 퀄리티를 가진 포트폴리오를 준비할 수 있도록 기획하였으며, 업계 종사하는 원화가들도 실제 필드에서의 작업 프로세스를 한눈에 경험할 수 있도록 폭넓게 정리하였다.

필자 인터뷰

이 책을 집필하게 된 계기는 무엇인가요?

제가 일본에서 근무할 당시 배경에 관한 서적이 꽤 많았습니다. 던전이나, 필드를 바로바로 참고할 수 있는 서적들이 BOOK OFF라는 전문 중고 서적 기업에서 싼 값에 구입할 수 있었습니다. 당시 매년 출시되는 여러 콘솔 게임, 특히 파이널 판타지 시리즈, 성검 전설 시리즈, 테일즈 시리즈 등의 전문 게임 서적을 통해 많은 정보를 얻을 수 있었고, 이를 바탕으로 게임 개발에 응용해 볼 수 있었습니다.

하지만 한국 온라인 개발 기업으로 자리를 옮긴 후부터 가장 심하게 부족했던 것이 이 배경 전문 서적이었습니다. 물론 가끔씩 비싼 외국 서적을 구입해 보기는 했지만, 일본에서만큼은 만족스럽지 못했습니다.

한국에는 프로그램 매뉴얼이 대부분이고, 일부 작가의 작품집도 그리 쉽게 찾을 수 없었습니다. 특히 배경의 경우는 거의 전무하였으며, 작품집조자도 쉽게 찾을 수 없었습니다. 그러던 중 일본에서 즐겨 보던 '쿠사나기 시리즈' 라는 책을 통해 많은 것을 배울 수 있었습니다. 이 책은 배경 전문 회사의 전문 서적인데, 현재 5탄까지 나온 것으로 알고 있습니다. 이 서적을 보면서 이런 형식의 책이 한국에도 나왔으면 좋겠다는 생각을 하게 되었습니다.

게임 개발자들이 이 책을 통해 무엇을 배울 수 있나요?

과거 교토의 고계세인 대학원 시절에 디자인학과를 다니고 있었는데, 어느덧 저도 졸업을 앞두게 되었고, 누구나 그러하듯이 저 또한 '계속 학교에 남을 것인가? 아니면 사회생활을 시작할 것인가?'라는 갈등을 하게 되었습니다. 그 당시 디자인학과이다보니 게임에 관련된 정보를 거의 얻을 수 없었습니다. 저는 사회생

활을 할 경우 꼭 게임 업계에 도전해 보고 싶었습니다. 그래서 여러 장르의 디자인적인 요소들을 모아 포트폴리오를 준비하였는데, 게임 디자인이라기보다는 거의 그래픽 디자인이라고 할 수 있는 것들뿐이어서 게임 개발 현장에서 거의 사용되지 않는 내용을 담을 수밖에 없었습니다. 우여곡절 끝에 일본 기업에 들어가기는 했지만, 지금 생각해 보면 제 포트폴리오가 우수하다기보다는 그 당시 면접을 보신 분이 저의 열정을 높게 평가해 주신 결과라 생각합니다.

저는 한국에서도 많은 게임 개발 지망생들이 현장감 있는 전문 서적을 절실히 기다리고 있다고 생각합니다. 미흡하게나마 제가 10년 가까이 여러 장르에서 배우고, 느끼고, 쌓아온 노하우와 현장감 있는 내용들이 게임 개발 지망생들에게는 바른 방향을 잡아줄 수 있는 참고 서적으로, 현장에서 개발하시는 분들에게는 다른 장르의 개발에 대한 제반 지식을 쌓을 수 있는 서적으로, 배경을 심도 있게 배워 아트디렉터로 성공하고자 하는 현장의 개발자들에게 조금이나마 도움이 될 수 있는 서적으로 자리매김했으면 하는 마음 간절합니다. 이 책에서는 바로 응용하고, 참고할 수 있는 내용들과 많은 아이디어를 담으려고 노력했습니다. 이 책을 벗삼아 실 작업에서도 많은 응용을 할 수 있었으면 하는 바람입니다.

배경 콘셉트 디자이너의 기반 지식에는 어떤 것들이 있을까요?

게임의 배경을 공부하신다면 중세 유럽의 건축학 관련 서적은 몇 권 정도는 가지고 있는 것이 좋습니다. 제 경험에 비추어 보면 배경 업무는 크게 두 가지 패턴으로 나누어진다고 생각합니다. 그 하나는 실사 텍스처나 실사 사진 합성에 많은 비중을 두는 개발자와 다른 하나는 순수 창작 작업을 고집하는 작업자입니다. 이 두 가지를 섞기란 보통 어려운 일이 아닙니다.

실사 사진을 조합하면 거의 실사 판타지가 되는 경우가 많고, 캐주얼적인 느낌을 살리기 어렵게 됩니다. 그 반대도 마찬가지입니다. 저의 경우라면 유럽의 건축에 대한 강좌나 건축학에 관련된 서적을 많이 참고했습니다. 건축에서 사용하는 투시도법도 이에 속한다고 생각합니다.

디자인적인 면이라면 색상에 대한 기본적인 디자인 지식을 체크해 볼 필요가 있다고 생각합니다. 어느 계열이 어느 색상과 만날 때 강조되고, 어울리는지는 많은 디자인 학자들이 연구한 서적들을 참고하시면 좋으리라 생각합니다. 발품을 팔아 서점에서 체크해 보는 것도 도움이 되리라 생각합니다.

이 중에서 가장 중요한 부분이라고 한다면 '데생력'이라 할 것입니다. 흔히 풍경이나 배경 같은 경우 이런 데생력이 필요 없을 것 같지만 이는 사실과 다릅니다. 재질감을 표현하거나 빛의 처리를 표현할 때 반드시 이러한 데생력이 바탕이 됩니다.

마지막으로 국제 감각을 키우시라고 말씀드리고 싶습니다. 최근 2~3년간 국내 런칭만으로 수익을 올리는 기업은 손에 꼽을 정도입니다. 90% 이상이 해외의 수익에 의존하고 있습니다. 물론 한국풍이 세계적인 풍이 될 수도 있지만, 나라마다의 취향은 정말 다양합니다. 나라별 게임의 개발 흐름을 파악하려는 노력이 중요하다고 봅니다.

게임 아트디렉터가 되기 위한 필수 조건은 무엇이라고 생각하시는지?

'카리스마'라고 생각합니다. 그렇다고 제가 카리스마가 있다는 것은 절대 아닙니다. 제가 말하는 카리스마는 똑같은 사물을 표현하더라도 전혀 다른 표현이 가능할 수 있도록 하는 능력을 의미합니다. 다시 말해서 다른 게임에서 거의 같은 느낌으로 뽑아 내는 능력이 아닌 독창적인 특징을 녹여 새로운 것으로 다시 만들어 낼 수 있는 능력을 말합니다. 제가 이 업계 종사하면서, 아니 지금까지 살아오면서 많은 재능 있는 선후배들을 만났습니다. 하지만 그들이 전부 높은 위치에, 특히 아트디렉터가 되어 있는 것은 아니라는 사실에서도 이를 쉽게 알 수 있습니다.

작업 결과물을 보면 도저히 뛰어 넘을 수 없을 것 같은 작품을 제작하는 모습을 보면 놀란 적도 많습니다. 하지만, 게임 업계는 혼자만의 결과물로 모든 완성되는 분야가 아닙니다. 따라서 다양한 장르, 캐릭터, 애니메이션, 이펙트, 배경, 3D 관련 업무 등에 다양한 장르에 대한 경험과 노하우를 쌓아 나갈 필요가 있습니다.

가령 결과물이 너무 좋은 어떤 작업자가 있다고 가정해 보겠습니다. 그가 어느 날 갑자기 아트디렉터라는 자리에 발령을 받았다고 합시다. 그 다음에 그는 무엇을 진행할까요? 이 사람이 3D 배경팀이나 캐릭터팀에 가서 과연 무엇을 만들어 낼 수 있을까요? 단언하건데, 결과는 그렇게 좋지 못할 것입니다.

"폴리곤을 너무 많이 사용한다", "현실 불가능한 디자인이다", "엔진과 연동이 안 된다"라는 식의 이야기를 들었을 때 아무것도 할 수 없다면 그 사람은 아마 아트디렉터라고 보기 힘들 것입니다.

다시 강조하지만 자신만의 '카리스마'를 만들어야 합니다. 이에 덧붙여서 전문 프로그램 엔지니어보다 더 많이 알고, 한편으로는 다른 사람보다 시스템을 이해하는 관리 능력과 인력 관리 능력을 겸비한 사람이 되어야 합니다.

이 책을 통해 이루고자 하는 것이 있다면 무엇인지요?

두 가지가 있습니다.

첫째, "배경을 준비하시는 분들에게 업계가 어떤 것을 요구하고 어떤 일들을 하고 있는가?"를 정확하게 파악할 수 있는 정보를 제공하는 것입니다. 저는 전문 학원에서 배울 수 있는 정보가 있는 반면 전문 서적을 통해 얻을 수 있는 정보도 있다고 봅니다. 이 책을 바탕으로, 현장에서 흘러가는 작업 흐름 등을 보면서 '나라면 이런 식으로 할 텐데' 또는 '이런 식의 디자인도 있구나, 이런 식으로 응용해 봐야지' 등의 기본 방향을 파악할 수 있게 되기를 바랍니다.

이 책에서는 가장 쉽게 접할 수 있는 포토샵을 통해 아주 기본적인 단계에서부터 실제적으로 사용되는 단계에 이르기까지 다양한 방법의 툴을 익힐 수 있도록 정리해 보았으며, 특히 Part 05~Part 06에서는 본격적인 실 작업 결과물을 바탕으로 이론적인 정리와 다양한 프로젝트에서 나온 실 작업물을 바로바로 응용하여 양질의 퀄리티로 발전시킬 수 있는 내용을 담았습니다.

둘째, 현장에서 활발하게 활동하고 있는 개발자분들에게 조금이나마 참고가 될 수 있는 결과물을 제공하는 것입니다. 제가 가장 많이 참고했던 '쿠사나기'에는 그때그때 응용할 수 있는 다양한 선화들이 담겨 있습니다. 새로운 작업물은 자신의 아이디어와 병합, 변형 또는 조합을 통해 창조되는 것이라고 생각합니다. 아무쪼록 이 책이 여러분의 아이디어를 구체화시키는 데 도움이 되기를 바랍니다.

PREVIEW

이 책은 총 3개의 Block으로 나누어져 있으며, 7개의 Part로 구성되어 있습니다. 초보자가 쉽게 따라할 수 있도록 각 작업을 상세하게 설명하였으며, 각 Part가 끝날 때마다 필자가 경험한 사례 또는 노하우를 에피소드 코너에 담았습니다. 그리고 각 Chapter의 끝에는 작품집을 수록하여 게임 원화의 느낌을 살렸습니다.

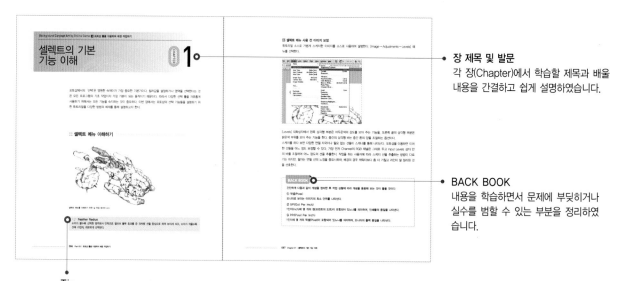

장 제목 및 발문
각 장(Chapter)에서 학습할 제목과 배울 내용을 간결하고 쉽게 설명하였습니다.

BACK BOOK
내용을 학습하면서 문제에 부딪히거나 실수를 범할 수 있는 부분을 정리하였습니다.

Tip
본문에 미처 담지 못한 내용과 꼭 필요한 핵심 내용을 정리하였습니다.

따라하기
예제를 직접 활용하여 익혀보는 과정으로, 따라하기 형식을 바탕으로 구성하였습니다.

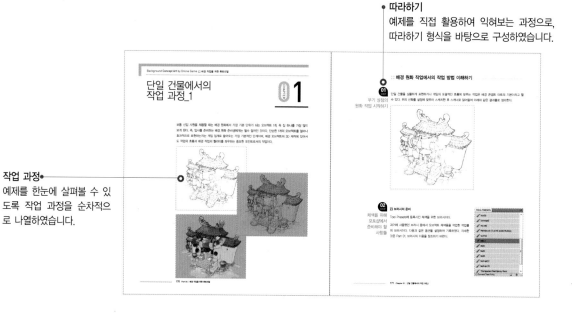

작업 과정
예제를 한눈에 살펴볼 수 있도록 작업 과정을 순차적으로 나열하였습니다.

● 에피소드
알아 두면 좋은 팁과 필자의 풍부한 실전 경험을 바탕으로 한
알짜 노하우를 정리하였습니다.

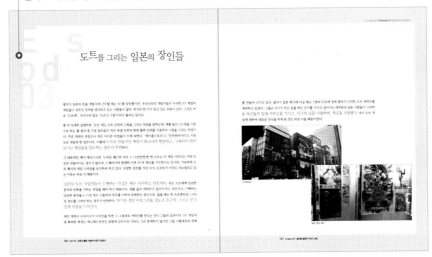

● 스케치
작업에 응용할 수 있는 실작업에 대한 작품을
담았습니다.

● 컬러링
스케치를 바탕으로 한 컬러 구성에 대한 작품을
담았습니다.

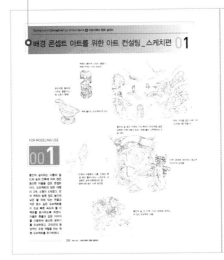

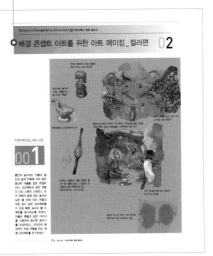

CONTENTS

배경 원화 구성 알아보기

Block I 포토샵 기능 이해하기

배경 작업을 위한 포토샵의 기본 기능 알아보기

배경 작업을 위한 포토샵 준비하기

포토샵 툴을 이용하여 배경 작업하기

CONTENTS

Block II　포토샵을 이용한 원화 작업하기

배경 작업을 위한 튜토리얼

CONTENTS

PART
06

아트디렉터 원화 갤러리

배경 원화
구성 알아보기

P A R T
00

배경 원화 작업을 시작하기 전에 알고 있어야 할 간단한 상식과 업계의 포괄적인 흐름에 대하여 이해하는 부분으로, 포토샵의 역사적인 흐름과 그와 연동된 게임 배경 산업의 발전 과정을 관련 작가의 작품 해설과 더불어 업계의 흐름을 파악할 수 있는 파트를 마련하였다. 이와 아울러 본문에서의 본격적인 작업에 앞서 배경 원화 작업의 장르적 프로세스의 큰 흐름을 파악할 수 있도록 정리하였다.

포토샵의 개발 배경

이미지 편집 툴의 대명사로 불리는 포토샵은 미국 미시건의 토마스 놀(Thomas knoll), 존 놀(John knoll) 형제가 아버지인 그렌 놀(Glenn knoll) 교수로부터 배운 애플 컴퓨터와 사진 기술을 바탕으로 완성한 애플리케이션의 일종이다.

프로그래머인 토마스 놀은 포토샵의 기본 프로그램을, 조지 루카스 감독의 ILM(Industrialist-Magic)에서 특수 효과를 담당하고 있는 동생 존 놀은 포토샵의 플러그인을 담당하였다.

1988년 놀 형제의 첫 프로그램인 '디스플레이(Display)'라는 프로그램에 흥미를 가진 바니스캔(Barneyscan)이라는 스캐너 전문 회사가 번들 제품으로 '포토샵'이라는 이름으로 처음 출시한 이후 어비도사와 함께 10개월의 개발 과정을 거쳐 포토샵 1.0을 출시하게 되었다.

1992년 1.0 버전에서는 기본 페인팅 툴과 필터가 개발되었고, 포터 리터치의 개념을 바탕으로 시장을 석권하게된다. 1년 뒤인 2.0 버전에서는 픽셀 선택 기능과 패스 기능이 추가되었고, 이어 커스텀 컬러(Custom Color)가추가되기에 이르렀다. 2.5 버전 개발 시기에는 페인트 샵 프로가 탄생하면서 그래픽 이미지 툴의 격전지가 매킨토시에서 윈도우 시스템으로 넘어가는 현상이 나타나기 시작했다. 1993에 들어서면서 최초의 윈도우용 포토샵 버전이 출시되었고, 1994년 3.0 버전에 들어서면서 혁신적인 레이어(Layer) 개념이 도입되었다. 이 시기에는 페인터(Painter)라는 강력한 경쟁 소프트웨어가 등장하였는데, 페인터는 포토샵의 단순 이미지 보정 기능이아닌 포토 리터치 분야에서 눈부신 발전을 거듭하게 된다. 이후 1998년의 5.0과 5.5 버전에서는 히스토리와팔레트가 추가되면서 좀 더 강력한 기능을 가지게 되었고, 6.0 버전에서는 편리성을 강조한 인터페이스와 메뉴가 추가되어 이미지를 훨씬 쉽게 보정할 수 있게 되었다. 한편 포토샵은 2002년 7.0 버전부터 일본 일러스트레이터들의 작업 툴로서 자리 잡기에 이른다. 7.0 버전은 지금도 많은 일본의 일러스트 작가들이 사용하고 있을 정도로 군더더기 없는 그래픽 작업 툴로서의 면모를 갖추게 된다.

현재는 CS 시리즈가 출시되고 있는데, 이 시리즈에서는 3D와의 연동 및 웹 디자인 작업에 대한 기능이 강화되었다. 하지만 필자가 사용하는 CS4는 CS3보다 그래픽적으로 작업하기가 다소 무겁다는 단점이 있다.

포토샵의 버전에 따른 기능의 발전 02

번들 버전에서 **포토샵 1.0** 버전까지 기본 페인팅 툴과 필터의 개발 당시 매킨토시 붐을 일으키게 된 버전이다.

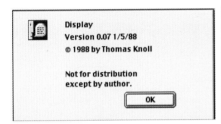

포토샵 2.0에서 5.5까지 픽셀 선택 기능 및 패스(Path) 기능, 윈도우용 포토샵 버전의 등장과 이미지 리터칭 기능, 알파 채널 및 필터, 레이어 개념 액션(Action) 기능 및 히스토리, 팔레트, 이미지 레디(Image Ready) 등 포토샵의 기본 핵심 기능이 만들어졌다. 이후 페인터와의 기능적인 경쟁도 본격화된다.

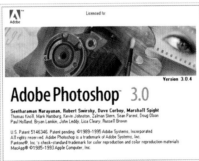

포토샵 6.0에서 CS4까지 포토샵 7.0 버전부터 지금까지는 사용자 정의 브러시, 포토샵 작업 환경(Workplace & Presets) 애니메이션 기능, 3D 이미지 보정 기능, 파일 브라우저(File Browser), 힐링 브러시(Healing Brush) 기능 등이 추가되면서 좀 더 섬세하고 민감한 작업을 할 수 있는 버전으로 발전하고 있다. 현재 출시되어 있는 CS5 버전은 CS4의 3D 기능이 한층 더 업그레이드되었다.

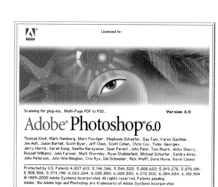

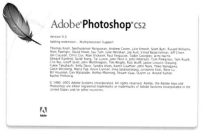

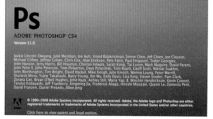

배경 콘셉트 아트의 급속한 발전

03

1994년 페인터(Painter)의 등장으로 새롭게 전개된 디지털 그래픽 아트의 발전은 젊은 그래픽 아티스트들이 캠퍼스나 종이 같은 소재로부터 더욱 간편하게 표현할 수 있는 디지털 그래픽 쪽으로 시선을 돌리는 데 커다란 기여를 하였다. 포토샵과 페인터는 각각의 유저층을 가지며 성장하게 되는데, 2000년에 들어서면서부터는 서로의 기능적인 단점을 보정해 나가는 단계로 발전하였다. 포토샵의 경우는 게임 업계의 발전과 더불어 성장했다고 해도 과언이 아닐 정도로 게임 업계에 급속도로 파급되었다. 거의 대부분의 일러스트레이터와 배경 아티스트들이 포토샵을 기반으로 하여 작업하기 시작했고, 이 현상은 포토샵 7.0에서 두드러지게 나타나기 시작했다.

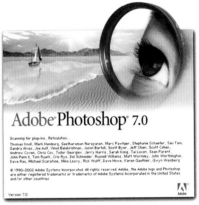

포토샵 7.0버전

한국에서 불기 시작한 2000년대 이후의 페인터 붐은 일본의 '테라다'라는 작가의 영향이 컸다. 당시 테라다의 작품은 젊은이들의 디지털 아트로의 돌파구 역할을 하는 계기를 마련해 주었다. 한편, 커뮤니티를 중심으로 하는 '오에카키'라는 그림 게시판은 한국의 그래픽 관련 젊은이들에게 기술적인 커뮤니티의 장을 열어 주는 계기가 되었다.

이 즈음 우리나라에서는 젊은 감각을 가진 일러스트 작가들이 하나둘씩 나타나기 시작했는데, 대표적인 인물로는 '마그나카르타'의 김형태를 들 수 있다.

김형태는 일본에서 개인 일러스트 작품집(Oxide2x)을 발간하여 큰 인기를 누렸다. 일본에서 다른 국적을 가진 일러스트 작가가 인기를 누린 것은 역사상 처음 있는 일이었고, 이후 다른 어떤 나라의 일러스트 작가도 일본 현지에서 인기를 누리는 일은 없었다. 당시 일본 게임 회사를 다니던 필자로서도 놀랄 만한 일이었다.

오에카키는 한국의 그림을 좋아하는 유저들이 서로의 그림을 커뮤니티의 도구로서 자신들의 그래픽을 공유하는 새로운 문화를 만드는 데 많은 영향을 미쳤는데, 이후 '축전'과 같은 본격적인 일러스트를 동료 일러스트들에게 보내고 서로의 스킬을 독려하거나 자극하게 하는 방향으로 서로의 스킬을 향상시키는 커뮤니티 방법이 유행하게 되었다.

애니메이션 장르에서는 '아키라(Akita)'가 1988년 오토모 가츠히로 감독의 장편 애니메이션으로 제작되어 한 시대를 앞서가는 작품으로 공개되는데, 이것이 당시에 배경 아트의 큰 계기를 마련하게 되었다. 이는 그 당시 조잡하다고 할 만큼 퀄리티가 떨어졌던 애니메이션 업계에서 배경의 혁명적인 퀄리티라 할 수 있는 작품이었다.

리얼 터치 SF로 유명한 '공각기동대(1995)'는 다시 한 번 일본 애니메이션의 한 획을 그은 획기적인 작품이었다. 몽환적인 분위기의 미래 도시와 현재 홍콩의 이미지를 접목한 고도의 리얼리티 작품인 공각기동대는 '신세대 애니메이션'으로 자리를 굳히게 되었다.

우리나라의 게임 산업은 2000년에 접어들면서 급속한 발전을 하게 되었는데, 전문 일러스트를 양산하게 되는 결정적인 계기는 '리니지 시리즈'와 '라그나로크'의 등장이었다. 이후 대형 퍼블리셔가 하나둘씩 생기면서 온라인 게임 업계가 본격적으로 조직화되기 시작하고, 이를 통해 배경 콘셉트 아트의 구체적이고 체계적인 작업이 요구되기 시작했다.

이즈음 일본에서는 파이널 판타지 시리즈에서 시작한 고퀄리티 그래픽의 등장과 RPG 시리즈의 열풍이 불기 시작하였고, 드라곤퀘스트 시리즈에서 300만 장 이상의 판매를 달성하는 타이틀을 쏟아내기 시작했다.

또한 테일즈 시리즈, 성검 전설 시리즈, 환상 수호전 시리즈 등과 같은 RPG 게임들의 강세로 시나리오적인 배경 콘셉트의 중요성이 강조되기 시작했다. 이후 작품들에서 보이는 공통적인 현상은 방대한 시나리오를 바탕으로 하는 판타지적인 배경 표현이었다. 파이널판타지 9의 경우 판타지 배경의 압권이었으며, 이 작품은 일본 배경 콘셉트 아트의 기본이라고 할 수 있다.

간단한 배경 작업의 흐름

04

건물의 투시도는 건축 투시도를 기본으로 하지만, 원근감 없이 사용하는 비투시 평면도로 나타내거나 카메라 렌즈를 가장하듯이 표현하여 좀 더 설명하기 편하도록 나타내기도 한다. 2D 게임 등에서 많이 사용하고 있는 비투시 평면도의 경우, 3D로 제작할 때는 편하지만 원화를 그리는 원화가들에게는 투시도법을 제작하는 것이 편리하다. 여기서는 간단한 투시도의 사용 방법에 대해 알아보고, 그 적용의 예를 살펴보면서 제작의 흐름을 체크해 보자.

∷ 게임의 튜토리얼을 통한 시점의 이해

1 투시도의 시점 변환

A. 지평선이 시점에서 보이지 않는 경우
건물들의 설계도나 마을 전경 등을 설명하는 원화를 그릴 때 사용하는 구도이다. 기본적인 원화 작업에서 많이 사용하고 있으며, 보편적인 원화 작업에서 쓰이는 제시 방법이다.

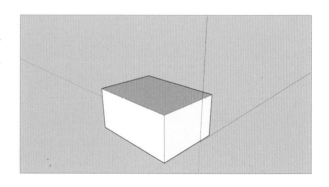

B. 지평선이 오브젝트에 걸치는 경우
필드나 일반 오브젝트를 배경과 함께 표현할 때 많이 사용하는 구도이다. 주로 설정 이미지를 표현할 때 많이 사용한다.

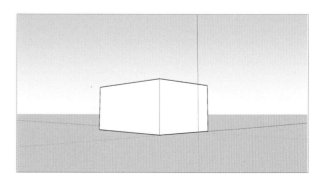

C. 지평선이 시점과 같게 되는 경우
위험 있는 상징물이나 큰 조형물을 사용할
때 많이 사용한다. 석상이나 대형 탑 등의
오브젝트를 표현할 때 많이 사용하는 앵글
이다. 지평선을 기준으로 하여 원근감을 표
현한다.

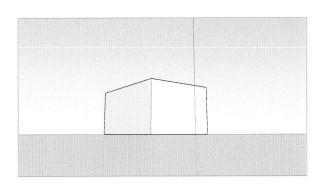

2 게임 튜토리얼 맵에서의 적용

게임에서 사용된 튜토리얼을 바탕으로 한 실내 구조도이다. 게임에서는 초기 게임을 설명하기 위한 유저용 튜
토리얼을 기본으로 제작되었으며, 간단한 게임 설명을 위한 유저의 동선과 기본 조작을 배우기 위한 콘셉트로
제작되었다. 위의 A의 구도에 해당되는 평면도에 가까운 내부 투시도이다. 이 구도에서는 세세한 소도구와 내
부의 밀도 있는 표현이 가능하다. 보통 콘솔 게임에서 많이 사용하는 원화 콘셉트 제시 방법이다.

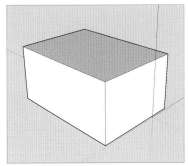

이것을 작은 튜토리얼 마을로 표현하면 아래와 같이 표현할 수 있다.

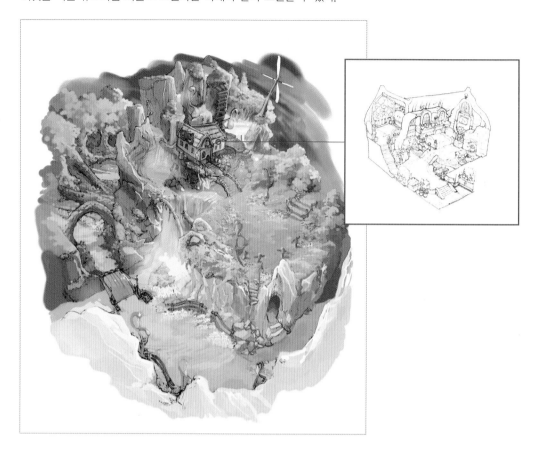

⠿ 배경 원화에 이론적으로 접근하기

앞에서도 언급한 바 있지만, 배경 원화라는 것은 그림을 그리는 데만 전념할 경우 시스템이나 기획자의 의도와는 전혀 다른 데이터가 되어 버린다. 게임에서 필요로 하는 3가지 중요한 요소를 확인해 보자.

▮ 유저의 동선을 알자

이미지 원화의 경우 A-B-C-D의 방향으로 유저의 동선이 이루어진다. 최초 유저는 A의 집안 내부 맵에서 출발하여 작은 다리를 넘어 B의 공터를 지나 C의 공터로 이동하고, 그 사이로 간단한 던전을 체험한 후, D 지역에서 로딩하여 다른 맵으로 이동하게 된다.

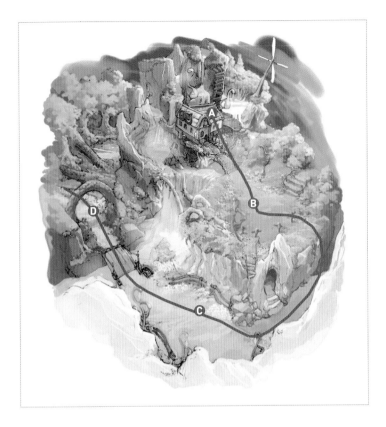

여기서 중요한 몇 가지를 들어보자.

1. 유저가 이 게임을 처음 접했을 때의 첫인상을 고려하여 그래픽 작업을 해야 한다.

2. 유저가 지나가게 되는 길의 면적과 튜토리얼을 진행하는 지역의 지형적인 면적 대비를 생각해야 한다. 우선 충분한 스페이스를 고려하고 있는지를 파악하고, 불필요한 공간으로 리소스를 낭비하지 않았는지 생각해 보아야 한다.

3. 비주얼적인 특징은 어느 곳에 줄 것인지 생각하고, 게임을 처음 접하게 되는 부분이므로 가급적이면 고퀄리티를 사용하는 것이 좋다.

∷ 부분적인 오브젝트를 묘사하기

간단한 원화처럼 보이지만 다음과 같은 이미지를 구성하기 위하여 크게 잡아 A~G까지의 모델링 작업이 필요하다. 다음의 이미지처럼 한 번에, 한 화면에 넣을 수도 있지만 보통은 여기에 들어갈 오브젝트들을 전부 분리하여 작업할 수 있도록 원화 작업을 해 주는 것이 요즘의 추세이다. 자신이 소속된 개발사의 상황과 인원 배치를 고려하면서 작업량을 정하는 것이 좋을 것이다.

∷ 이 밖에 주의해야 할 사항 체크하기

그래픽 작업에서 반드시 숙지하고 있어야 할 사항은 원화가도 알고 있어야 하는 부분이다. 가장 많이 체크해야 하는 사항은 다음과 같다.

1 이펙트의 양을 생각하자

*
파티클 이펙트의 소스의 한 종류로, 불규칙적으로 움직이는 알고리즘의 이펙트 효과를 말한다.

*
메시 메시라는 맥스의 기본 면의 최소 단위에 텍스처를 루핑시키는 애니메이션 옵션을 말한다.

파티클*과 메시* 애니메이션은 게임의 그래픽 속도에 매우 큰 영향을 미친다. 많은 파티클일수록 그래픽에 영향을 미치게 마련이다. 위의 이미지에서 본다면 폭포가 차지하고 있는 지역에서의 물이 튀는 이펙트와 조명 공중을 꾸며 줄 꽃가루, 지면을 날아다니는 잠자리나 나비의 애니메이션 양에 대해 논의해 보자. 이때에는 어느 정도 선에서 절충하여 사용할 것인지를 상의하면서 제작할 필요가 있다.

2 오브젝트 폴리건의 수와 텍스처의 수를 고려하자

이 체크는 모든 게임의 영원한 숙제이자 그래픽 데이터의 정리에 가장 큰 영향을 미친다. 물론 콘셉트 원화와도 관련되어 있다. 너무 지나친 볼륨으로 만들 경우 그에 따른 3D 데이터에 직접적인 영향을 미치기 때문이다.

3 필요 없는 부분과 필요한 부분의 그래픽적인 밀도를 생각하자

게임에서는 카메라가 닿지 않는 부분까지 세밀하게 제작할 필요는 없다. 너무 많은 폴리건을 쓰는 것도 문제가 있지만, 제작 스케줄에도 많은 영향을 미치기 때문이다.

⁞⁞ 게임의 튜토리얼을 위한 콘셉트 원화의 완성

기능적인 면이나 표현적인 면에서 작은 게임의 배경 콘셉트 아트의 축소판이라고 보는 것이 이해하기 쉬울 것이다.

3D 작업자에게 넘어가기 전에 기획서에 나온 부분을 시각적으로 설명한 원화 콘셉트이다. 필자의 경우 작업자에게 확실한 의사를 전달하기 위하여 그림뿐만 아니라 문자를 통한 커뮤니케이션을 진행하여 나중에 확인할 때 편리하도록 설명을 많이 붙이는 편이다.

3D 파트의 작업자가 같은 그림을 받아도 전혀 다른 느낌으로 나오는 경우도 많으며, 처음부터 모두 만들 필요가 없는 부분은 이미 만들었던 오브젝트 등의 설명을 통하여 작업자가 손쉽게 작업할 수 있도록 유도한다.

원화가가 그림만 그리면 된다는 생각을 한다면 게임 업계로 들어오는 것을 말리고 싶다. 쫓아다니고, 물어보고, 연구하고, 친해지는 것이 업계에서 성공할 수 있는 길이라고 생각한다. 필자도 이 네 가지 중 두 가지 정도 밖에는 할 줄 모르는 상태에서 지금까지 작업을 하고 있지만 항상 부족함을 느끼고 있다. 즉, 게임 원화를 그린다는 것은 '시스템을 이해하는 것'이라는 사실을 명심하기 바란다.

튜토리얼용 전체 구성도

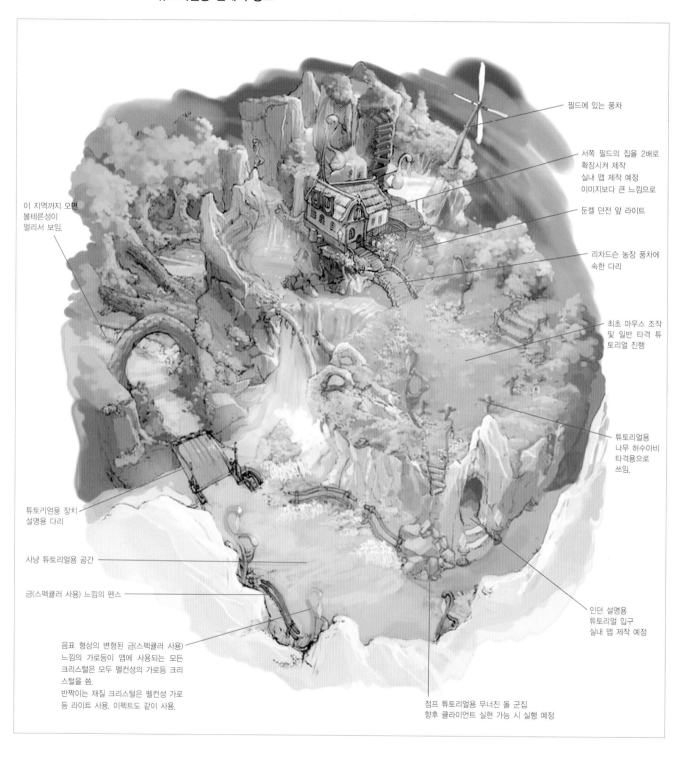

필드에 있는 풍차

서쪽 필드의 집을 2배로
확장시켜 제작
실내 맵 제작 예정
이미지보다 큰 느낌으로

둔켈 던전 앞 라이트

리차드슨 농장 풍차에
속한 다리

이 지역까지 오면
볼테른성이
멀리서 보임.

최초 마우스 조작
및 일반 타격 튜
토리얼 진행

튜토리얼용
나무 허수아비
타격용으로
쓰임.

튜토리얼용 장치
설명용 다리

사냥 튜토리얼용 공간

금(스펙큘러 사용) 느낌의 펜스

인던 설명용
튜토리얼 입구
실내 맵 제작 예정

음표 형상의 변형된 금(스펙큘러 사용)
느낌의 가로등이 맵에 사용되는 모든
크리스털은 모두 펠컨성의 가로등 크리
스털을 씀.
반짝이는 재질 크리스털은 펠컨성 가로
등 라이트 사용. 이펙트도 같이 사용.

점프 튜토리얼용 무너진 돌 군집
향후 클라이언트 실현 가능 시 실행 예정

무늬 디자인
석상이나 벽에 사용되는 여신이나 고대 영웅의 이미지를 디자인 해야 하는 경우가 있다. 캐릭터 디자인 이상으로 디자인에 신경 써야 할 필요가 있기 때문에 캐릭터 디자인에 대해서도 연습을 게을리하지 않는 것이 좋다.

배경 작업을 위한
포토샵의
기본 기능 알아보기

PART 01

일러스트 작업이나 기본 페인팅 작업을 할 때 가장 중요한 것은 작업하기에 편리한 작업 공

간의 설정과 숙련도이다. 따라서 포토샵의 여러 기능 중 작업에 필요한 기능을 종합적으로

알아 둘 필요가 있지만, 필요 없는 부분은 과감하게 생략하는 것이 작업을 진행하기가 쉽다.

또한 포토샵 CS4의 경우 워크스테이션 기능이 강력하기 때문에 작업 환경을 기억하거나 활

용하기가 쉽다.

배경 작업에 필요한 포토샵의 화면 구성

CHAPTER 01

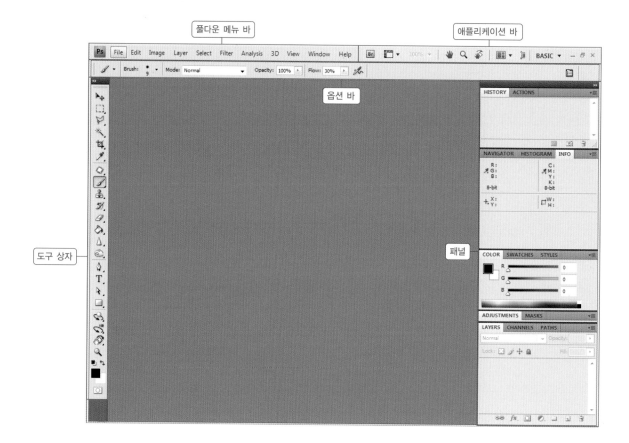

풀다운 메뉴 바

애플리케이션 바

옵션 바

도구 상자

패널

애플리케이션 바

포토샵 CS4에 새로 추가된 기능이다. 확대, 회전 창의 크기 조절 및 정렬 등을 쉽게 실행할 수 있다. 이미지 창을 정렬하여 가끔씩 이미지 상태를 확인할 때나 풀 화면으로 작업해야 할 필요성이 있을 때 사용한다.

ᛁᛁᛁ 풀다운 메뉴 바

포토샵의 모든 메뉴들을 모아 둔 곳으로, 각종 메뉴들과 하위 메뉴들을 가지고 있으며, 세부적인 대화 창과 명령 창이 있기 때문에 이미지를 편집하거나 보정할 때 사용한다.

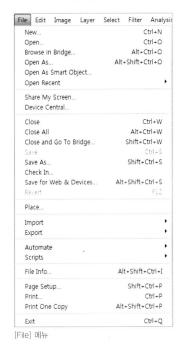

[File] 메뉴

[Image] 메뉴

[Select] 메뉴

[Edit] 메뉴

[File] 메뉴의 오픈(Open)과 저장(Save)에 관련된 단축키는 반드시 숙지할 필요가 있고, 스케치를 스캐너로 임포트(Import)할 경우는 임포트의 하위 메뉴상에 표시되는 기계 장치를 선택하면 각각의 대화 창과 옵션 창이 나타난다. 이는 스캐너 관련 부분에서 다시 한 번 다룰 예정이다.

[Edit] 메뉴는 단축키가 매우 중요하다. 그래픽 작업에 있어서의 순간순간의 자르고, 붙이고, 움직이는 등의 기본적인 동작에서 단축키를 사용하면 작업을 훨씬 효율적으로 할 수 있다.

[Image]의 하위 메뉴 중 Adjustments와 단축키로 표기된 부분은 거의 매 작업마다 사용되기 때문에 숙지할 필요가 있다. 이미지를 보정할 경우에는 빠른 명령 처리가 작업자의 이미지를 순간순간 빠르게 전달할 수 있다.

[Select]의 Modify 메뉴의 경우 또한 단축키를 숙지할 필요가 있다. 이 밖의 메뉴들은 툴 바나 메뉴 바에서 선택한 후에 작업해도 별다른 불편함을 느끼지 않는다.

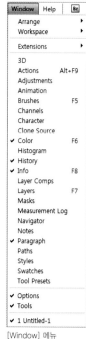

[Layer] 메뉴

[Filter] 메뉴

[View] 메뉴

[Window] 메뉴

대부분의 포토샵 작업은 패널의 레이어 윈도우 창을 통해 이루어지기 때문에 별도로 Layer 메뉴를 사용하는 경우가 드물다. 특별한 경우를 제외하면 패널의 레이어 윈도우로도 작업을 무난하게 진행할 수 있다.

[Filter]의 하위 메뉴 중에는 Artistic 메뉴를 가장 많이 사용한다. 따라서 단축키로 표기된 부분은 숙지할 필요가 있다. [Filter] 메뉴의 경우 항목을 클릭하면 옵션 윈도우가 나타나는데, 대부분의 작업은 이 옵션 윈도우를 통해 이루어진다.

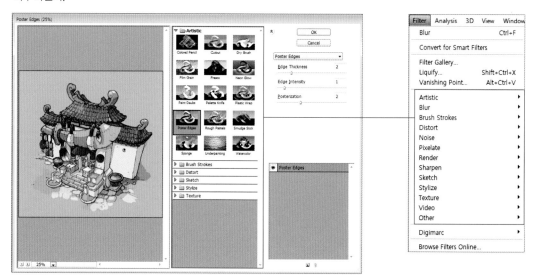

[View] 메뉴 또한 도구 상자를 통해 대부분의 작업이 이루어지기 때문에 모든 메뉴를 숙지할 필요가 없다.
[Window] 메뉴의 경우에는 패널에서의 특정 패널을 선택하고 사용하는 역할을 한다.

— 이곳에 체크 표시된 항목이 패널 쪽에 윈도우로 표시된다.

옵션 바

도구 상자의 각 툴을 선택하면 세부 조정 옵션을 컨트롤할 수 있다. 게임 배경 작업의 경우 정확한 수치로 작업하기보다는 직감적인 작업을 통해 이루어지기 때문에 옵션의 사용 빈도가 현저하게 낮다.

도구 상자

단축 버튼을 통해 빠른 작업을 할 수 있도록 아이콘화한 것이다.

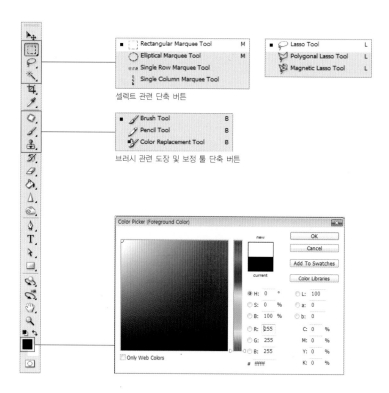

셀렉트 관련 단축 버튼

브러시 관련 도장 및 보정 툴 단축 버튼

각 버튼의 우측 하단을 보면 삼각형 표시들이 보일 것이다. 이것들을 누르면 위와 같이 '플레이아웃'이라는 특성이 비슷한 단축 버튼이 나타난다. 이를 선택하면 해당 버튼이 표시된다.

하단의 사각형 부분을 클릭하면 팔레트 윈도우인 '컬러 픽커(Color Picker)'가 나타난다. 이는 모든 페인팅 작업의 기본이 되는데, 좀 더 자세한 내용은 차후에 다루기로 하겠다. 도구 상자 네모 하단의 네모 버튼을 눌러도 똑같은 대화상자가 나타나기는 하지만, 배경의 색상을 결정할 때만 사용하고 실제 작업은 주로 위의 네모 버튼을 사용한다.

TIP **꼭 알아 두어야 할 도구 상자의 단축 버튼 두 가지**

✎ 브러시 버튼(Brush tool) [B]

✎ 지우개 버튼(Eraser) [E]

도구 상자를 이용하여 작업을 하는 경우에는 그리 큰 불편을 느끼지 못하지만, 그림을 그렸던 작업자라면 지우개와 브러시의 자유로운 교체에는 단축키의 사용이 필수적이라고 할 수 있다. 다른 모든 단축키는 인터페이스를 통해 실행해도 불편함 없이 진행할 수 있지만, 이미지 보정, 레이어 편집의 경우에만 단축키를 사용하는 것이 오히려 효율적이다.

오토핫키란?

포토샵을 주로 사용했던 필자로서는 거의 20년 동안 이런 간단한 요구가 반영되지 않은 것이 항상 의문이었다. 그것은 바로 컬러 픽커(Color Picker)의 단축키가 없다는 것이다. 이 불편함을 다소나마 해소해 줄 프로그램이 바로 오토 핫키(AutoHotKey)다. 이 프로그램을 이용하면 위의 네모 버튼을 일일이 클릭하지 않아도 지정한 키 버튼으로 [Color Picker] 대화상자를 불러들일 수 있다.

Automation. Hotkeys. Scripting.

설치 화면

픽커가 이동할 화면의 위치

설치가 완료되면 'Color Picker.ahk'라는 문서를 만든 후 메모장으로 열고, 만약 (자신이 사용하고 싶은 윈도우 키)가 ₩라면 빈 항목의 위쪽에 '₩::Click 24, 600'이라고 입력한다. 이는 화면에 지정할 위치값이다(set foreground color의 좌표).

파일은 메모장 파일에 확장자명을 변경하여 작성한다. 이처럼 컬러 픽커의 위치값을 여러 번 반복적으로 찾아 수치를 잡아 두면 ₩를 누르는 순간 단축키처럼 커서가 지정 위치를 클릭하여 준다. 화면의 수치는 X축으로 화면에 몇 픽셀인지, Y축으로 몇 픽셀인지를 나타내는 숫자이다. 자세한 사항은 검색 사이트를 이용하거나 커뮤니티 사이트(http://cafe.naver.com/AutoHotKey)에서 설명서를 무료로 다운로드할 수 있다.

:: 패널

각종 패널을 통해 특정 툴의 세부 설정을 돕는 영역이다. 여기에서는 수많은 패널 중 배경 원화 작업에 필요한 패널들을 중심으로 설명한다.

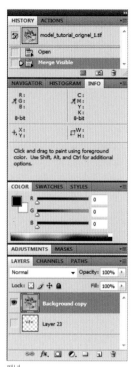

패널

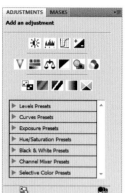

Adjustments 패널

History 패널

Navigator 패널

Styles 패널

1 Adjustments 패널

포토샵 CS4의 기능 중에서 가장 특별한 기능이다. 2000년 초 필자가 일본에서 배경 원화를 담당할 때 이 옵션이 없어서 아쉬워했던 기억이 있다. 한마디로 그룹화시킨 폴더 안의 레이어 또는 이하 레이어에 모두 영향을 줄 수 있는 강력한 기능이다. 종전까지만 해도 분리해 둔 레이어의 색을 한꺼번에 변경해야 할 경우, 항상 하나의 파일로 합쳐야만 하는 번거로움이 있었다.

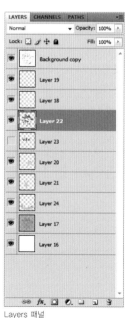

Layers 패널

Channels 패널

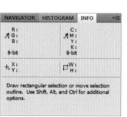

Info 패널

Color 패널

② Layers 패널

배경 작업에서 가장 많이 사용하는 기능이다. 투명도 조절부터 블렌딩 모드 조절에 이르기까지 다양한 기능들이 포함되어 있다.

③ Channels 패널

Layers 패널과 연관된 기능들이 다수 포함되어 있다.

④ Info 패널

게임의 월드 맵과 같은 이미지 작업에 많이 사용한다.

⑤ Color 패널

컬러 픽커를 사용하는 작업자들은 잘 사용하지 않는 패널 중의 하나이다.

⑥ Paragraph / Tool Preset / Brushes 패널

배경 작업에서는 그리 흔히 사용하지 않는 웹 디자인이나 포스터 디자인 등에 사용하는 패널이며, Tool Presets 패널과 Brushes 패널은 배경 작업이나 일러스트 작업에 가장 많이 사용되는 패널이다. 이 패널에 대한 자세한 내용은 다음 장에서 다시 설명하겠다.

Paragraph 패널

Tool Presets 패널

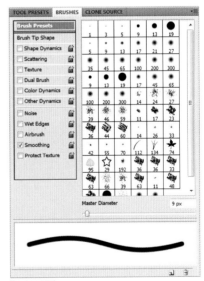

Brushes 패널

해외 작업은 많은 리스크가 존재한다. 두 차례의 공동 개발을 경험한 필자는 나라 간 공동 개발의 어려움을 피부로 느낀 사람 중의 하나이다.
여러분들이 만약 해외 공동 개발을 하게 된다면 많은 준비는 물론 많은 지식을 쌓을 것을 권하고 싶다.
특히 상대방 문화에 대한 적극적인 수용과 이해는 매우 중요하다. 만약 아무 생각 없이 참여하게 된다면 힘든 경험을 하게 될 가능성이 크다.

위의 그림은 중국에서 개발하고 있는 신작 온라인 게임으로, 현재 상용화 작업을 진행 중이다.

배경 작업을 위한 환경 설정

[Edit→Preferences] 메뉴에서 포토샵의 전체 환경을 설정할 수 있는 대화상자이다. 수많은 항목 중 작업에 필요한 환경 설정에 대해서는 간단하게나마 알아 두는 것이 좋다. 대표적으로 알아 두어야 할 항목으로는 메모리 설정, Undo 설정, 수치 설정 등을 들 수 있다.

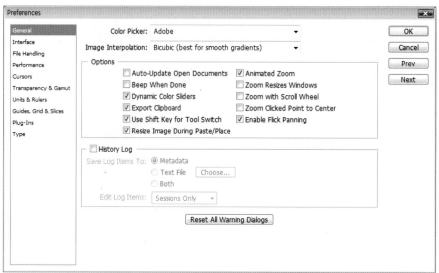

[Preferences] 대화상자

[Edit→Preferences] 메뉴를 선택하면 나타나는 대화상자의 왼쪽 부분에서도 창을 그대로 둔 상태에서 옵션을 설정할 수 있다.

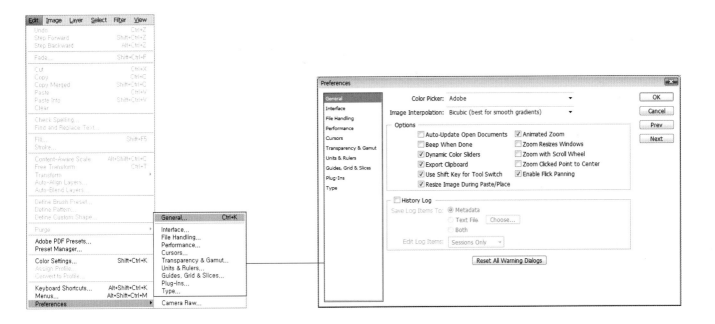

⠿ General

포토샵의 일반적인 설정을 컨트롤하는 대화상자이다. 기본 체크 항목은 기본값(Default) 그대로 사용해도 사용하는 데는 무리가 없다.

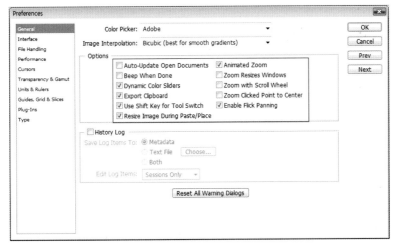

기본값(Default) 상태

⠿ Performance

PC의 상태를 조정하는 대화상자로, 최대 사용 가능한 가상 메모리의 사용 범위를 정할 수 있다. 70~80% 정도로 설정한 후에 사용하면 쾌적한 환경을 유지할 수 있다. 히스토리의 경우는 대략 20~25 정도로 설정해 주는 것이 좋다. 즉, 배경의 경우 편집하는 과정이 많기 때문에 조금 넉넉하게 잡아 두는 것이 편리하다.

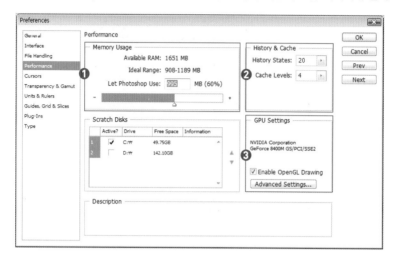

❶ Memory Usage

메모리를 바로 조정할 수 있다. 포토샵 CS4의 경우에는 메모리를 넉넉하게 잡아 주는 것이 좋다. 하지만 개인 컴퓨터에는 성능차가 있으므로 몇 번의 테스트를 거친 후에 설정하는 것이 좋다.

❷ History & Cache

히스토리의 Undo 수를 결정하는 항목이다. 필자의 경우는 보통 25로 설정해 놓은 후에 사용한다. 적게 해 두면 퍼포먼스는 빨라질 수 있지만 '자신의 작업 패턴에서 틀린 부분을 놓친 것을 어느 정도 페이스로 확인할 수 있는가' 하는 작업 습성에 달려 있다고 할 수 있다. 최댓값은 80이고, 노멀 세팅은 4로 맞추어 있다. 높은 쪽일수록 퍼포먼스가 좋아진다고 할 수 있다.

❸ GPU Settings

3D 옵션이 가능하도록 체크 표시를 하는 항목이다. 화면 회전 항목과 3D 메뉴의 실행에 있어서 그래픽 카드와 연동하여 실행할 수 있도록 설정하는 항목이다. [Advanced Settings] 버튼을 클릭하면 나타나는 [GL Settings] 대화상자에서 [General→Vertical Sync]에 체크 표시가 되어 있는지 확인한다.

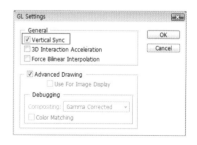

:: Interface

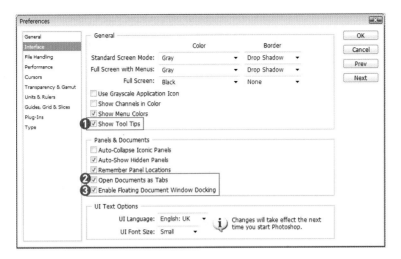

❶ General 항목에 있는 Show Tool Tips 항목에 체크 표시를 하면 해당 툴의 이름이 나타난다.

❷ 작업 창의 탭 및 창 형식을 설정한다. 체크 표시를 해제할 경우 기본적인 창이 열린다.

❸ 창 설정이 기본인 환경에서 탭 근처에 마우스 커서를 올려놓아도 탭 형식으로 돌아가지 않도록 설정하는 옵션이다. 체크 표시를 해제하면 창 환경으로는 돌아가지 않는다.

:: Units & Rulers

❶ Units : 이미지의 단위 표시를 설정하는 항목이다.
❷ Column Size : 기본 커스텀 크기를 설정하는 항목이다.

보통 기본 설정 상태로 유지하고 작업해도 퍼포먼스에서 별다른 불편함 없이 작업할 수 있을 것이다. 다만 부분적인 요소에서 레이어와 이미지의 크기가 많아지거나 커지게 되면 기본 설정을 조정하여 작업할 수밖에 없는 상황에 직면하게 될 것이다. 우선 초심자 유저라면 기본적인 세팅 상태에서 작업한 후 필요에 따라 매뉴얼이나 서적을 참고하여 자신에 맞는 환경으로 커스터마이즈해 나가는 것이 필요하다.

:: 간단한 초기화 설정

포토샵을 처음 접하는 사용자라면 이것저것 눌러 보거나 설정을 변경하고 자신만의 워크스테이션을 만들려고 할 것이다. 그러다보면 자신이 원하지 않는 옵션이 설정되어 있어 당황하거나 방법을 찾지 못할 때가 종종 있다. 이럴 때 초기 상태로 돌아갈 수 있다는 것은 매우 다행스러운 일이다. 이 단축키를 알아 둔다면 언제든지 오리지널 상태로 되돌아 갈 수 있다. 포토샵 CS4를 초기화시키고자 할 때 포토샵 실행 아이콘을 누름과 동시에 Shift + Ctrl + Alt 를 누르면 초기 인스톨 상태로 돌아갈 수 있다.

메인 배너 화면이 나타나기 전에 Shift + Ctrl + Alt 를 누르고 있으면 메인 프로그램 창이 나타나는데, 이때 초기화되어 있는 것을 확인할 수 있다.

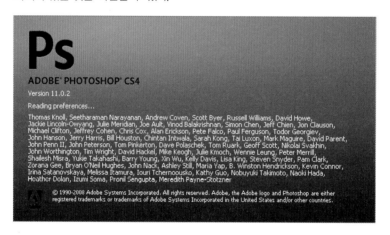

문장, 상징, 기호, 마크 디자인은 게임 작업 시 많은 비중을 차지한다. 이 국가 마크는 기존에 제작된 디자인에 필자가 컬러링과 재질감을 살려 작업한 것이다. 배경 디자인에서는 의외로 이러한 다양한 디자인 작업을 해야 할 경우가 많이 발생한다. 따라서 배경 콘셉트 아티스트는 이러한 디자인 능력도 아울러 갖춰야만 한다.

이 작업물의 세부 질감을 참고하기 바란다. 상단의 상징물은 서양을 상징하는 국기를 표시한 것으로, 금장에 크리스털 느낌의 재질을 중앙에 배치하였다. 또 안쪽에는 약간의 데커레이션 용 무늬를 넣어 보았다. 하단의 동양 마크는 텅스텐 질감의 검과 옥 질감의 느낌을 표현한 것이다.

초기 렌더링 작업으로 진행했던 마크 디자인

초기에 작업자를 통해 제작했던 기본 콘셉트

배경 작업의 단축키 설정

자신의 작업 스타일에 맞는 단축키의 설정은 작업 시간을 단축시키는 것은 물론 작업 능률을 향상시키는 역할을 하기도 한다. 필자의 경우 일본 근무 시절부터 만들어 둔 단축키나 옵션 파일을 가지고 있으며, 포토샵 버전을 업그레이드할 때마다 추가하여 사용한다. 대부분의 그래픽 프로그램이 그러하듯 포토샵도 단축키를 만든 후에 이를 파일로 저장할 수 있다. 페인터를 사용하는 유저라면 단축키를 페인터와 동일하게 설정하고 싶은 욕구를 느낄 것이다. 이러한 욕구를 만족시켜 주는 것이 포토샵 CS4의 '키보드 단축키 설정' 메뉴이다.

∷ 키보드 단축키와 메뉴(Keyboard Shortcuts and Menus)

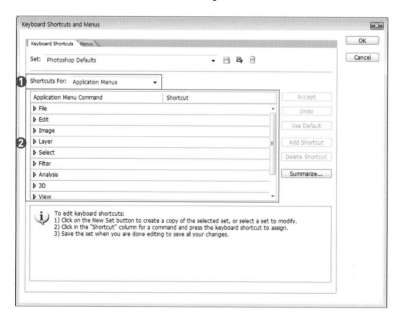

❶ Shortcut For

메뉴의 종류를 나타낸다. 하위 메뉴에서는 세 가지 종류의 애플리케이션 메뉴(Application Menus), 패널 메뉴(Panel Menus), 툴 바(Tools Bar)의 단축키를 결정할 수 있다.

❷ Application Menu Command

선택한 메뉴의 하위 메뉴에 해당하는 단축키를 설정할 수 있다. 포토샵을 인스톨하면 설정되는 기본적인 단축키를 변경하거나 수정할 수 있다.

여기서 간단한 변경, 수정에 대해 알아보자.

⠿ 나만의 단축키 만들기

STEP 01 Shortcuts for 항목의 Tools를 선택한다.

STEP 02 [Application Menus] 메뉴의 비어 있는 창 영역에 임의의 알파벳을 넣어 본다. 겹치는 키일 경우에는 노란색 삼각형의 경고 표시가 나타나고, 겹치지 않는 키일 경우에는 알파벳 옆에 아무것도 나타나지 않는다. 키가 겹치지 않을 경우에는 키를 바로 입력할 수 있다.

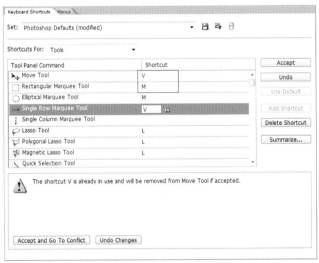

키가 겹친 경우

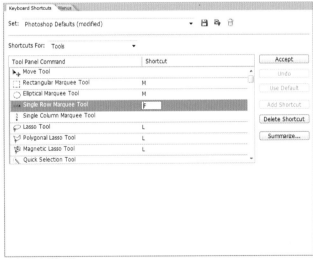

키가 겹치지 않은 경우

그리고 삭제 변경, 신규 등을 자신의 작업 스타일대로 바꿔 작성한 후에 저장하는 방법도 있다.

STEP 03 디스크 모양의 아이콘을 클릭하면 저장하는 데 필요한 대화상자가 나타난다.

STEP 04 기억하기 쉬운 이름으로 저장한 후 보관해 두자. 윈도우를 다시 인스톨하거나, 프로그램을 다시 인스톨할 경우 저장해 둔 기록은 나중에 다시 사용할 수 있다.

배경 작업을 위한 단축키의 설정

다음은 필자가 사용하는 단축키를 중심으로 정리한 것이다. 지금까지 포토샵을 사용하면서 몸에 자연스럽게 배어 있는 단축키를 중심으로 필수 단축키와 부가적인 단축키로 구분했으며, 다른 업계에서 주로 사용하는 단축키는 과감히 생략했다.

1 배경 작업에 필요한 단축키(필수)

Shift	선택 영역 등을 복수 선택
Ctrl	선택한 레이어, 도큐먼트의 이동
Alt	색상값을 툴바의 단축 아이콘 이외의 키보드로 설정
Alt + Delete	현재 선택한 색으로 영역을 채움
Ctrl + Alt	선택한 도큐먼트의 복사
Space bar	작업 이미지를 크게 보면서 화면을 이동할 때 쓰임.
Ctrl + Alt + Space bar	화면 확대
Alt + Space bar	화면 축소
Shift , Ctrl + N	새로운 레이어 열기
Ctrl + U	색상 조절(Hue/Saturation)

Ctrl + Z	실행 취소(Undo)
Ctrl + A	작업 창 전체 선택
Ctrl + S	파일 저장
Ctrl + D	선택 해제
Ctrl + X	선택한 도큐먼트의 삭제
Ctrl + V	선택한 도큐먼트의 삽입
Ctrl + C	선택한 도큐먼트의 복사
Ctrl + T	자유 변형(Free Transform)
Ctrl + B	색상 밸런스 조절(Color Balance)
Ctrl + H	선택한 도큐먼트의 선택 영역이나 표기 등을 숨김.
Ctrl + E	현재 레이어를 또 다른 레이어와 병합
Ctrl + R	작업 창에 눈금자 열기
Ctrl + N	새로운 파일 열기
E	지우기
B	붓
[	브러시의 크기 축소
]	브러시의 크기 확대
Ctrl, Alt + S	다른 이름으로 저장
Shift, Ctrl + E	모든 레이어를 병합

BACK BOOK

작업 중에 가장 많이 사용하는 키의 기본 배치도이다. 이 밖의 키의 경우에는 조금 불편하더라도 인터페이스
(UI)에서 직접 선택하여 작업해도 크게 무리가 없다.

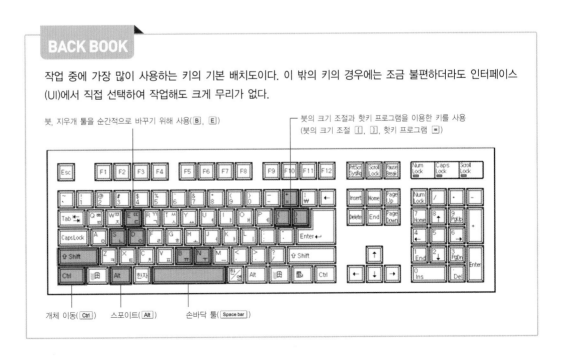

붓, 지우개 툴을 순간적으로 바꾸기 위해 사용(B, E)

붓의 크기 조절과 핫키 프로그램을 이용한 키를 사용
(붓의 크기 조절 [,], 핫키 프로그램 =)

개체 이동(Ctrl) 스포이트(Alt) 손바닥 툴(Space bar)

2 추가적으로 알아 두면 좋은 단축키

Ctrl, Alt + A	이전 레이어 선택
Ctrl, Alt + C	캔버스 크기
Ctrl, Alt + I	이미지 크기
Ctrl + J	레이어 복사
Ctrl + M	커브(Curves)
Ctrl + G	레이어 그룹화
Ctrl + I	이미지의 색상을 반전
G	페인트 툴
S	도장 툴
M	사각 영역 선택 툴
F5	브러시 패널
F7	레이어 패널

이 밖의 많은 단축키들은 작업을 진행하는 도중 개인적으로 재설정하여 사용하기를 바란다.

> TIP **단축키**
>
> 다시 한 번 말하지만 단축키의 필요 유무는 개인마다 차이가 있다. 필자의 대학원 시절에는 단축키를 하나도 안 쓰는 웹 디자이너가 있었지만 실력은 누구보다 우수했고, 작업 속도도 빨랐다. 사용하는 데 무리가 없다면 필자는 오히려 무리해서 외우는 것이 좋지 않다고 생각한다. 작업자라면 누구나 알고 있듯이, 새로운 툴이나 새로운 프로그램에 적응하는 것은 매우 힘든 일이고, 인내심을 요구한다. 특히 민감한 작업을 할 때는 더욱 그러하다. 프로그램 UI를 개발하는 개발자들이 심혈을 기울여서 만든 인터페이스인 만큼 단축키는 선택 사항일 뿐이라고 생각한다.

성 작업 후 리뉴얼하여 다시 그린 대장간 전경 이미지 디자인으로, 광고 선전용과 월페이퍼, 로딩 화면으로 사용하였다.

스케치 입력을 위한
스캐너 설정

스케치로 작업을 하는 사람이라면 스캐너는 필수 장비라고 할 수 있다. 좋은 스캐너보다는 간편하고 많은 공간을 차지하지 않는 스캐너가 적합하다고 생각하며, EPSON 스캐너 기본 제품 정도라면 퍼포먼스상의 불편함은 없다.

STEP 01 [File→Import→EPSON Perfection V10/V100] 메뉴를 선택한다.

STEP 02 [EPSON Scan] 대화상자의 Image Type 항목에서는 '24-bit Color'를 선택하고, Resolution 항목에서는 '300~400dpi'를 선택한다.

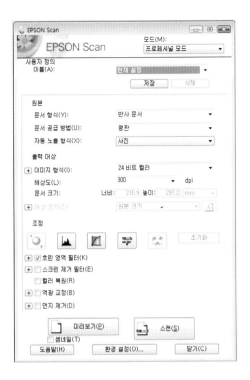

위 그림은 일반적인 예를 들어 설명한 이미지이다. Preview에서 적당한 이미지 크기를 설정한 후, [Scan] 버튼을 클릭하면 포토샵 작업 창으로 넘어간다.

HP와 EPSON 스캐너를 사용해 보았지만 EPSON 스캐너의 경우, 질감이 약간은 거칠게 나타나고, HP 스캐너의 경우는 입자가 약간 부드러운 경향이 있다. 쓰임새에 따라 다르지만 주로 연필 선을 스캔하는 경우가 대부분이고 약간은 거칠게 나오는 것이 필력이 드러나기 때문에 필자의 경우는 EPSON 스캐너 쪽을 선호한다.

해상도의 경우 300dpi 정도이면 무난하게 작업할 수 있기 때문에 A4 크기에 300dpi를 기준으로 스캔하여 작업하자. 해상도에 대해서는 나중에 다시 설명하기로 한다.

초기 배경 설정 작업을 할 때 잡았던 이미지 콘셉트화를 광고용 일러스트 월페이퍼, 로딩 화면 등으로 이용하였다.

밥 서버

일본에 근무할 때는 일본인들처럼 조금씩 적게 먹는 것이 습관이 되어 야근을 할 때는 편의점의 도시락이나 가까운 정식 전문 식당을 주로 이용하였다. 하지만 야근을 많이 해야 하는 한국의 작업 환경에서 저녁 식사는 작업자들의 최고의 낙이자 날이 갈수록 불어나는 체중의 주요 원인이다. 필자의 경우도 한국의 푸짐한 저녁 식사 덕분에 귀국 후 3년 만에 15kg이나 늘어나는 신기록을 세웠다. 클로즈 베타나 오픈 시즌이 되면 어떤 개발사이든 야근을 피할 수 없다. 아마도 야근 없이 한국 게임 개발사에서 개발한다는 것은 상상조차 할 수 없을 것이다.

이때 각 개발사들은 다양한 방법으로 저녁 식사를 주문하는데, 필자가 접한 가장 기발한 온라인 게임 개발사만의 시스템은 '밥 서버'이다. 다른 기업들은 이와 다른 방법을 사용할른지 모르겠지만 필자가 소속되어 있는 회사의 경우에는 밥 주문 전용 서버를 따로 만들었다.

밥 주문 시스템은 온라인 게임 회사답게 저녁 식사를 주문하는 시간의 30분 전부터 가동하기 시작한다. 이 시스템에는 각종 식당의 이름과 메뉴가 등록되어 있는데, 자신의 이름을 등록한 후 주문키를 누르면 주문이 자동으로 이루어진다. 특허를 내는 것이 어떠냐는 작업자들의 의견이 있을 만큼 밥 서버는 그 역할을 충실히 수행하고 있다.

저녁마다 1시간동안 오픈하는 밥 서버, 정말 놀라운 시스템으로 각광을 받고 있다. 인기 절정의 이 온라인 시스템은 가끔씩 발각되는 것을 두려워하면서 배고픈 누군가 오토—2중 주문—를 돌리는 경우도 있기는 하지만 식당별 다양한 메뉴와 추가 메뉴의 업데이트가 꾸준히 이루어지는 온라인 시스템이다.

밥 서버는 오늘도 어김없이 서비스를 시작하고, 수많은 개발자 유저들이 밀려오기 시작한다.

배경 작업을 위한 포토샵 준비하기

게임 데이터를 관리할 때 가장 중요한 것은 '백업'이다. 게임 업계에서는 개발 기간이 3~4년 정도 소요되는 MMO, MO 게임들은 물론 캐주얼 게임까지 서비스를 합하여 거의 7~10년까지도 데이터를 활용해야 한다. 일반적으로는 각 팀장이 최종 관리를 하지만, 이펙터나 일부 특수 업무의 경우 작업자가 백업을 보관하는 개발사도 있다. 일본에서 근무할 때는 캐비닛 2~3개가 모두 백업 CD로 채워져 있을 만큼 백업을 중시하는 경향이 있었다. 각 디렉터가 매 버전마다 그 기간에 이루어진 최종 데이터의 작업용과 파이널 데이터별로 CD에 담아 정기적으로 보관하는 것이 관행이다.

일본의 경우 팀장별로 팀을 나누기보다는 기업 조직 형태로 나누는데, 프로젝트 1팀, 2팀, 과장, 부장, 대리, 주임으로 구분하여 진행하기 때문에 대부분 디렉터가 최종 데이터를 관리하고 상부에 보고하는 형식을 취하고 있다. 한국의 경우에는 데이터 관리가 매우 취약하기 때문에 최종 데이터는 팀장들이 가지고 있는 것이 기본이라는 생각을 하고 있다. 설사 그렇더라도 작업자가 각자의 데이터를 연도별이나 중요한 테스트별로 보관하는 습관을 가지는 것이 중요하다고 생각한다.

게임 작업에서의
데이터 관리

CHAPTER 01

새로 만들기(New) [Ctrl]+[N]

[File→Open] 메뉴를 클릭하면 나타나는 대화상자에서 원하는 이미지 크기와 해상도를 설정하면 흰색의 작업 창이 나타난다.

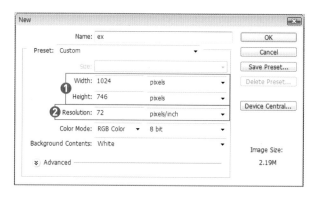

❶의 박스에서는 이미지 크기 설정을, ❷ 의 박스에서는 프린터의 출력 해상도를 설정할 수 있다(기본값은 72pixels).

최근에 사용한 파일 열기

• 최근에 사용한 이미지를 빠르게 찾고자 할 때 편리하다.

• [File→Open Recent] 메뉴를 선택하면 최근에 사용된 이미지를 볼 수 있기 때문에 해당 파일을 바로 불러올 수 있다.

편리하고 다양한 열기 방식

방법 01 포토샵의 작업 창에서 더블클릭하여 열기

포토샵의 작업 창을 더블클릭하면 [Open] 대화상자가 나타나는데, 여기에서 필요한 이미지를 선택하면 작업 창에 이미지를 불러올 수 있다.

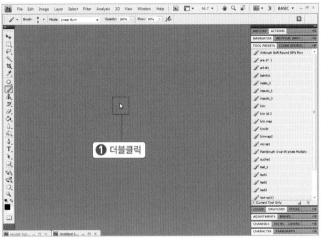
작업 창의 빈 공간을 클릭

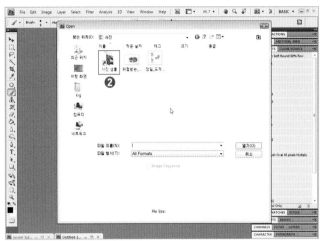
[Open] 대화상자에서 불러올 이미지 선택

방법 02 윈도우에서 드래그하여 열기

윈도우 탐색기에서 불러올 파일을 선택한 후, 포토샵의 작업 창으로 드래그하면 해당 이미지 파일이 열린다.

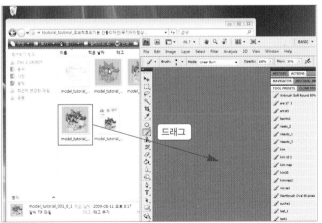
지정된 폴더에서 선택한 파일을 드래그하여 작업 창으로 불러옴.

포토샵이 실행되지 않은 상태에서 열기

이미지 파일을 선택한 후 윈도우 바탕 화면의 포토샵 실행 아이콘으로 드래그 앤 드롭하면 포토샵이 실행되면 서 해당 이미지 파일이 열린다.

선택한 파일을 포토샵 아이콘으로 드래그

포토샵이 실행되면서 포토샵 작업 창에 이미지가 열린다.

⁘ 저장(save)[저장 : Ctrl + S, 다른 이름으로 저장 : Shift + Ctrl + S]

저장할 파일 이름을 입력한 후 파일 형식을 선택한다.

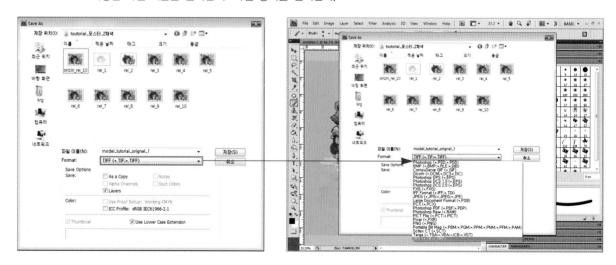

Format 항목을 이용하면 여러 가지 형식의 파일로 저장할 수 있다. 보통 게임에서는 개인 작업의 경우, 레이어 가 살아 있는 포토샵 파일(*.PSD)이나, 인쇄용 저장 파일(*.TIF) 형식을 많이 사용한다. 따라서 타 부서로 전송 할 때는 거의 용량을 줄여 *.JPG 파일로 보내는 것이 일반적이다.

:: 게임 작업에서의 데이터 저장

게임 설정에 관련된 책에서 이번 장을 마련한 이유는 게임에서의 데이터의 취급은 몇 번을 강조해도 모자람이 없을 정도로 중요하기 때문이다. 데이터를 종류별, 날짜별 또는 실 작업 데이터와 작업용 데이터로 분리하는 습관을 가지는 것은 무엇보다 중요하다. 이 장에서는 기본적인 파일 백업 방법과 분류 방법에 대하여 설명하고 자 한다.

데이터는 크게 게임에 사용되는 직접적인 데이터와 기획서, 설정서, 설정화와 같은 부가적인 데이터로 분류할 수 있다. 온라인 게임의 경우에는 게임 개발 기간이 길기 때문에 그에 따른 데이터의 보존에 많은 주의를 기울 여야 한다. 직접적으로 사용되는 데이터의 경우에도 1차, 2차, 3차 등과 같이 순차별로 마스터 데이터가 변하 며, 기존 데이터를 끝까지 유지하는 경우는 드물다. 즉, 기획 변경이나 퀄리티를 높이기 위해 끝없이 변화하는 것이 보통이다. 여기서는 온라인 게임에서의 데이터 보존 방법을 배경 파트를 중심으로 설명하고자 한다.

1 기본 데이터 분류하기

보통 저장용 드라이브로 불리는 하드 디스크에 저장하는 데이터와 부서별로 정리하여 공유하거나 백업을 해 두는 서버용 데이터 백업 장소에 정기적으로 저장하거나 공유하는 경우가 있다.

개인용 데이터 백업   서버용 데이터 백업

개인용 데이터 저장 공간의 경우는 좀 더 구체적인 레이어가 살아 있는 버전을 저장해 두거나, 2~3가지의 같 은 파일의 과정 파일들을 저장해 둔다. 이후 크로스 베타의 회차에 따라 옛날에 작업했던 파일이 필요할 경우 가 있다. 따라서 밑의 그림처럼 아래와 같은 파일 형태로 분류해 둘 필요가 있다.

백업 파일   실무 데이터   작업용 데이터 파일

2 실무 데이터의 파일 정리하기

최종 데이터 관리 방식의 경우 외부 테스트를 기준으로 정리해 두는 것이 좋다. 용량에 관계없이 최종 실 데이터의 경우는 1, 2, 3차식의 넘버링을 달아 DVD 등으로 백업해 두고, 공용 서버에도 아래와 같이 정리하여 저장해 둘 필요가 있다.

1차 베타테스트   1차 클베   2차 베타테스트   2차 클베   3차 베타테스트
최종 데이터   최종 데이터   최종 데이터   최종 데이터   최종 데이터

오픈 베타   오픈 파이널   현재
최종 데이터   데이터   최종 데이터

3 백업 파일 만들기

백업 파일 정리는 같은 파일의 경우라도 아래와 같이 날짜별로 정리해 두면, 그 기간 중에 작업한 내용을 기억하기 쉽기 때문에 그때그때 파일을 찾아 사용할 수 있다.

이하 그림처럼 작업 파일을 날짜와 내용별로 분리해 놓은 후에 사용하면 다양한 작업에 응용할 경우 편리하게 사용할 수 있다.

2010_1~2   2010_3~6   2010_7~9   2010_10~12   2011_1~2

2011_3~6   2011_7~9   2011_10~12

배경을 그리는 작업자는 인체 데생 실력이 약해도 된다는 생각은 잘못된 것이다. 물론 회사의 캐릭터를 담당하는 작업자가 작업을 대신 해 주는 경우도 있지만 기본적인 석상이나 다양한 곳에 들어가는 조형물을 직접 그려야 할 경우가 자주 발생한다. 게임 업계가 점차 발전할수록 좀 더 높은 퀄리티의 조형물을 그리지 않으면 안 되는 시대가 도래한 것이다.

배경 작업을 위한 브러시 준비

필자의 경우 게임 업계에서 일을 시작할 무렵부터 이 브러시 옵션을 저장하여 이용하고 있다. 포토샵에서는 버전에 관계없이 Tool Presets 옵션을 사용하여 자신이 커스터마이즈한 툴을 사용할 수 있는데, 이 방법은 이 장의 마무리 부분에서 다시 한 번 살펴보도록 하겠다. 그림을 그리는 사람에게 있어서 익숙해진 붓을 사용하는 일은 매우 중요하며, 새로운 붓에 적응하는 것도 쉬운 일이 아니다. 일러스트 작가이든, 순수 예술을 배운 작가이든, 붓은 매우 중요한 도구이다. 그 도구를 선택할 때 동료들이 사용하는 붓을 그대로 사용하는 것도 좋지만, 자신만의 붓을 찾아 사용하는 것이 좋다. 여러 가지 붓을 써 본 후에 자신에게 맞는 붓을 발견했을 때의 기쁨은 경험해 보지 못한 사람은 모른다. 마음에 드는 붓을 찾을 때까지 여러 가지 테스트를 해 볼 것을 권한다.

∷ 브러시 옵션

Brush 툴을 선택하면 옵션 바에 아래와 같은 옵션이 나타난다.

❷ 브러시 패널 ❹ 브러시의 농도, 밀도(Opacity, Flow)

❶ Tool Presets ❸ 브러시 모드 ❺ Toggle the Brushes Palette

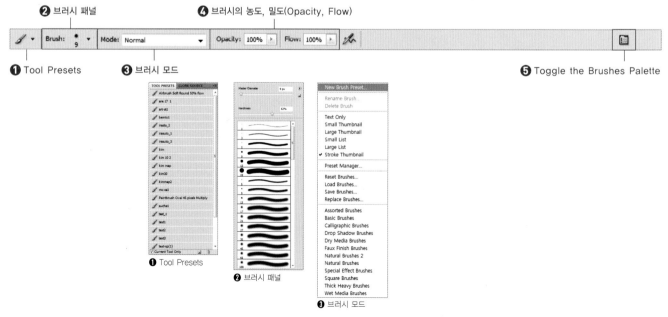

❶ Tool Presets ❷ 브러시 패널 ❸ 브러시 모드

:: 브러시의 사용

브러시 패널은 세 가지 방법으로 펼칠 수 있다. 이 중에서 두 가지는 포토샵이 설정해 둔 기본 옵션을 이용한 방법이고, 나머지 한 가지는 Tool Presets 패널을 이용한 방법이다.

방법 01 툴바의 브러시를 클릭한 후 옵션 바에서 Brush 버튼을 클릭한다.

세부 옵션 메뉴에서 브러시 버튼을 클릭하면 팝업 메뉴가 나타난다.

아래와 같은 팝업 메뉴에서 브러시를 선택할 수 있다.

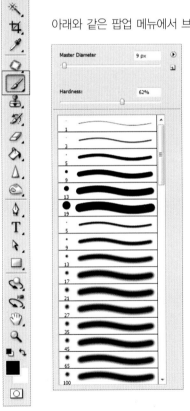

방법 02 이미지 창에서 마우스 오른쪽 버튼을 누르면 아래와 같은 브러시 패널이 나타난다. 이는 펜 마우스를 사용하는 사람들을 위한 옵션이라고 할 수 있다.

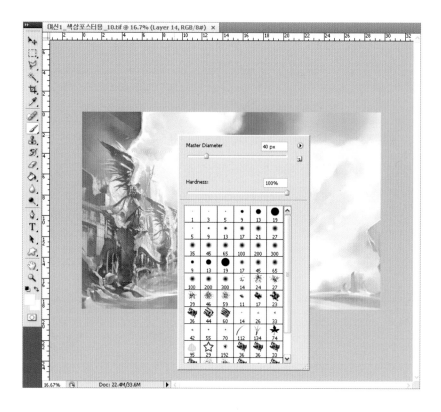

방법 03 Tool Presets을 이용하여 선택할 수도 있다.

Tool Presets 패널의 만들기와 백업

상위 바에서 오른쪽 삼각형 버튼을 클릭하면 팝업 메뉴가 나타난다. 기본적인 세팅은 Show All Tool Presets 로 되어 있는데 이 상태는 모든 툴의 기본 옵션이 한 번에 보이도록 되어 있다. 보통은 이 상태에서 사용하지 않으므로, Show Current Tool Presets을 선택하는 것이 좋다.

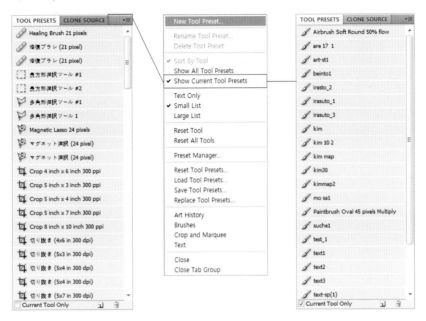

1 자신만의 브러시 세트 만들기

자신만의 브러시를 단기간에 만드는 것은 불가능 하다. 해를 거듭하면서 자신의 스타일도 달라지 고, 포토샵의 기능도 늘어나며, 브러시도 늘어날 것이다. 따라서 날짜나 특정한 이름으로 기록해 두면 편리하다.

커스터마이즈 툴의 저장

Save Tool Presets 항목을 클릭하면 나타나는 대화상
자에서 파일 이름을 정한 후 저장한다.

파일명에 반드시 그날의 날짜를 표기해 두는 것
이 편리하다. 가장 최근에 만든 툴 프리셋으로 작
업을 진행할 수 있기 때문이다.

Load Tool Presets 항목을 클릭하면 대화상자가
나타나고 기록한 파일을 불러올 수 있다.

브러시 패널은 개인적 성향이 가장 강하게 나타
나는 부분이다. 이 부분에 대한 설명은 기본적인
기능의 활용에 도움이 될 수 있도록 정리하였다.
브러시 패널을 이해했다는 것은 일러스트 작업에
서의 포토샵을 이해했다는 의미와도 같다. 조금은
지루한 옵션이 많이 있지만, 하루 정도 시간을 내
어 브러시 툴이 어떻게 구성되어 있는지 살펴보
기 바란다.

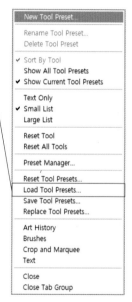

커스터마이즈 툴 불러오기

테마의 중요성

각 필드 지역의 특색을 조율하는 일은 유저들에게는 새로운 판타지를 제공하고 개발자들에게는 개발 의욕을 불러일으키는 중요한 모티브이다. 가끔씩 기획서를 제작하는 과정에서 이런 테마의 중요성을 인식하지 못하고 시간에 쫓기거나 비슷한 내용의 지역 특색으로 일관하는 경우가 종종 있다. 가령 숲이나 평지라는 테마의 필드의 경우는 지나치게 구체적으로 '마을은 이렇게 표현해야 하고, 위치는 저렇게 표현해야 한다'는 등의 제한 사항이 많은 기획서에는 딱딱한 배경, 판타지적인 배경이라기보다는 실사에 가까운 배경들이 연속되며, 표현과 상상력이 현저하게 떨어져 보이는 경우가 있다. 다시 극단적인 예를 들어 거꾸로 자라는 나무들에 숲 또는 요정 등과 같은 테마의 주제를 달아 준다면 좀 더 자유롭고 무한한 상상력을 발휘할 수 있을 것이다. 언어는 굉장히 무서운 힘을 가지고 있기 때문에 어떤 때는 강한 힘이 되기도 하지만 어떤 때는 속박이 되기도 한다. 이처럼 밸런스를 잡는 일은 굉장히 민감한 면을 지니고 있다.

테마의 표현

필자는 배경 디자이너가 기획서에 있는 문자 그대로 현실적인 리얼리티만을 강조하는 것은 1차원인 발상이라고 생각한다. 기획자보다 더 기획적인 사고와 무한한 상상력을 이용한 발상의 전환이 항상 필요한 것이다. 단순히 그림만을 그리거나 붓끝에서 나오는 테크닉을 발휘하기에 앞서 어떠한 표현을, 어떠한 아이디어로 표현할 것인지에 대한 고민을 항상 먼저 하는 습관을 기를 필요가 있다.

실 작업에서의 해상도 개념

일반적인 사내 원화 작업의 이미지 크기는 보통 2,000픽셀 정도이면 3D 제작 원화로써 사용할 수 있다. 이미지의 픽셀 수가 커질수록 작업 시간이 오래 걸리기 때문에 작업이 비능률적일 수도 있다. 이미지 크기가 크다는 것은 곧 원화의 작업 시간이 많이 걸린다는 것을 의미한다. 이 장에서는 해상도에 대한 기본적인 이해와 실제 작업에서의 개념을 비교해 가면서 설명하려고 한다.

픽셀의 개념

1 모니터로 보는 픽셀의 차이

1,024×768의 포토샵 화면에서의 픽셀(Pixel) 수보다 1,920×1,200의 포토샵 화면의 픽셀 수가 더 많기 때문에 툴을 세밀하게 조정하면 포토샵의 윈도우로 출력된다는 것을 알 수 있다.

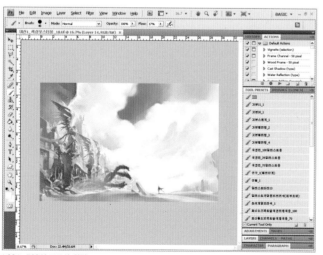

1,024×768의 포토샵 화면

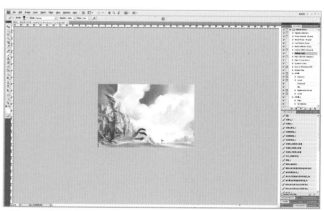

1,920×1,200의 포토샵 화면

2 작업물의 크기 비교

해상도를 1,024×768픽셀로 설정하면 아래와 같이 확대할 경우 픽셀의 수가 보이지 않았던 사각 점의 시점은 300% 확대 크기 부근으로부터 픽셀의 사각형이 보이지 않게 된다. 즉, 모든 점으로 구성된 점의 집합 이미지인 셈이다.

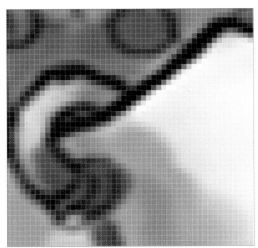

1,024×768픽셀의 화면을 1,024×768 크기의 화면에서 1,200%로 확대했을 경우의 픽셀 크기

1,024×768픽셀의 화면을 1,024×768 크기의 화면에서 600%로 확대했을 경우의 픽셀 크기

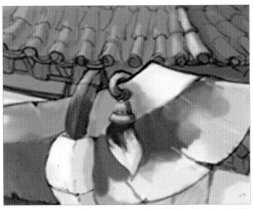

1,024×768픽셀의 화면을 1,024×768 크기의 화면에서 300%로 확대했을 경우의 픽셀 크기

1,024×768픽셀의 화면을 1,024×768 크기의 화면에서 100% 크기로 설정했을 때의 결과물

위에서 보는 바와 같이 100%로 설정해야만 이미지로서 보이기 시작한다.

:: 포토샵에서의 픽셀

메뉴에서 [Image→Image Size]를 클릭하면 아래와 같은 대화상자가 나타난다.

❶ 모니터상의 픽셀의 수, 즉 가로 세로를 구성하는 화면의 픽셀 총 수를 결정하는 수치 입력 패널이다.

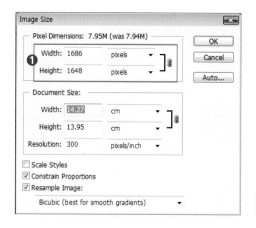

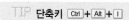

배경 원화 작업을 진행하면서 무리하게 이 픽셀값을 낮게 설정하거나(600픽셀 이하), 너무 높게 설정하면 (2,500픽셀 이상), 전자의 경우 3D 작업자의 진행이 힘들어지고 후자의 경우는 작업자의 작업 시간이 2~3배로 늘어나게 된다. 합리적인 크기는 Width(2,500), Height(2,500) 픽셀 정도이다. 물론 어느 정도의 크기 차가 있더라도 원화 작업을 진행하는 데는 문제가 없다.

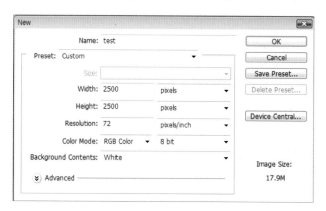

:: DPI의 개념

DPI(Dot Per Inch)란, 1인치(Inch)에 몇 개의 점(프린트의 도트)이 포함되어 있느냐를 의미하며, 이는 곧 인쇄물의 품질을 나타낸다.

❶ 도큐먼트 크기(Document Size)는 한마디로 출력물을 위한 설정이다. 복잡한 이론을 여기서 설명하기보다는 손쉽게 작업할 수 있는 옵션을 설명하는 것으로 대신하겠다.

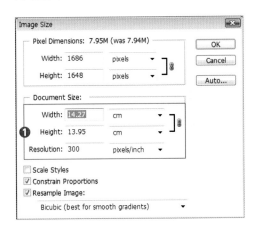

상자에 체크 표시된 해상도(Resolution)의 수치를 300dpi 정도로 설정하면, 거의 모든 출력물에서 출력할 수 있다. 72dpi의 경우 내부 3D 원화 작업용으로도 사용할 수 있다.

이를 다시 정리해 보면 일반 3D 작업용 원화의 경우에는 출력물을 이용하여 부서 간 커뮤니티를 하지 않는 것이 보통이기 때문에 보통 2,500픽셀에 72dpi 정도로 제작하여 넘기면 무난하게 타 부서와 연동할 수 있다. 홈페이지용 일러스트나 웹 광고용으로 사용할 경우에는 5,000~7,000픽셀에 72dpi 정도에서 작업하여 압축 파일(jpg, bmp) 등으로 변환하여 사용한다. 광고 일러스트 포스터의 경우는 5,000~7,000픽셀에 300dpi로 작업하면 어느 곳에서도 사용할 수 있다. 일러스트 저장 포맷은 PSD 파일이나 TIF 파일로 전달하면 레이어를 변환하기가 편리하므로 제작 초기에 어디에 사용할 것인지를 확인한 후에 작업하는 것이 바람직하다. 왜냐하면 2,500픽셀의 원화를 제작하는 시간과 5,000픽셀의 일러스트를 제작하는 시간은 대략 4배 정도 차이가 나기 때문이다.

:: 벡터의 개념

벡터(Vector) 방식으로 제작되는 가장 대표되는 이미지는 일러스트레이터이다. 포토샵과 대비되는 이 방식은 점들을 연결하여 기하학적인 도형을 수학적인 결과물로 산출하는 것을 말한다.

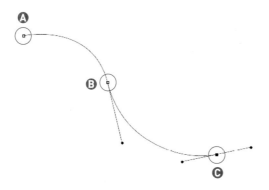

Ⓐ 벡터 영역을 정하는 출발점

Ⓑ 벡터 영역의 곡선값을 정하여 A와 B점의 선의 각을 조정하는 역할을 한다.

Ⓒ 벡터의 추가점이자 최종점으로 사용할 수 있다. 벡터 영역을 만들 때 최소 3점이 필요한 것이다. 선의 경우는 2점만으로도 표현할 수 있다.

일러스트레이터의 강력한 기능인 이 기능은 이미지를 아무리 확대해도 선이 픽셀화되지 않고, 확대할 수 있다는 장점을 가지고 있지만 섬세한 색감으로 변화를 주기가 힘들다는 것이 단점이다. 이 벡터에 기술을 응용한 툴이 바로 펜 툴▨이다.

좌표의 계산으로 이미지가 출력되기 때문에 픽셀로 구성되는 포맷들보다 데이터 자체가 가볍고 깔끔한 경계를 만들 수 있다.

BACK BOOK

간단하게 다음과 같이 개념을 정리한 후 작업 상황에 따라 개념을 응용해 보는 것이 좋을 것이다.

① 픽셀(Pixel)
모니터로 보이는 이미지의 최소 단위를 나타낸다.

② DPI(Dot Per Inch)
1인치(Inch)에 몇 개의 점(프린트의 도트)이 포함되어 있느냐를 의미하며, 인쇄물의 품질을 나타낸다.

③ PPI(Pixel Per Inch)
1인치에 몇 개의 픽셀(Pixel)이 포함되어 있느냐를 의미하며, 모니터의 출력 품질을 나타낸다.

성 초기 작업 시 설정 작업을 했던 작업물로, 월페이퍼로 이용

첫 클베하는 날

클베란, '클로스 베타테스트'의 준말로, 서버를 일정한 인원으로 제한한 상태에서 테스트하는 기간을 말한다. 특히 첫 클베의 경우는 개발사가 가장 중요시 하는 날이기도 하다. 어쩌면 오픈보다 더 중요한 날인 클베의 첫날은 감동 그 자체이다. 약속한 날짜와 시간이 되어 서버가 열리고, 수를 헤아릴 수 없이 들어오는 유저를 보면 자신도 모르게 감동의 눈물이 솟구친다. 그동안 겪었던 수많은 역경과 고난이 마치 영화의 필름이 지나듯 머릿속에 스쳐 지나간다. 이때의 느낌은 일본에서 콘솔용 패키지를 처음으로 손에 쥐고 여기저기 게임 소프트 판매점에 진열된 소프트를 찾아다녔을 때의 감동과는 사뭇 다르다. 온라인 개발 기간은 패키지 게임의 그것과 비교했을 때 정말 길다. 요즘은 거의 3년 이상 개발하는 것이 보편화된 추세이기도 하다. 그 긴 시간 동안 정말 많은 일들을 경험해야 했고, 많은 한국적인 개발 특성을 이해해야 했다.

클베 첫날 마지막으로 서버를 닫는 카운트가 끝나면 모두 머리 위로 손을 들어 "수고하셨습니다!"라는 말과 함께 박수를 치게 된다. 그 감동은 한편에 영화의 한 장면과도 같다. 그리고는 언제 그랬느냐는 듯이 다시 야근이 시작되기는 하지만 말이다.

클베 첫날_유저들의 모습

포토샵 툴을 이용하여 배경 작업하기

PART 03

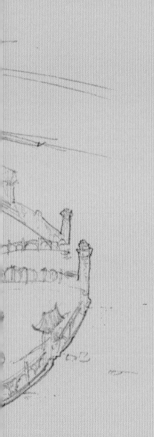

이번 장에서는 포토샵의 기능을 이용하여 이미지 작업에 실무적으로 접근할 수 있도록 실 작업 과정을 설명하고자 한다. 여기에서는 다양한 포토샵의 기능들 중 배경 업무에 적용할 수 있는 부분을 이해하는 데 초점을 맞추어 진행한다.

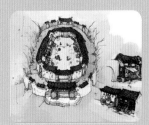

셀렉트의 기본 기능 이해

포토샵에서의 '선택'은 영원한 숙제이자 가장 중요한 기본기이다. 컬러값을 설정하거나 영역을 선택한다는 것은 모든 프로그램의 기초 작업이자 가장 기본이 되는 동작이기 때문이다. 따라서 다양한 선택 툴을 자유롭게 사용하기 위해서는 모든 기능을 숙지하는 것이 중요하다. 이번 장에서는 포토샵의 선택 기능들을 설명하기 위한 튜토리얼을 다양한 방법의 예제를 통해 설명하고자 한다.

⠿ 셀렉트 메뉴 이해하기

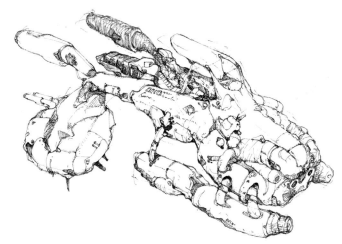

셀렉트 메뉴를 이해하기 위한 실 작업 데이터 소스

1 셀렉트 메뉴 사용 전 이미지 보정

튜토리얼 소스로 가볍게 스케치한 이미지를 소스로 사용하여 설명한다. [Image→Adjustments→Levels] 메뉴를 선택한다.

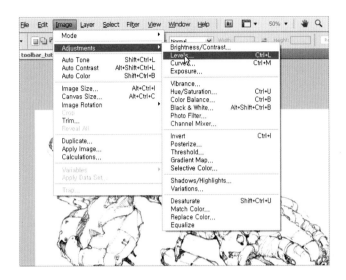

[Levels] 대화상자에서 왼쪽 삼각형 부분은 어두운색의 강도를 모아 주는 기능을, 오른쪽 끝의 삼각형 부분은 밝은색 부위를 모아 주는 기능을 한다. 중간의 삼각형 바는 중간 톤의 양을 조절하는 옵션이다.

스케치를 하다 보면 다양한 연필 자국이나 필요 없는 선들이 스캐너를 통해 나타난다. 포토샵을 이용하면 이러한 선들을 어느 정도 보정할 수 있다. 가장 먼저 Channel의 RGB 채널은 그대로 두고 Input Levels 상자 안의 바를 조절하여 어느 정도의 선을 추출한다. 작업을 하는 사용자에 따라 스케치 선을 추출하는 방법이 다르기는 하지만, 필자는 연필 선의 느낌을 중요시하며, 배경의 경우 캐릭터보다 좀 더 거칠고 라인이 덜 정리된 것을 선호한다.

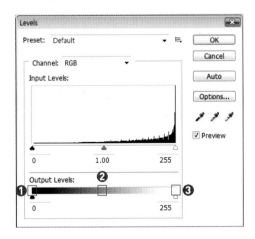

❶ 어두운 톤 컬러 영역을 조절
❷ 중간 톤 컬러 영역을 조절
❸ 밝은 톤 컬러 영역을 조절

라인이 어느 정도 정리되었으면 올가미 툴(Lasso Tool)로 외부의 적당한 부분을 크게 선택한다. 가급적이면 오브젝트의 선에 가까운 부분을 선택하는 것이 이후 작업을 할 때 편리하다.

올가미 툴로 영역 설정하기

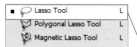

올가미 툴(Lasso Tool) 은 곡선으로 선택할 수 있는 툴이다. 곡선으로 선택하는 것이기 때문에 정확한 선택보다는 적당한 라인으로 랜덤하게 끊어 주는 것이 좋다. 펜 마우스나 마우스는 실제의 연필과 같은 영역을 설정하기가 힘들기 때문에 아래 그림처럼 외곽 라인을 정리해 주는 것이 좋다. 영역을 선택한 후 Ctrl + X 를 눌러 도큐먼트의 연필 찌꺼기를 제거해 준다. 이렇게 하면 다음과 같이 외곽 영역이 어느 정도 정리된다.

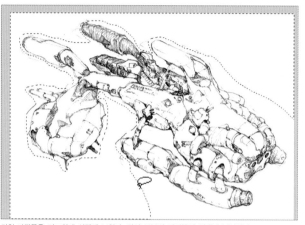

TIP 단축키 Ctrl + X

라인 바깥쪽을 러프하게 선택해 보았다. 점선 부분의 바깥쪽이 선택된 부분이다.

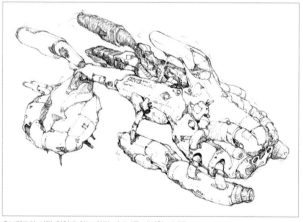

오브젝트의 선택 영역에 있는 연필 찌꺼기를 제거한 결과물

⠿ 다각형 올가미 툴로 영역 설정하기

다각형 올가미 툴(Polygonal Lasso Tool)￼의 경우에는 직선으로 선택 영역을 지정할 수 있다. 좀 더 정확한 선택을 할 수 있기 때문에 올가미 툴(Lasso Tool)￼보다 정확한 설정을 할 수 있다. 영역 선택이 완료되면 위의 작업 과정처럼 Ctrl + X 를 눌러 필요 없는 공간을 정리한다.

선화의 바깥쪽 부분의 경계가 되는 부분을 선택한 화면

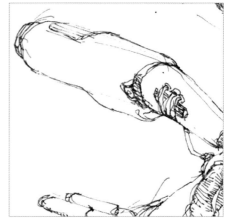

선택한 부분을 잘라 낸 결과물

⠿ 자석 올가미 툴 사용하기

자석 올가미 툴(Magnetic Lasso Tool)￼의 경우는 자석처럼 라인에 붙는 기능을 가지고 있다. 정확한 선택을 위해서는 다른 두 가지 툴과 병행하여 사용하는 것이 좋다.

다각형 올가미 툴(Polygonal Lasso Tool)￼보다 섬세하게 바깥쪽을 선택한 후, 다시 바깥쪽을 삭제해 보았다. 이때 가능한 레이어는 백그라운드 상태로 하여, 백그라운드의 색은 구별이 쉬운 흰색이 좋다.

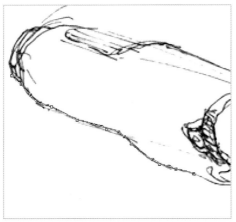

자석 툴￼을 사용하면 선의 영역에 가깝게 붙는다.

:: 마술봉 툴로 영역 설정하기

마술봉 툴(Magic Wand Tool)✎은 가장 많이 사용하는 툴로, 옵션 바에서 Tolerance의 수치를 조절해 주면 색상값의 양을 정할 수 있다. 수치가 클수록 더 많은 영역의 색을 포함하게 된다. 마술봉 툴✎을 누른 채 다시 선택하면 추가 선택이 가능하다.

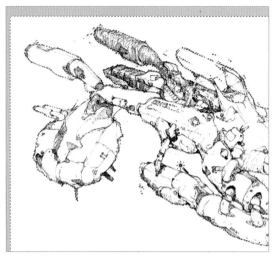

마술봉 **툴**✎로 바깥쪽을 설정해 본 작업 창

좀 더 퀄리티 있는 작업을 하기 위해서는 영역을 정리하거나 정확한 선택을 하는 것이 필요하다. 다음은 위의 영역 작업을 거친 후에 채색을 마친 작업물이다. 모든 일이 그러하듯 기초 작업을 철저하게 해 놓은 후에 진행하는 것이 좋은 작업을 할 수 있는 지름길이다.

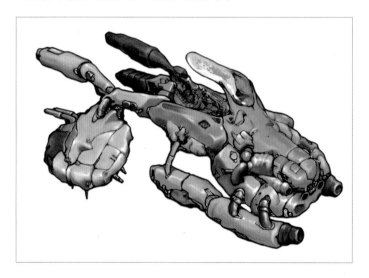

레이아웃을 변경하여 작업한 포스터 이미지

셀렉트를 이용한 원근법 표현

이번에는 어떠한 방법으로 영역을 구분하여 원근법을 표현하는지에 대해 알아보도록 하자. 원근법은 배경의 기초적인 표현 방법이며, 다양한 표현을 가능하게 하는 수단이기도 하다. 필자의 미완성 작업물을 이용하여 이 과정을 소개해 보도록 하겠다.

편집에 사용될 소스 이미지

배경(뒤쪽) 부분은 작업이 진행되지 않았던 작업물을 이용하여 셀렉트 툴로 수정하려고 한다. 스캔을 받으면 컬러가 RGB 상태이기 때문에 흑백으로 바꿔 줄 필요가 있다.

░ 그레이스케일 이미지로 변경하기

메뉴의 [Image→Adjustments→Desaturate]를 선택하면 이미지가 그레이스케일 상태로 변경되어 흑백 처리된다.

░ 원경 이미지의 레이어 생성

올가미 툴(Lasso Tool)☯을 이용하여 중경 이후가 될 ❶ 부분을 선택한다.

메뉴의 [Select→Modify→Feather]를 선택하면 [Feather Selection] 대화상자가 나타난다. Feather Radius 의 수치를 '5' 정도로 맞춘다.

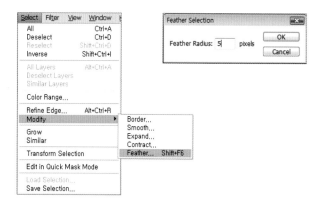

선택한 부분을 잘라낸 후, 새로운 레이어로 패스시킨다.

TIP 단축키 CUT : Ctrl + X , PASS : Ctrl + Y

∷ 근경 이미지의 레이어 생성

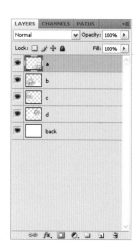

근경으로 처리할 부분

다시 [Select→Modify→Feather] 메뉴를 선택하고 Feather Radius의 수치를 '30' 정도로 설정한 후, 앞쪽 부분의 근경으로 처리할 부분을 잘라내어 새로운 레이어를 형성한다(원경 이미지 생성과 같은 방법으로). 근경 의 선택한 부분을 잘라낸 후 새로운 레이어로 패스시킨다. 기존의 레이어 뒤쪽에 배치한다.

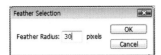

근경 부분을 작업하여 새로운 레이어로 생성한 결과물

TIP **Feather Radius**
수치가 클수록 선택한 영역에서 안쪽으로 필터의 블루 효과를 준 것처럼 선을 중심으로 퍼져 보이게 되고, 수치가 적을수록
선에 가깝게, 깨끗하게 선택된다.

중경 레이어와 근경 레이어만 표시한 화면

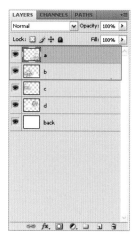

레이어상의 근경과 중경

:: Free Transform 사용하기

원경 레이어들을 콘트라스트와 오브젝트 자유 형태(Free Transform)로 조절하여 위치에 맞게 배치한다.

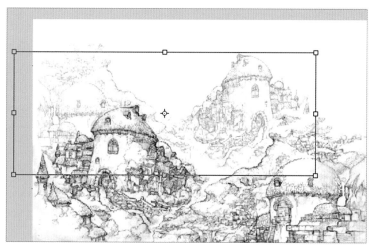

원경의 레이어를 이미지 크기에 맞게 조절한 화면

⠿ 자르기 툴 사용하기

바깥쪽 이미지의 넓이를 조절하기 위해 툴 바의 자르기 툴(Crop Tool)回을 이용하여 이미지를 적당하게 잘라낸다. 자유 형태 조절 툴로 각 코너의 작은 정사각형에 마우스 커서를 올려놓으면 확대, 축소를 할 수 있는 화살표가 나타난다.

안쪽을 적당한 크기로 잘라내기 위해 잘라내기 툴回을 활성화시킨 화면

⠿ 원경, 중경, 근경을 레이어로 구분

위와 같은 방법을 적용하여 레이어를 구분하는 작업을 반복한다. 여기서는 총 4개의 레이어로 구분해 보았다. 전경, 중경, 원경으로 구분한 총 세 가지와 원경은 좌측과 우측으로 구분, 배치했으며, 2개로 구분했다.

셀렉트 기능을 사용하여 분리한 작업 결과물

다음은 최초 작업물과 결과물을 비교해 본 것이다. 최초 작업물의 배경 작업에서는 중경과 원경 부분을 좀 더 디테일하게 표현하고자 하였지만 콘셉트상 버섯 마을을 구상하여 표현하는 것이 목표였으므로, 아래와 같은 결과물이 나오더라도 설정화로서의 역할을 충분히 할 수 있다고 본다.

원본 이미지

변경된 이미지

툴을 활용하기 위하여 다소 의도적인 방법으로 포토샵을 활용하였다. 위에서 제시한 영역 설정 방법은 원화를 그리는 방법적인 접근 방법에서 가장 기초적인 툴의 사용 방법 중의 하나이다. 다양한 선택 방법 중에서 좀 더 합리적인 자신만의 스타일을 만들어 가기를 기대한다.

우도 마을

지역을 지면 밑으로 파이도록 하기 위해 위에서 전체적으로 바라볼 수 있도록 하였으며, 마을을 지형의 형태만 가지고도 긴장감을 연출할 수 있는 콘셉트로 설정하여 보았다.

마을 디자인

마을, 캠프, 전초기지, 성 등과 같이 유저들이 사용하는 기능 공간은 많은 NPC들과 퀘스트들이 존재하는 지역이다. 디자인적인 요소보다는 이 지역만큼은 기능적인 역할을 강조하여 디자인하라고 조언하고 싶다. 성과 필드에서 느끼는 인상과 그 마을만의 독특한 이미지를 형성하는 것도 중요하지만 MMORPG 게임과 같은 방대한 내용의 게임에서는 그 기능성이 더욱 강조된다.

전초기지

한 지역이 끝나는 지역을 구분 짓는 중간에 위치한 성 기능을 하는 작은 마을이자 성이다. 하나의 필드 지역에서 다른 레벨의 지형으로 넘어가는 지형의 중간에 위치하도록 하였으며, 양쪽 터레인 지형을 이용한 공간 디자인을 설정하여 보았다.

원근법을 이용한 표현 응용_1(튜토리얼)

이번에는 한 장의 완성된 원화를 3원근법으로 나누는 과정에 대해 설명하려고 한다. 아래의 그림은 기본적인 원근법 표현으로, 선으로 어느 정도 설명되어 있다. 이는 다음 과정의 채색 작업을 위한 전초 작업으로서의 레이어 구분이라고 할 수 있다.

응용편에 사용될 실 데이터 제작을 위한 작업용 선화

:: 셀렉트 옵션을 사용한 튜토리얼

원경의 선택 방법

01 툴 바의 마술봉 툴(Magic Wand Tool)🪄을 선택하고 옵션 바의 세 가지 아이콘 중에서 제일 왼쪽의 아이콘이 선택되어 있는지를 확인한 후, 원경의 하늘 부분을 클릭하였다.

02 화면의 특정 부위 주위를 계속 클릭하면 버튼 상태가 왼쪽 아이콘에서 중간 + 표시 아이콘으로 바뀌는 것을 알 수 있다. 계속 클릭하면 어느 정도의 하늘 부위를 랜덤하게 선택할 수 있다.

선택하기 시작한 영역

어느 정도 구분된 영역

완료된 영역

마술봉 툴🪄의 경우, 미리 선화 스케치 과정에서 원경, 중경, 근경에 대한 선의 강약을 어느 정도 의식한 상태에서 제작하는 것이 중요하다. 스케치 과정에서 작업을 충실히 했다면, 의외로 간단하게 분리할 수 있다.

03 메뉴에서 [Select→Modify→Smooth]를 선택한 후 [Smooth Selection] 대화상자에서 Sample Radius의 수치를 '4' 정도로 설정한다.

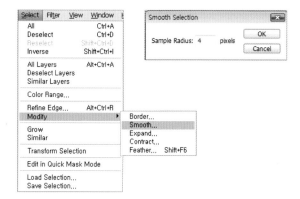

Smooth 옵션 전에 설정된 영역 표시 점선

Smooth 옵션 후에 설정된 영역 표시 점선

TIP **Smooth**
픽셀이 섬세하게 휘어져 선택된 부분을 펴 주는 역할을 한다. 수치가 많을수록 좀 더 곡선적인 느낌으로 펴진다.

04 이전 작업에서와 같이 메뉴의 [Select→Modify→Feather]를 선택하면 나타나는 대화상자에서 Feather Radius의 수치를 '5' 정도로 설정하고, 커트와 패스를 이용하여 새로운 원경 레이어를 형성한다.

원경과 분리된 결과물

중경의 선택 방법

01 빠른 선택 툴(Quick Selection Tool) 로 선택한 곳을 중심으로(중경을 할 양 좌측) 이미지를 선택한다.

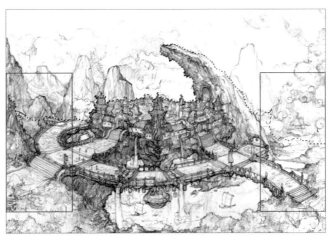

잘라낸 상태의 원경 레이어를 전체 선택한 후(원경 레이어 2), Shift 를 누른 채 중경 레이어의 위에 체크된 부분을 계속 클릭한다(Ctrl 을 누른 상태에서 레이어 창의 그림 부분을 누르면 해당 레이어를 전체 선택할 수 있다).

이때의 레이어는 원경 레이어의 한 장과 위쪽으로 근경, 중경 레이어가 붙어 있는 상태이다.

작업 과정의 레이어 상태

2의 중경 레이어에 체크한 부분이 선택된 상태

02 중경 또한 커트, 패스를 통해 새로운 레이어를 만든 후 세 장의 레이어의 오브젝트 이미지의 색을 임의의 방법으로 변경했다. 기타 이미지 보정에 대해서는 다음 파트에서 자세히 다룰 예정이다. 대략적인 이미지의 분리는 다음과 같다.

03
STEP

근경의 이미지 보정

01 다음은 근경 이미지를 보정하는 화면이다. 셀렉트를 하면 분리하는 과정에서 바깥쪽 라인 부분이 종이처럼 되기 쉽다. 이는 설정된 부분의 라인을 잡아 주는 기능으로, 메뉴에서 [Select→Modify→Border]를 사용한다.

'Border'를 선택하면 나타나는 대화상자에서 선의 두께를 정할 수 있다. 여기에서는 블루 옵션이나 [Select→Modify→Smooth] 옵션을 양념처럼 사용할 수 있다.

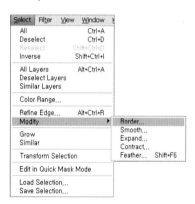

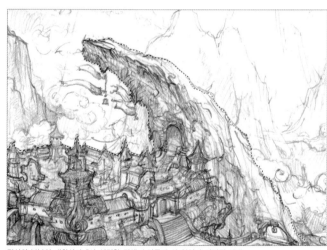

점선의 부분의 대화상자에서 설정한 픽셀 수만큼의 선 영역이 설정된 상태

02 라인이 설정된 부분의 채도와 색감을 어둡게 고치면 약간의 바깥 라인이 형성되어 중경과 원경이 자연스럽게 분리되는 것을 알 수 있다.

라인으로 선택한 부분이 선처럼 구분되어 있는 결과물

⠿ 셀렉트의 응용을 완성된 이미지로 확인

물론 위의 작업만으로 완성되지는 않았지만, 모든 작업의 기본은 셀렉트를 활용하는 것이다. 이렇게 3개로 구분하면 작업이 수월해지고 다음 작업으로의 진행이 쉬워진다. 필자의 경우 스케치 작업을 매우 중시하는 편이고, 가급적이면 선의 잡티조차도 그래픽 이미지로 살리려는 작업을 많이 진행하기 때문에 다른 작업자보다는 보정 작업을 잘하지 못하는 사람에 속한다. 물론 이러한 작업 방법은 일반적이기보다는 어쩌면 굉장히 주관적인 작업 방법이므로 이번 장에서는 내용을 읽어가며 대략적인 툴의 쓰임새와 활용되는 원리만을 파악하기 바란다.

해외 프로젝트에서의 배경 콘셉트 디자인 1
첫 인상을 결정하는 지역이기 때문에 전체적인 스타일을 생각하면서 제작한 작업 중의 하나이다. 동양적인 배나 항구의 특성을 바로 알 수 있으면서
도 디자인적인 모더니즘을 살리려고 노력했다.

해외 프로젝트에서의 배경 콘셉트 디자인 2
해외 프로젝트에서 쓰였던 초보자 마을에 들어갈 오브젝트들의 자잘한 구성 이미지들이다. 다른 나라와 함께 수행하는 것이니 만큼 구체적인 방향을
제시하는 것이 목적이었으며, 동양 판타지라는 장르적인 공부도 많이 했던 디자인이다.

원근법을 이용한
표현 응용_2(튜토리얼)

스케치 작업과 스캔 작업, 이미지 보정 작업이 끝난 후 선화가 완성되면 작업자에게는 가장 즐거운 시간이 기다리고 있다. 그러나 즐거운 작업을 하기에 앞서 가장 지루하고 꼼꼼하게 설정해야 할 색 분할 작업이 기다리고 있다. 이 작업의 경우 작업자의 스타일에 따라 생략하는 사람도 있고, 스케치보다는 면을 통해 해석하는 사람도 많다. 서양에서는 선화보다 면이나 텍스처의 질감을 중시하는 경향이 강하다.

필자는 선화로 작업을 마무리하는 경우가 많다. 선화는 설계도의 역할을 할 뿐만 아니라 3D 작업자가 정확하게 메시(Mesh)나 엣지(Edge)를 따 주거나 포인트를 찾기 쉽다는 장점을 가지고 있다. 하지만 면으로 작업된 원화를 이용하여 작업하는 3D 작업자의 경우 세부적인 디테일은 대부분 그 작업자의 조형적인 능력에 따라 달라지며, 의존도가 높아진다는 단점이 있다. 어떤 방법을 선택할 것인지는 각 프로젝트팀을 이끄는 아트디렉터나 팀장의 표현 방법에 달려 있다.

왼쪽 그림은 중세 유럽풍의 프랑스 고지대 마을 전경을 의식한 판타지 형식의 원화로, 간단한 마을에 거리의 풍경을 러프하게 잡은 것이다. 선화 추출법이나 스캐너에 관한 내용은 나중에 다시 설명하기로 하고, 이번에는 셀렉트를 활용한 색 지정에 대해 알아보기로 한다.

∷ 채색을 위한 셀렉트 활용 튜토리얼

01
STEP

**펜 툴
활용하기**

펜 툴(Pen Tool)❏과 다각형 올가미 툴(Polygonal Lasso Tool)❏의 차이점은 다른 일을 하면서도 작업을 할 수 있고, 포인트와 포인트를 찍어 가면서 그에 따른 Undo가 가능하기 때문에 다각형 올가미 툴(Polygonal Lasso Tool)❏처럼 끝까지 꼭 한 번에 셀렉트 지역을 마무리지어야 할 필요가 없다는 것이다.

01 펜 툴❏로 선택하고자 하는 영역에 점을 찍는 방법으로 설정해 보자.

펜 툴❏로 다리 부분을 선택한 상태

02 설정이 끝난 후 마우스 오른쪽 버튼을 클릭하면 나타나는 확장 메뉴 중에서 [Make Selection]을 선택한다. Operation의 옵션은 첫 번째 영역을 추가할 때는 New selection 버튼을 클릭하고 두 번째 영역을 추가할 때는 Add to selection 버튼을 클릭한다.

03 [Make Selection] 대화상자가 나타나면 [OK] 버튼을 클릭한다.

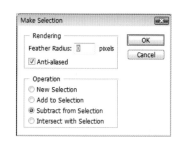

04 다음과 같이 점선의 선택 영역으로 변한다. 위에서 설명한 바와 같이 지역을 셀렉트하는 데는 수없이 많은 방법이 있다. 이 중에는 알파를 사용하여 지역을 설정하는 경우도 있고, Lasso 툴, 마법 툴을 사용하는 경우도 있다. 이 모두는 전부 장단점이 있기 때문에 모든 방법을 편하게 다룰 수 있을 만큼 숙련할 필요가 있다. 지금부터 설명하는 펜 툴에 의한 선택법은 일러스트레이터라는 프로그램에서 벡터값을 가지고 선택하는 것에 포토샵 기능을 추가한 것으로, 이를 잘 활용하면 편하게 사용할 수 있을 것이다.

색이 선택된 상태에서 새로운 레이어나 색을 넣을 레이어를 선택한 후 [Edit→Fill](Shift + F5) 메뉴를 선택한다. 그런 다음, Contents 박스의 Use 팝업 항목에서 Foreground Color를 선택하고 [OK] 버튼을 클릭한다(Alt + Delete 도 같은 액션을 취해 준다.).

작업 전 선택 상태

선택한 부분의 색이 전경색(Foreground Color)과 같은 색상으로 변경된 상태

05 이와 같은 방법으로 3톤 정도의 전경 컬러를 분리했다. 전경 건물 다리와 보도블록을 분리한 후 같은 레이어에서 색만을 분리했다.

이번에는 각각의 부분 컬러의 영역을 잡아 보자. 분리한 컬러 분리용 레이어는 백그라운드 한 장과 컬러 분해를 위한 레이어 2개이다.

STEP

**좀 더 복잡한
부분의 선택**

01 앞쪽에 배치한 컬러 분리용 레이어에서 지붕의 안쪽 부분은 선을 따라서 정확하게, 바깥쪽은 랜덤하게 선택한다. 이 장에서의 선택은 모두 펜 툴▣을 변형하여 사용하였다.

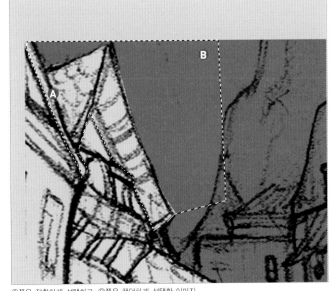

Ⓐ쪽은 정확하게 선택하고, Ⓑ쪽은 랜덤하게 선택한 이미지

02 컬러 분리용 레이어에서 페인트통 툴(Paint Bucket Tool)로 지붕 영역에 색을 붓는다. 다음과 같이 안쪽 영역은 선과 맞물려 색이 채워지고, 바깥쪽 라인-위에서 작업한 레이어를 분리한 부분은 자동으로 지붕 쪽만 색이 변한다.

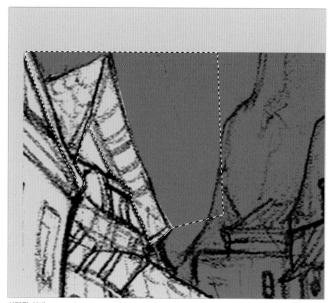
선택된 상태

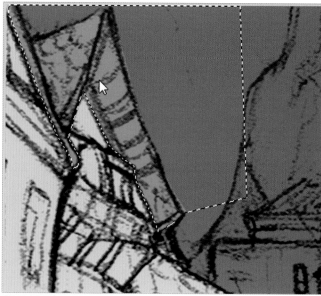
색을 변경한 상태

> **TIP 페인트통 툴(Paint Bucket Tool)**
> 지정된 셀렉트 영역과 같은 색의 영역을 채워 주는 특성을 가지고 있다. 그러므로 다른 색으로 구분되어 있는 영역은 셀렉트 작업을 해 줄 필요가 없고, 같은 색으로 되어 있는 부분만을 영역으로 구분해 주면 편리하게 작업할 수 있다.

03 같은 작업 방법으로 선과 색이 같은 라인 부분을 잡아 주고, 그렇지 않은 부분은 러프하게 잡아 주는 작업을 반복한다.

컬러 지정 확대 작업하기

1 마무리 작업_1(선택 컬러 다양화)

위와 같은 방법과 개념을 이용하여 부분 다른 영역을 잡아 줄 수 있다. 이하의 그림은 위의 방법으로 선택 영역을 잡아 준 후에 나온 결과물이다.

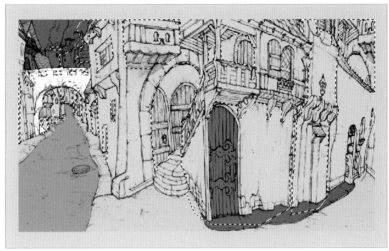

영역 설정 작업

컬러 변경 작업

처음 몇 부분의 영역 설정은 꼼꼼한 선택 작업이 필요하지만, 점차 구분을 하다 보면 위에서와 같이 한쪽 선 부분만 선택하면 되는 경우가 많아지기 때문에 의외로 빠르게 구분할 수 있을 것이다.

2 마무리 작업_2(선택 컬러 다양화)

컬러 분리용 레이어 작업이 끝났다면, 이번에는 백그라운드 부분의 컬러 분리 작업을 진행해 보자.

어느 정도 색 분해가 끝났다면 각 부분에 어울리는 색을 반복하여 맞추어 본다.

좋은 색을 바탕으로 선택하면 좋은 컬러링이 될 가능성이 높다. 필자의 경우 게임 업계에 처음으로 발을 들여놓았을 때는 레이어에 대한 의존도가 굉장히 심했다. 당시에는 보통 40~50장 정도의 레이어를 만들어 쓰곤 했는데, 요즘 들어서는 3~5장 사이를 유지하려고 노력한다. 그 이유는 구분시켜 놓은 레이어와 레이어 사이가 작업에 방해가 되는 경우가 많고, 편집하는 데 많은 시간을 소비할 수 있다는 것을 깨달았기 때문이다. 필자는 간단한 레이어를 사용하여 표현할 수 있을 만큼 표현하고, 편집이나 색 보정은 가능하면 마지막에 하려고 노력한다. 그것이 작업 시간에 쫓기는 게임 업계에서 빠르게 원화를 공급할 수 있는 노하우가 아닐까 싶다.

색을 구분하는 작업을 할 때는 필수적인 면보다는 그 편리성에 바탕을 두는 경우가 많다. 처음 잡은 색 콘셉트가 마무리까지 그대로 가는 경우는 거의 없다. 초기 작업에서 너무 많은 레이어로 분리하거나 너무 많은 색으로 구분하면 중간 단계에서 작업이 지체될 확률이 높다. 배경 원화의 경우 아직까지 업계에서는 충분한 시간을 주기보다는 '기획서 작성 후, 바로 3D 제작'이라는 개념이 팽배해 있기 때문에 중간 단계의 콘셉트를 잡아가는 작업은 그냥 이미지 콘티처럼 넘겨 버리는 중소기업이 비일비재하다. 앞으로는 점점 달라질 것으로 보이지만 아직은 배경 콘셉트 아티스트들에게는 스피드가 생명이라고 할 수 있다.

⠿ 전체적인 작업 결과물 비교해 보기

처음 과정에서 스케치의 선화를 추출했던 결과물과 컬러를 분해한 과정, 그리고 위의 선화를 제거한 컬러 결과물을 비교해 보기 바란다.

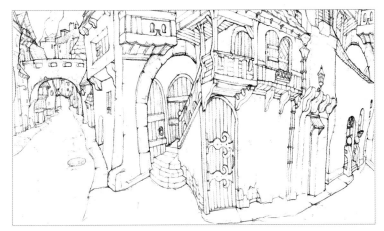

스케치 선화 과정

스케치 레이어를 끈 컬러 레이어

컬러 분해 결과물

대형 성 작업 2
성 내부의 개인 상점 지역이다. 기본 골격에 얽매이지 않으려고 노력했고, 처마와 건물 간의 디테일로 인해 게임이 무거워 보이지 않도록 최대한 신경을 썼다. 성 안쪽으로 작은 배수로를 넣어 주었다. 양양성이라 불리는 이 성은 고퀄리티의 셰이더를 활용할 수 있을 만큼 물의 반사 등에 있어서 상용의 언리얼 엔진에 버금가는 퀄리티를 자랑하는 엔진이었기 때문에 적재적소에 물에 관련된 오브젝트를 배치해 보았다.

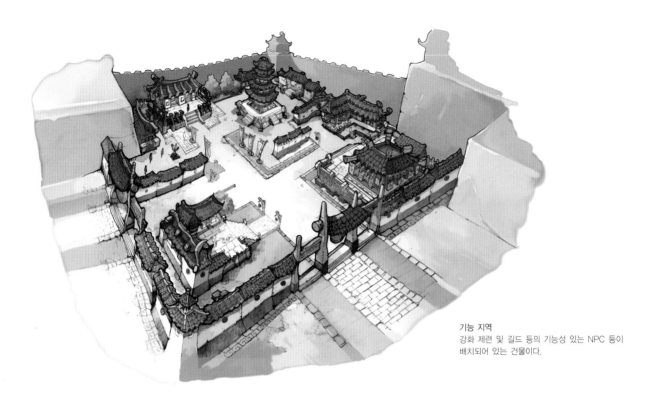

기능 지역
강화 제련 및 길드 등의 기능성 있는 NPC 등이
배치되어 있는 건물이다.

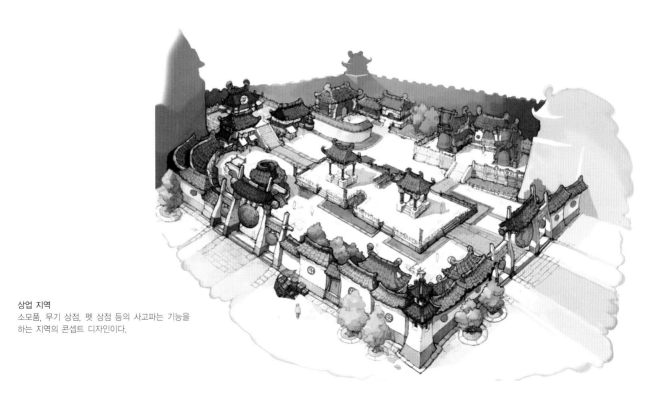

상업 지역
소모품, 무기 상점, 펫 상점 등의 사고파는 기능을
하는 지역의 콘셉트 디자인이다.

툴 바의
이미지 보정

툴 바에는 다양한 편집 기능 외에도 이미지에 직접적으로 작업할 수 있는 툴들이 있는데, 우리가 평소에 잊고 있는 툴을 중심으로 하여 그 기능들을 다시 한 번 생각해 보는 것도 작업의 퀄리티 향상을 위한 일이라 생각한다. 여기서는 포토샵에서 잘 사용하지 않았던 기능들을 이미지 작업에 적용해 보기로 하겠다.

∷ 닷지 툴의 이용 방법 알기

메뉴 바에서 돋보기 모양 아이콘이 닷지 툴(Dodge Tool)🔍이다. 닷지 툴(Dodge Tool)🔍 아이콘 밑의 삼각형 표시를 클릭하고 있으면 닷지 툴(Dodge Tool)🔍, 번 툴(Burn Tool)🖐, 스펀지 툴(Sponge Tool)🔵이 나타난다. 우선 닷지 툴(Dodge Tool)🔍에 대해 알아보자.

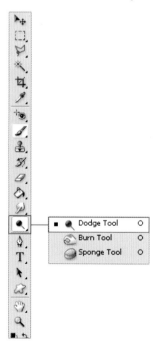

닷지 툴(Dodge Tool)🔍을 설명하기 위한 이미지

닷지 툴(Dodge Tool) 🔍 의 브러시 크기를 확인해 보자.

Brush: 400 | Range: Midtones | Exposure: 33% | Protect Tones

최초의 옵션은 Range의 Midtones로 되어 있고, Exposure에는 수치를 조절할 수 있는 조절판이 있다. 여기서는 수치를 '33' 정도로 설정한다. 수치가 많을수록 진하게 적용되고, 적을수록 흐리게 적용된다. 어깨 상단 부분을 적당한 필압으로 칠해 보았다.

원본 이미지

밝은 부분이 하이라이트를 받은 듯한 느낌을 줄 수 있을 것이다.

이미지의 콘트라스트 기능을 하는 툴이다. 붓 툴 ✏️ 에 콘트라스트 기능을 합하여 부분적인 터치를 가능하게 하였다. 올바르게 사용하면 부분적인 콘트라스트를 잡아 주는 데 유용하다.

⠿ 번 툴의 활용 방법 알기

툴 바의 닷지 툴(Dodge Tool) 🔍 밑에 있는 삼각형을 클릭하면 나타나는 확장 메뉴
중에서 번 툴(Burn Tool) 🖐️ 을 클릭한다.

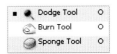

번 툴(Burn Tool) 🖐️ 은 닷지 툴(Dodge Tool) 🔍 과 반대의 역할을 하는데, 닷지 툴
(Dodge Tool) 🔍 과 세부 옵션 메뉴는 같고, 사용 방법도 같다. 다만 반대의 역할을 하는 효과의 차이만 있을
뿐이다.

원본 이미지

대생 앞쪽의 주먹을 살펴보면 선명한 부분과 어두운 부분이 차이가 있는 것을
확인할 수 있을 것이다.

번 툴(Burn Tool)의 경우에도 닷지 툴(Dodge Tool)처럼 특정 이미지의 부분을 강조하는 역할로 사용할 수 있다. 제시한 이미지를 살펴보면, 이미지가 확연하게 강조되는 것을 알 수 있을 것이다.

스펀지 툴의 활용 방법 알기

스펀지 툴(Sponge Tool)은 아이콘 그림처럼 특정
부위에 번지도록 브러시화한 것이다. 툴 바에서 팝업
메뉴로 나오는 스펀지 툴(Sponge Tool)을 선택해
보자. 그림의 일부분을 이 툴을 통해 닦아 내었다.

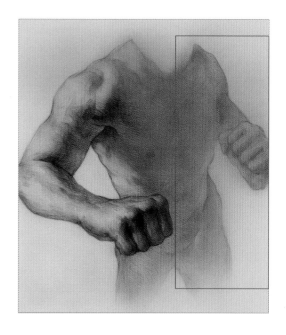

원본 이미지

이미지의 앞쪽 팔목 뒤로 스펀지 툴(Sponge Tool) 을 적용하였다. 원본에 비해 원근감이 생긴 것을 확인할 수 있을 것이다.

스폿 힐링 브러시 툴의 활용 방법 알기

스폿 힐링 브러시 툴(Spot Healing Brush Tool)은 많은 작업자들이 거의 사용하지 않는 툴이다. 그 이유는 이 기능을 보충해 주는 여러 가지 옵션들이 포토샵에 존재하기 때문이다. 하지만 이 툴을 활용할 수 있는 부분이 있다. 의외로 배경 작업에도 적용할 곳이 많다. 툴 바에 있는 스폿 힐링 브러시 툴(Spot Healing Brush Tool)을 클릭해 보자.

다음과 같은 세부 옵션 메뉴가 있다.

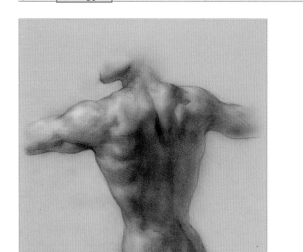

이미지 작업에 사용될 이미지의 원본이다.

세부 옵션 메뉴에서 붓의 크기를 '175' 정도로 설정한다.

외곽 부분에 다음과 같이 라인을 끼고 랜덤하게 그어 본다.

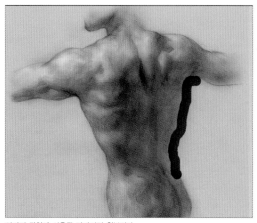

이미지 작업에 사용될 이미지의 원본이다.

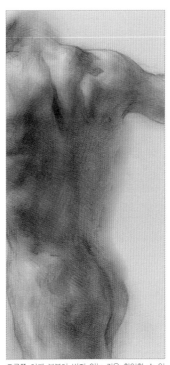

이미지 작업에 사용될 이미지의 원본이다.

오른쪽 어깨 부분이 번져 있는 것을 확인할 수 있을 것이다.

이 툴은 경계로 잡았던 부분을 뭉개 주어 마치 브러시로 지나간 부위만을 부드럽게 해 주는 블러 기능과 비슷하다.

힐링 브러시 툴의 활용 방법 알기

이 툴은 툴 바의 도장 툴(Clone Stamp Tool)🖳과 비슷하다. 다만 도장 툴🖳의 경우 이미지를 복사하지만 힐링 브러시 툴(Healing Brush Tool)🖊의 경우는 Alt 를 누른 상태에서 선택한 부분의 이미지를 복사하여 번지게 한다.

툴 바에서 힐링 브러시 툴(Healing Brush Tool)🖊을 선택한다. 힐링 브러시 툴(Healing Brush Tool)🖊은 스폿 힐링 브러시 툴(Spot Healing Brush Tool)🖊의 밑에 있는 삼각형을 누르면 나타나는 확장 메뉴 중에서 선택할 수 있는 툴 중의 하나이다.

Alt 를 누른 상태에서 이미지의 일부분을 선택했다.

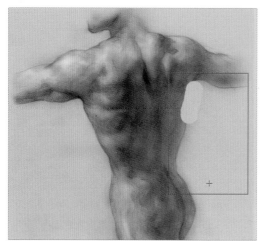

Alt 로 클릭한 부분

원본 이미지

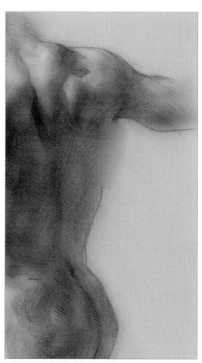

오른쪽 등쪽 라인이 번져 있는 것을 확인할 수 있다.

▓ 패치 툴의 활용 방법 알기

패치 툴(Patch Tool) ◎의 경우는 설정한 부분만큼의 영역을 지정한 부분과
같이 이미지를 번지게 한다. 쉽게 말해서 지정한 부분의 두 부분을 섞어 주
는 것이다. 툴 바에서 패치 툴(Patch Tool) ◎을 선택한다.

사용 방법은 3단계이다.

1 이미지의 일부분을 선택한다.

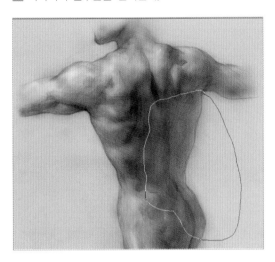

2 선택한 부분을 드래그하여 합성하고자 하는 부분으로 이동시킨다.

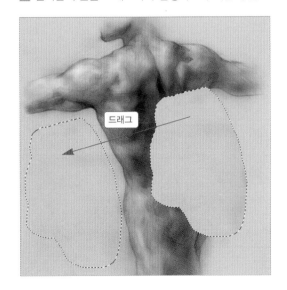

3 다음은 그 결과물이며, 선택 영역은 그대로 남게 된다.

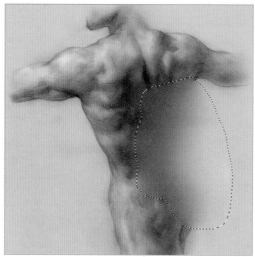

선택을 해제한다(Ctrl+D).

원본 이미지

적용된 이미지

세 가지 툴을 비슷하게 이해할 수도 있지만, 자신의 방법과 매치시켜 사용하면 다양한 제작 방법으로 활용할 수 있을 것이다.

브러시 툴(Brush Tool) 외에도 여러 가지 방법을 작업에 응용할 수 있는 툴이 존재한다. 시간이 날 때마다 다양한 방법으로 툴을 사용해 볼 것을 권한다.

대형 성 작업

막대한 제작비가 들어가는 성 작업은 기획자이든 작업자이든 다방면의 검토와 더미 작업을 거친 후 테스트 과정을 여러 번에 걸쳐 시행하는 것이 바람직하다. 기획서의 성 기획의 경우 대략 4~10장 사이의 기획서가 원화팀으로 넘어오지만, 그 기획서의 진정한 의미를 아는 사람은 그리 많지 않다. 제작비의 상당한 비중을 차지하고 있는 이 성은 적게는 총 제작비의 10분의 1을 차지하기도 한다. 보통 그래픽 제작비로 총 제작비의 2분의 1이 들어가는데, 그 중 20%를 차지하는 작업인 것이다. 말로만 들어도 유명한 몇몇 성들은 약 2년 정도 걸려서 제대로 된 시스템이 올라가는 방대한 작업이다. 쉽게 접근할 수 있는 작업이기도 하지만 심각한 딜레마에 빠지기 쉬운 작업이기도 하다. 이 성 때문에 클라이언트와 충돌하는 경우도 많다. 성 기획에 관련된 사항들은 별도의 장에 마련해 두었으므로 참고하기 바란다. 위의 디자인은 성의 콘셉트 제작 당시에 전체적인 볼륨감과 디자인의 디테일을 결정하는 이미지 원화이다.

메뉴 바의 이미지 메뉴를 통한 이미지 수정

CHAPTER 06

풀다운 메뉴의 경우 포토샵의 각종 보정 기능을 가지고 있다. 이 중에서 배경 작업에서 없어서는 안 될 기능은 이미지 메뉴의 명령 옵션이다. 포토샵이 가장 유명한 이미지 편집 툴로써 명성을 쌓을 수 있었던 것은 바로 이 기능 때문이며, 원화가들의 작업 편의를 극대화하도록 도와주는 것도 이 이미지 보정용 풀다운 메뉴이다.

여기서는 일러스트 원본을 가지고 각종 이미지 보정 옵션을 조절하여 그 결과물을 빠르게 이해할 수 있도록 유도하고자 한다.

이미지 보정의 최초 원본

⠿ Brightness/Contrast 메뉴 알기

1 메뉴에서 [Image→Adjustments→Brightness/Contrast]를 선택한다.

2 [Brightness/Contrast] 대화상자에서 Brightness는 '-30', Contrast는 '14'로 설정한다.

원본 이미지

변환된 이미지

이 옵션은 색감의 어두운 부분과 밝은 부분의 강도를 집중시켜서 말 그대로 콘트라스트나 어둡고 밝은 강도를 조절하는 것이다. 원화 작업을 할 때 자신의 원본 이미지와 비교하면서 작업하는 것을 습관화하는 것이 도움이 될 것이다.

:: Levels 메뉴 알기

1 메뉴에서 [Image→Adjustments→Levels]를 선택한다.

2 [Levels] 대화상자에서 왼쪽의 검은색 삼각형은 '18', 오른쪽의 흰색 삼각형은 '216' 정도로 설정한다.

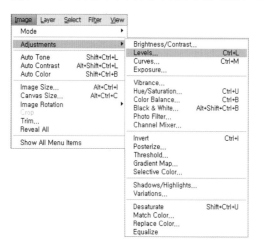

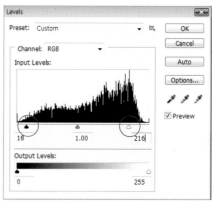

원본 이미지

변환된 이미지

채색 과정에서 시각적인 밸런스를 맞추다 보면, 너무 무난한 중간 톤으로 표현되는 경우가 있다. 이 옵션은 일종의 중간 톤을 줄여 주어 이미지가 좀 더 선명하게 보이도록 해 주는 것이다.

다시 한 번 위의 과정을 반복하여 대화상자를 나타나게 하면 변환된 이미지의 중간 톤이 마치 톱니가 빠진 것처럼 구성되어 있다는 것을 알 수 있을 것이다. 즉, 위의 작업 과정을 통해 중간 톤이 사라진 것이다.

위의 과정을 다시 한 번 반복하여 나온 그래프이다. 이 그래프를 확인하면 쉽게 이해할 수 있을 것이다.

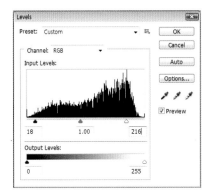
Levels를 적용하기 전▶

색상값과 중간값의 콘트라스트를 묶어 주어 이미지가 선명해지도록 할 수는 있지만, 중간 톤이 상실될 수도 있으므로 주의하여 사용해야 한다.

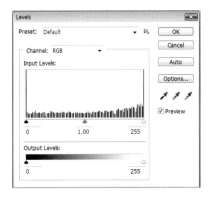
Levels를 적용한 후▶

:: Curves 메뉴 알기

1 메뉴에서 [Image→Adjustments→Curves]를 선택한다.

2 [Curves] 대화상자에서 위쪽 Ⓐ점 Output에 '180'을, 아래쪽 Ⓑ점 Input에 '150'을 입력하여 이동시킨다.

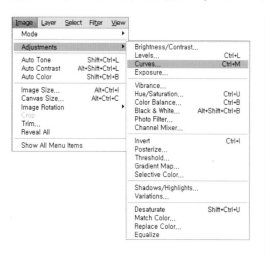

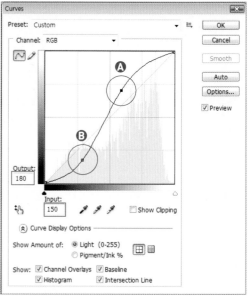

원본 이미지

변환된 이미지

이 과정을 그래프의 변화로 확인해 보자.

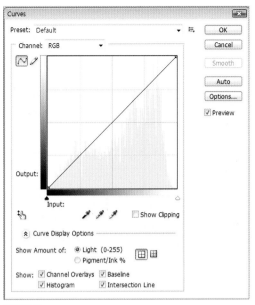

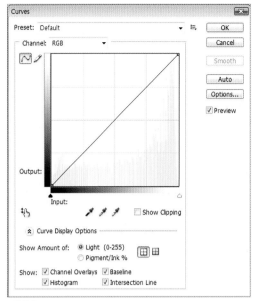

적용하기 전

적용한 후

회색 그래픽의 적용 전과 적용 후가 확연히 다르게 줄어든 것을 알 수 있을 것이다. 이는 [Curves] 대화상자에
서처럼 어두운색을 구성하는 왼쪽부터 밝은색을 차지하는 오른쪽과 위쪽의 X, Y축이 비례하여 감소함으로써
색을 한곳으로 뭉쳐 주는 역할을 하는 것이다.

∷ Hue/Saturation 메뉴 알기

1 메뉴에서 [Image→Adjustments→Hue/Saturation]을 선택한다.

2 [Hue/Saturation] 대화상자에서 Hue는 '16', Saturation '-54', Lightness '3'으로 설정한다.

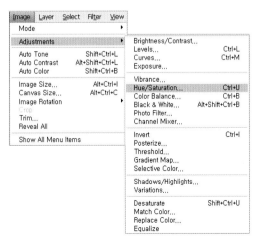

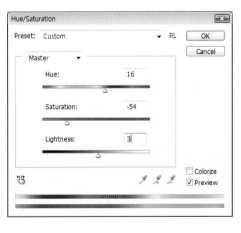

원본 이미지

변환된 이미지

Hue는 전체적인 색감을 변경해 주는 역할을 하고, Saturation은 채도 차이를, Lightness는 명도 차이를 조절해 주는 역할을 한다.

사용 방법은 잘못 진행된 색감 계열색이 명도, 채도의 밸런스를 잡아 주는 역할을 한다.

:: Color Balance 메뉴 알기

1 메뉴에서 [Image→Adjustments→Color Balance]를 선택한다.

2 [Color Balance] 대화상자에서 Cyan은 '72', Magenta는 '-42', Yellow는 '5'로 설정한다.

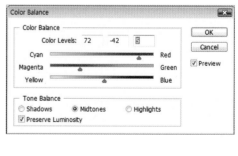

원본 이미지

변환된 이미지

한마디로 색상값을 변경하는 메뉴이다. 다양한 색상으로 색상을 변경할 수 있고, 가장 기초적으로 사용하는 메뉴이다. 컬러 밸런스(Color Balance)에는 다음과 같은 3개의 옵션이 있다.

① Shadows : 그림자 부분의 색상 변화
② Midtones : 중간 색상 부분의 색상 변화
③ Highlights : 밝은 부분의 색상 변화

중간 톤이 기본 옵션이라는 이유로 1, 3번의 옵션을 잘 사용하지 않는 경우가 있는데, 이번 기회에 다양하게 사용해 볼 것을 권한다.

Replace Color 메뉴

1 메뉴에서 [Image→Adjustments→Replace Color]를 선택한다.

> TIP 포토샵 CS4부터는 단축키 설정이 가능하다. 가능하면 단축키로 설정하여 사용하는 것이 편리할 것이다.

2 작업 창에서 스포이트가 표시되면 표시 부분을 클릭한다.

3 [Replace Color] 대화상자의 Replacement 항목에서 Hue는 '-172', Saturation는 '-57', Lightness는 '0'으로 설정한다.

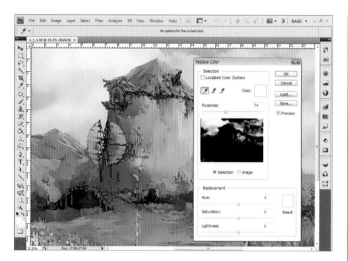

원본 이미지

변환된 이미지

이 옵션은 배경 작업을 할 때 매우 효과적으로 사용된다. 다시 말해서 Fuzziness의 숫자가 있는 바를 조절하여 스포이트로 변경할 색상 영역을 선택한 후 변경할 구역을 집중적으로 변경하는 옵션이다.

배경 작업을 하다 보면 예상과는 달리 부분적으로 색이 잘못 들어가거나 밸런스가 맞지 않는 경우가 생기는데, 이 색들을 주위에 있는 색들과 부드럽게 연결해 주는 역할을 한다.

이 밖에도 여러 가지 이미지 보정 옵션이 있다. 이 옵션은 배경 원화 작업을 하면서 필자가 가장 많이 사용하고 있는 이미지 보정 메뉴를 중심으로 설명하였다. 이미지 보정 메뉴인 Adjustments 항목에 들어가는 모든 이미지 보정 옵션은 포토샵에서의 배경 원화 작업에 매우 중요한 역할을 한다는 것을 명심하기 바란다.

중국 프로젝트 초보자 마을 콘셉트 디자인으로, 제작 프로젝트 대표 이미지와 웹용 이미지로 편집

동양 지역 성 콘셉트화로 제작하여 로딩 화면으로 사용

레이어를 통한
이미지 보정(Layer Style 알기)

CHAPTER 07

사람들이 포토샵을 가장 많이 사용하는 이유는 바로 이 레이어라는 혁명적 시스템 때문이라고 해도 과언이 아닐 것이다. 레이어는 종이의 특징을 가진 수많은 재료를 이미지 위에 쌓아올릴 수 있다는 최대의 강점을 가지고 있기 때문이다. 포토샵의 레이어 기능은 이미지 보정 기술과 더불어 누구나 가장 편리한 기능으로 인정하고 있다. 이 장에서는 기본 편집 기능에 대한 설명보다는 작업 활용도가 높은 네 부분을 중심으로 하여 레이어의 기능을 설명해 보려고 한다.

∷ Layer Style 개념

1 스타일 메뉴는 크게 레이어에 속성을 부여하는 스타일 부분(Ⓐ)과 옵션 조절 부분(Ⓑ)으로 나눌 수 있다.

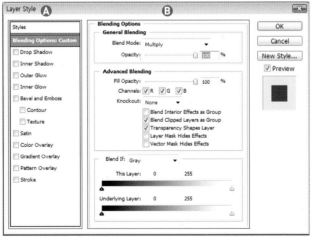

스타일 메뉴의 대화상자

스타일 부분에는 여러 가지 스타일의 세부 사항을 조절할 수 있는 체크 항목이 있으며, 옵션 조절 부분에는 체크된 항목을 더욱 자세하게 적용할 수 있는 항목들이 있다.

⠿ Layer Style – Pattern Overlay 옵션

원본 이미지

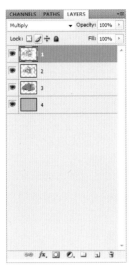

활용할 레이어

▣ 레이어의 그림 부분에 있는 2번 레이어(색상 레이어)를 더블클릭한다.

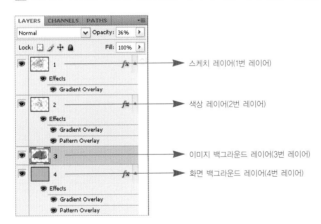

스케치 레이어(1번 레이어)

색상 레이어(2번 레이어)

이미지 백그라운드 레이어(3번 레이어)

화면 백그라운드 레이어(4번 레이어)

2 다음과 같은 레이어 스타일 메뉴 창이 나타난다.

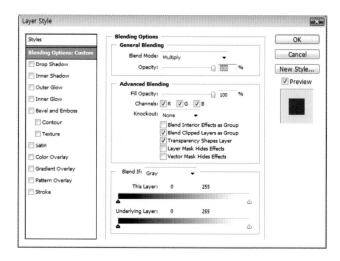

3 스타일 메뉴 창의 스타일 항목 왼쪽 하단에 있는 Pattern Overlay 항목에는 두 가지 중요한 세부 옵션이 있다.

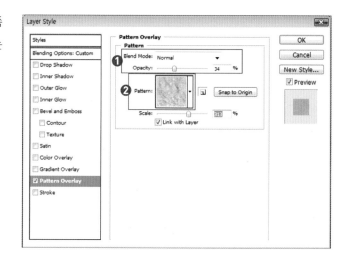

❶ **Blend Mode** 이 항목을 클릭하면 레이어 속성에 관련된 팝업 메뉴가 나타난다. 레이어의 속성은 다음 장에서 다룰 예정이다. 한마디로 이미지 위에 덮는 재질의 레이어 속성이다.

❷ **Pattern** 이 옵션을 켜면 텍스처 팝업 메뉴 창이 나타난다.

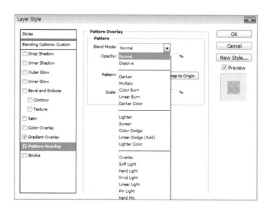 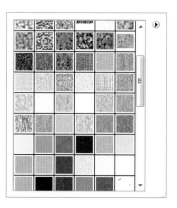

4 이미지에 덮는 텍스처의 종류를 선택할 수 있다. 포토샵에서는 기본적으로 다양한 텍스처를 기본값으로 제공하고 있으며, 이 팝업 메뉴에서 오른쪽의 삼각 버튼을 누르면 텍스처를 더욱 다양하게 추가할 수 있고, 사용할 텍스처 소스도 설정할 수 있다.

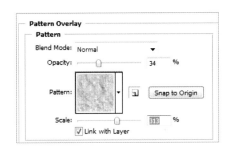

세부 옵션인 Pattern Overlay의 박스에서 Blend Mode는 Normal(효과가 사용될 소스 레이어 속성), Opacity는 34%(효과를 적용할 소스 레이어의 강도), Scale은 313%(효과를 적용할 소스 레이어의 루프 퍼센트)로 설정하였다.

∷ Layer Style – Gradient Overlay 옵션

1 [Layer Style] 대화상자의 'Gradient Overlay' 항목에 체크 표시를 한다.

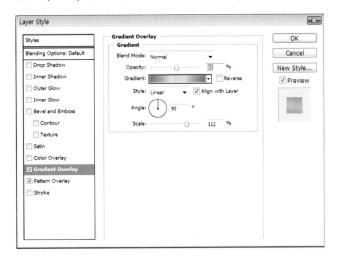

소스 레이어에서 원본 이미지 레이어에 적용할 그러데이션 효과 옵션이다. 삭감 강도 그러데이션의 스케일 및 소스 레이어 등을 마찬가지로 적용할 수 있다.

2 세부 옵션 창인 [Gradient Editor] 대화상자에서 원하는 컬러 박스를 클릭한다.

3 여기서는 오렌지와 옐로의 그러데이션으로 설정한 후 [OK] 버튼을 클릭하고, [Gradient Overlay] 창에서 다음과 같이 세부 옵션을 체크하였다.

- Blend Mode : Normal, Opacity : 52%, Style : Linear, Angle : 90, Scale : 112%

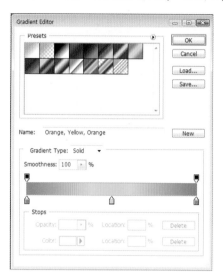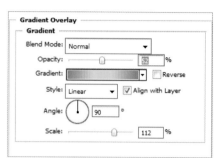

▒▒ 스케치 레이어의 스타일 변경

1 다음은 1번 레이어(스케치)에 적용한 레이어 스타일 옵션값이다.

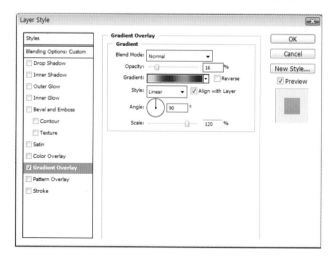

2 방금 설명한 방법과 같은 내용이므로 설명을 생략하고 옵션값만 다시 표기한다.

• Blend Mode : Normal, Opacity : 16%, Style : Linear, Angle : 90, Scale : 120%

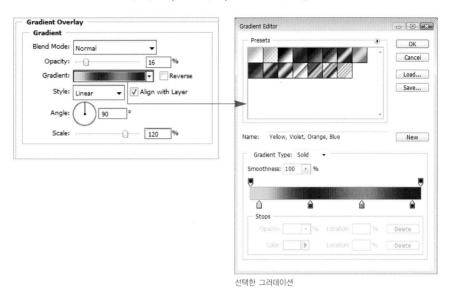

선택한 그러데이션

레이어의 이미지 보정

1 마지막으로 4번 레이어(화면 이미지)에는 2번 레이어에 적용한 이미지를 반복 적용하였다. 다음과 같은 결과물을 비교하면서 체크해 보자.

원본 이미지

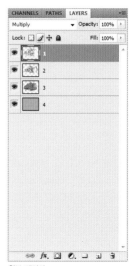

원본 레이어

변경된 이미지

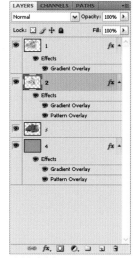
변경된 레이어

상단의 원본 이미지 색상이 좀 더 부드럽게 변한 것을 알 수 있다. 이를 이미지 채색 작업에 활용하면 다양한 효과를 얻을 수 있다.

∷ Layer Mask 옵션

간단한 옵션을 처리할 수 있으며, 사용이 편리하다.

1 레이어 마스크를 적용한 레이어들이다.
❶의 아이콘을 1, 2 레이어가 각각 선택된 상태에서 누르면 각 레이어당 ❷와 같은 모양의 아이콘들이 생성된다.
❷의 레이어들을 자세히 보면 쇠사슬 모양이 생기는 작은 화면이 생성될 것이다.

2 작은 오른쪽 화면이 활성화된 상태에서 툴 바의 그러데이션 툴(Gradation Tool)█을 선택한다.

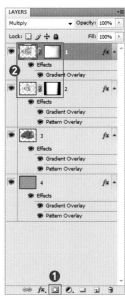

3 1번 레이어에는 ❶, 2번 레이어에는 ❷ 옵션 버튼을 선택한 후 각각의 그러데이션을 적용하였다. 레이어 마스트의 개념은 선택된 레어어의 영역을 기준으로 밝은 부분의 색상값이 없어지는 원리다.

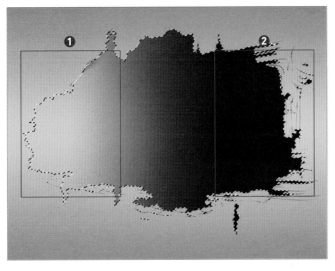

4 그러데이션을 선택하였다. 화살표 방향으로 그러데이션을 할 경우, 어두운 부분의 시작인 ❶ 부분이 없어지고, 밝은 부분에만 색상이 남게 된다.

원본 이미지

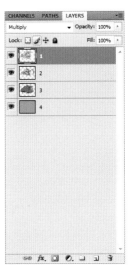

원본 레이어

레이어 스타일 적용 이미지

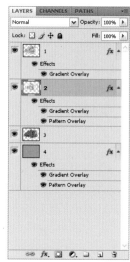

레이어 스타일 적용

레이어 마스크 적용 이미지

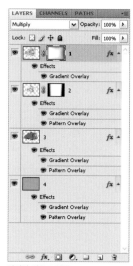

레이어 마스크 적용

⠿ Adjustments 옵션

한마디로 포토샵 CS4의 최대 신기능이라고 말할 수 있다. 이미지 보정을 위한 팝업 메뉴의 [Image] 메뉴는 1개의
레이어를 기준으로 변경할 수 있었던 것에 비해, 이를 레이어화하면 이하 레이어를 결합하지 않아도 전체적인 색
을 변경할 수 있는 기능이다.

비교01 종전의 레이어 이미지 보정 개념

4개 레이어의 색을 변경하고자 할 경우에는 레이어를 전부 합쳐야만 했다.

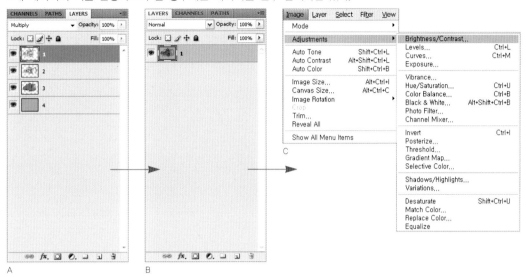

비교02 포토샵 CS4의 레이어 이미지 보정 개념

표현하고자 하는 레이어들의 상단에 Adjustments 옵션 레이어를 적용하면 이하 레이어들이 일괄적으로 효과
가 적용된다.

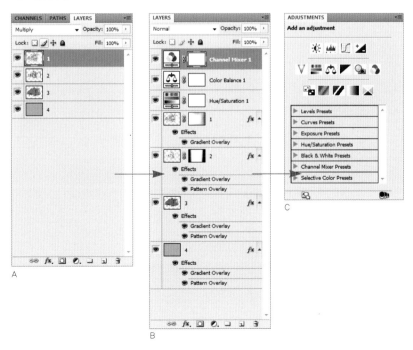

1 새로운 기능이 바로 Adjustments의 옵션 바이다.

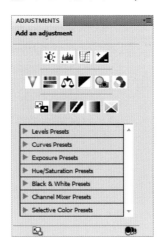

2 풀다운 메뉴 바의 거의 모든 기능이 Adjustments의 옵션 바에도 공존한다.

위에서와 같이 Hue/Saturation 경우처럼 기능상으로는 같은 개념으로 적용되지만 가장 큰 차이는 하나의 레이어인지, 여러 장의 레이어인지에 있다.

3 Adjustments로 적용한 예제 이미지의 결과물과 레이어이다.

변경된 이미지

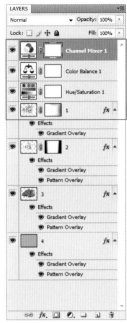

변경된 레이어

이 옵션의 장점은 레이어 전체에 효과를 한 번에 적용시킬 수 있다는 것과 레이어를 전부 병합하지 않더라도 중간 단계에서 색상을 확인할 수 있다는 것이다.

원본 이미지

변경된 이미지

레이어 보정 툴을 이용하여 변경한 결과물이다. 이 밖에도 앞에서 설명되지 않은 여러 옵션들을 자유롭게 적용하여 자신의 것으로 만들어 보기를 권한다.

❖ 레이어의 속성 팝업 메뉴의 이용하기

레이어의 상단 부분에서 선택할 수 있으며, 브러시의 스타일이나 레이어 스타일에서도 자주 등장하는 레이어 자체의 속성을 변경하여 필터 효과로 변경하는 옵션이다. 이는 매우 중요한 기능이므로 결과물과 비교해 가면서 이미지가 어떻게 변화하는지를 이해하기 바란다.

이 설정은 레이어 한 장에 해당되는 기능이다. 변경하고자 하는 레이어를 선택한 후 다음과 같은 팝업 메뉴 창을 열어 속성을 선택한다.

가장 많이 사용하는 속성으로는 멀티 레이어(Multiply), 소프트라이트(Soft Light), 오버레이(Overlay), 컬러(Color) 등을 들 수 있다.

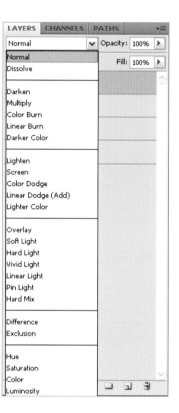

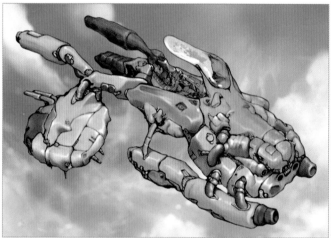

원본 이미지

Dissolve

Darken

Multiply

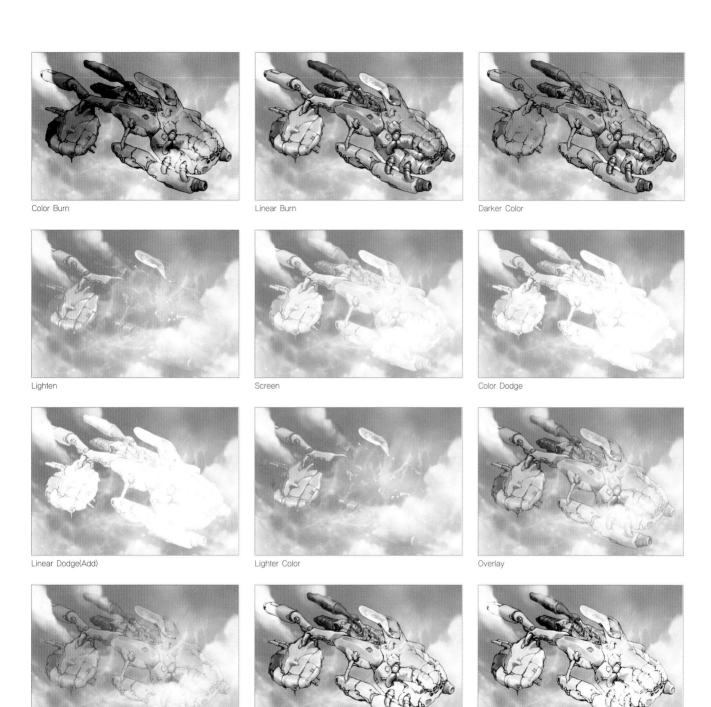

Color Burn

Linear Burn

Darker Color

Lighten

Screen

Color Dodge

Linear Dodge(Add)

Lighter Color

Overlay

Soft Light

Hard Light

Vivid Light

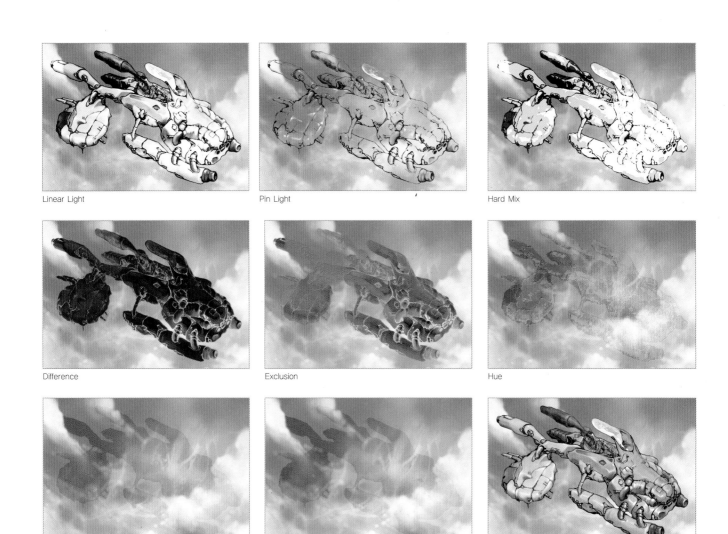

Linear Light

Pin Light

Hard Mix

Difference

Exclusion

Hue

Saturation

Color

Luminosity

필드에 초기 지역 설정 이미지 콘티

게임을 처음 만들게 되면 각종 의견과 다양한 게임들의 그래픽과 싸워야 한다. 그 중 어느 정도 확신이 들 때까지 이미지 작업을 해야 하는 초기 콘셉트 개발 시기가 있다. 이때는 다양하고, 폭넓고, 자유롭게, 그려보는 것이 중요하며, 게임 스타일이 확정되기까지 스텝들에게 시각적인 참고 이미지를 만들어 줄 필요가 있다. 이런 작업은 미야자키 하야오 감독의 작품들이 가장 좋은 예일 것이다. 물론 애니메이션이기는 하지만 본 작업에 들어가기 전에 간단한 러프 스케치와 이미지 작업을 통하여 스텝들에게 이미지 콘티를 제공하거나 공유하는 작업을 실행한다. 그는 신작 작품에 들어가기 전에는 모든 연락을 끊은 상태에서 초기 설정화 작업을 한다고 한다.

온라인 게임도 현대에 들어서는 천문학적인 개발비가 들어가기 때문에 그에 따른 초기 단계의 준비가 매우 중요하다.

한번 달리기 시작한 말의 말굽이나 달리는 스타일, 버릇 등은 초기에 다듬지 않으면 레이스가 끝나기 전까지 고칠 수 없는 것처럼 한 번 시작된 개발은 마치 살아 있는 생물처럼 진행된다. 그것도 3년에서 4년 간 멈추지 않는다.

필터를 활용한 이미지 보정

포토샵에서 Adjustments 옵션과 더불어 배경 콘셉트 원화 작업에서 가장 많이 사용되는 부분이 바로 이 필터 (Filter) 부분이다. 필터의 기능은 해를 거듭할수록 조금씩 더욱 섬세하고 다양하게 발전되고 있으며, 이는 포토샵에서의 가장 강력한 영역이기도 하다. 하지만 필터를 너무 과다하게 사용하면 오리지널의 느낌을 감소시키므로 가장 적절하고 필요한 곳에만 사용하는 것이 좋다.

∷ Artistic의 사용

1 메뉴에서 [Filter→Artistic]를 선택한다.

2 다음과 같은 대화상자가 나타난다. 이는 필터를 종합적으로 다루도록 구성된 방식의 옵션 창이다. Ⓐ의 경우는 아티스틱(Artistic) 아래의 팝업 메뉴를 선택할 수 있도록 구성되어 있다. Ⓑ의 폴더들은 필터 이하의 팝업 메뉴의 일부분이 들어 있기 때문에 펼치면 Ⓐ처럼 시각적으로 확인할 수 있다.

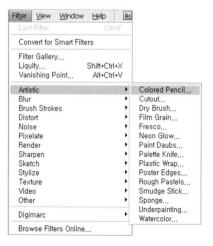

3 필터를 사용한 예이다.

이미지를 보정하기 위한 소스로 사용되었으며, 석재의 재질감과 노을진 성의 분위기를 담아 본 것이다.

Colored Pencil
마치 컬러 연필로 칠한 듯한 느낌을 표현할 수 있는 필터이다.

Cutout
판화 형식의 포스터 느낌을 살려 주는 옵션이다. 지정된 색상으로 심플하게 정리할 수 있다.

Dry Brush
Palette Knife의 느낌과도 비슷하지만 텍스처가 조금 더 디테일하게 들어갈 수 있다.

Film Grain
작은 망점이 생기도록 하는 옵션이다.

Fresco
마치 프레스코의 느낌처럼 석재 느낌을 강하게 표현할 수 있으며, 돌이나 연기 등을 표현하고자 할 때 유용하다.

Neon Glow
색을 필름처럼 반전시키고자 할 때 사용하는 필터이다.

Paint Daubs

위의 워터 컬러와 함께 회화적인 느낌을 만드는 대표적인 필터이다. 경계가 되는 부분을 두꺼운 유화 느낌으로 뭉개 주는 역할을 하는데, 선적인 이미지를 덩어리로 잡아 주고자 할 때 유용하다.

Palette Knife

색을 일정 간격의 픽셀로 뭉개 주는 효과를 낸다.

Plastic Warp

마치 그림에 투명 코팅제를 덮은 것 같은 느낌의 필터링이다. 반짝거림을 강하게 할 것인지, 두껍게 할 것인지를 조절할 수 있다.

Poster Edges

이미지에 라인으로 추정되는 부분의 어두운 경계선을 잡아 주는 옵션이다. 이미지의 경계선이 요구될 때 사용하면 편리하다.

Rough Pastels

지면 텍스처의 강도를 조절해 주고 방향성을 가진 파스텔 느낌을 유도할 수 있다. 파스텔의 느낌을 내고자 할 때 유용하다.

Smudge Stick

색상의 주위에 있는 값을 변형하여 파스텔과 같은 느낌을 가지게 한다. 하이라이트 부분을 조절할 수 있다.

Sponge

화면 전체에 미세한 얼룩이 생기도록 유도하는 필터이다. 안개나 재질감을 살리고자 할 때 유용하다.

Underpainting

마치 두꺼운 회화용 켄트지에 그린 듯한 느낌을 받게 해 주는 필터이다. 켄트지 질감 효과를 얻고자 할 때 유용하다.

Watercolor

수채화 느낌의 텍스처값과 어두운 부분의 물감의 질감을 살린 필터이다. 잘 사용하면 회화적인 이미지를 만들 수 있다.

필터 옵션은 제작 방식이 정해져 있는 것이 아니라 작업자의 감각에 의지해야 하는 것이라고 할 수 있다. 이미지 크기에 따라 느낌이 다르며, 각 옵션의 세부 옵션 설정에 따라서도 매우 다른 결과물이 나오게 된다. 이 또한 각각의 상황과 자신에 맞는 기능을 사용해 보면서 자신의 것으로 만드는 것이 중요하다.

∷ Brush Strokes 사용하기

1 메뉴에서 [Filter→Brush Strokes]를 선택한다.

Accented Edges
수채화 느낌을 적용할 수 있으며, 선의 경계도 확실하게 할 수 있는 필터이다.

Angled Strokes
스피드 있는 느낌을 표현할 수 있는 옵션이다. 일정 방향으로 스피드감을 살릴 수 있다.

Crosshatch
유리창 같은 느낌을 줄 수 있으며, 색감을 사선 방향으로 마치 천 텍스처를 입힌 듯한 느낌을 줄 수 있다.

Dark Strokes
다이내믹한 붓 터치를 더한 이미지를 얻을 수 있다.

Ink Outlines
잉크로 찍은 판화와 같은 느낌을 얻을 수 있다.

Spatter
수면에서 반사되어 굴곡되는 듯한 이미지를 얻을 수 있다.

Sprayed Strokes
물감을 칠한 후 두 장이 겹쳐 나오는 효과와 비슷한 효과를 얻을
수 있다.

Sumi-e
수묵화의 느낌을 얻을 수 있다.

이 옵션의 특징은 한마디로 붓의 율동적인 느낌을 살릴 수 있다는 것이다. 위의 Artistic 필터와 거의 흡사하지만, 이에 방향성 있는 효과를 추가한 것이라 할 수 있다.

∷ Blur 사용하기

1 메뉴에서 [Filter→Blur]를 선택한다.

블러(Blur) 필터는 이미지의 제작 과정에서 나타나는 잡티나 의도되지 않은 잔상들을 정리 또는 보정하는 대표적인 필터이다. 사진, 배경 설정화 등에 광범위하게 사용된다.

2 메뉴에서 [Filter→Blur→Blur]를 선택하면 일정 수치를 자동적으로 부드럽게 번지도록 해 준다. [Filter] 메뉴 상단의 기본값이 [Blur]로 되어 있는 것은 이미 사용한 필터가 반복적으로 사용될 수 있도록 배려한 것이다.

3 메뉴에서 [Filter→Blur→Box Blur]를 선택한다.

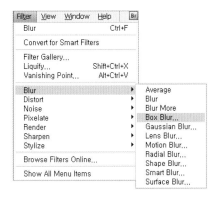

원본 이미지

블러(Blur)를 8회 정도 반복, 적용한 이미지

[Box Blur] 대화상자의 Radius값을 '10'으로 설정하였다.

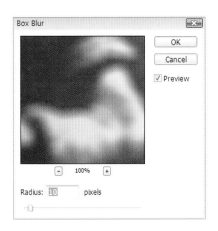

원본 이미지

블러(Blur) 옵션에서 수치를 입력하여 번지게 하기 때문에 강한 변경이 가능하다.

∷ 블러(Blur) 옵션을 이용한 선화의 느낌 살리기(튜토리얼)

이번에는 간단하게 텔레비전용 애니메이션에 많이 사용되는 선화에 블러를 사용한 것 같은 이미지를 얻는 방법에 대해 설명해 보겠다.

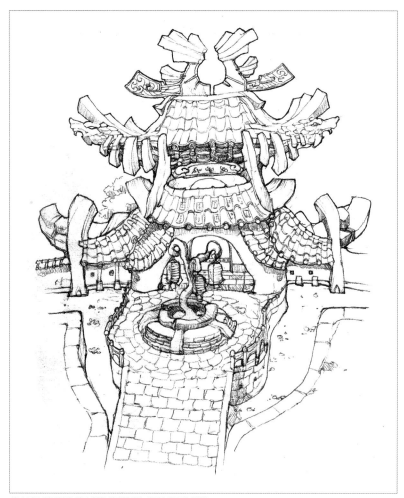

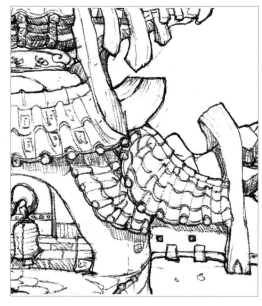

세부 선이 정리되어 있지 않은 상태이다(스케치로 정리한 원화).

STEP 01 레이어의 그림 부분을 클릭하면 손 모양이 나타나는데, 이때 드래그하여 하단에 있는 아이콘에 올려놓으면 새로운 레이어가 생성된다. 그런 다음, 레이어 속성을 Multiply 로 변경한다.

STEP 02 복사된 상단의 레이어를 선택한 상태에서 멀티 레이어로 변경한다. 이미지의 선이 원본보다 강해진 것을 알 수 있다.

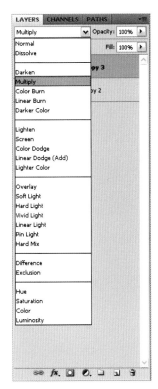

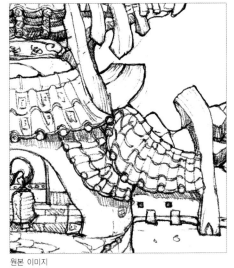

원본 이미지

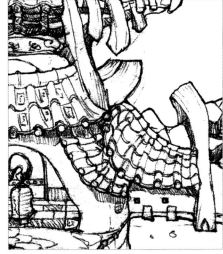

적용된 이미지

STEP 03 위 레이어의 Radius값을 '10', [Layers] 창의 Opacity 수치를 '78%'로 변경한다.

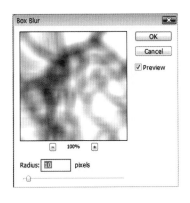

이미지 라인 주위에 있는 선이 부드러운 느낌의 선으로 정리된 것을 확인할 수 있다.

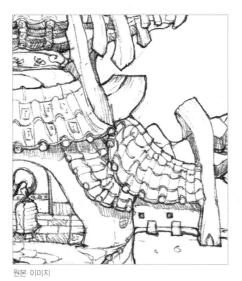
원본 이미지

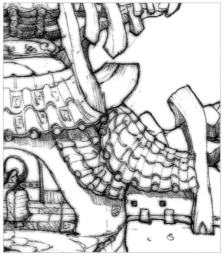
효과를 적용한 후의 느낌

⠿ Sharpen 사용하기

1 메뉴에서 [Filter→Sharpen→Sharpen]를 선택한다.

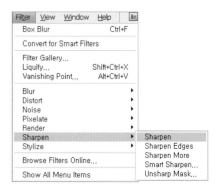

이 옵션은 한마디로 이미지의 픽셀값을 쪼개어 더욱 선명하게 하는 옵션이다. 하지만 최대의 단점은 주위의 색을 모아서 선명하게 하기 때문에 크게 확대하면 이미지가 일그러져 보인다는 것이다. 작업을 하다 보면 의도와는 달리 이미지가 선명하게 보이지 않을 때가 있는데, 이때 적당한 범위 이내에서 사용하면 좋은 효과를 거둘 수 있다.

이 밖에도 여러 가지 필터들이 존재하지만 여기서는 위의 네 종류만을 다루도록 하겠다. 나머지 옵션들의 경우 사진 합성에 이용되는 경우가 많기 때문에 이미지의 창작보다는 보정에 가깝다.

기본 문 콘셉트
중앙의 눈 쪽
검에 보석이 이펙트 처리됨.
열릴 때 더욱 빛남.

바닥에 붙이는 조명
기본 바닥에 연결하여 배치

벽에 붙는 조명
약간의 애니메이션
밑쪽의 쇠사슬이 약간씩 아주 서서히 움직임.
빨간선은 이펙트 처리로 약간씩 빛이 움직임.

제단
중앙의 책은 약간씩 책장이 움직임.
제단 주위로 물이 약간 흐름.
중앙의 길쭉한 곳에서 방어막이 사라질 때 고대 문자가 빛이 남.

기관 장치 액센트와 이펙트 효과

최근 온라인 게임의 치열한 경쟁을 통해 이펙트의 분업화가 가속화되고 있다. 2~3년 전까지만해도 애니메이터가 간단하게 만들어 붙이던 배경 이펙트도 현재는 이펙터가 따로 충분히 준비를 해야 하는 시대로 접어들었다. 그에 따라서 다양한 파티클의 표현과 엔진과 연동되는 다양한 소스를 활용하는 옵션들이 늘어가고 있다. 예전에는 횃불 하나를 만들어 돌려 쓰면 되었던 것이 최근 들어서 솟아오르는 용암과 같은 불, 불꽃처럼 튀기며 사라지는 불, 점화 장치처럼 갑자기 나타나는 불 등 너무나 다양한 표현이 가능해졌다.

필자가 가장 많이 느끼는 점도 바로 이 부분이다. 배경 디자인에 별로 경험이 없는 작업자의 경우 이펙트 디자인까지 신경 쓸 겨를이 없거나 역량이 부족한 경우가 매우 많다. 이펙트를 적재적소에 배치하고 기획하는 일도 배경 디자인에서는 빼놓을 수 없는 일 중의 하나인 것이다. 이펙터들과 여러 가지 기술적인 의논이 가능하도록 전문 서적에 대한 공부도 필요하다고 생각한다. 그럴 만한 여유가 없는 디자이너들은 이펙터들에게 자신이 생각한 콘티들을 설명하여 구현할 수 있는지를 체크하는 것도 중요한 작업 중의 하나이다.

상단 1번의 석상은 자동 도어 같이 슬라이드 식으로 열리는 문이다. 기획서에서는 '기관 장치-스위치-문'식으로 적혀 있다. 이것을 디자이너의 생각으로 슬라이드하며 옆으로 열리면서 눈과 배의 이펙트가 한 순간 빛나는 기관 장치 액션을 잡아 보았다. 3번의 경우도 제단 옆으로 빛을 발광하는 선이 발사된 후 바깥쪽의 거대한 레이저 돔을 사라지게 하는 역할을 한다.

도트를 그리는 일본의 장인들

필자가 일본의 콘솔 개발사에 근무할 때는 3D를 담당했지만, 우리나라의 개발자들은 이러한 3D 계열의 게임들이 전부인 것처럼 생각하고 있는 사람들이 많다. 하지만 한 가지 잊고 있는 부분이 있다. 그것은 바로 '도트에', 우리나라 말로 '도트식 그림'이라고 불리는 일이다.

좀 더 자세히 설명하면 '도트에'는 도트 단위의 그림을 그리는 작업을 말하는데, 예를 들어 256색을 기본으로 하는 풀 컬러 중 가장 컬러값이 적은 픽셀 단위의 화면 출력 단위를 이용하여 그림을 그리는 작업이다. 주로 캐릭터 작업이나 작은 아이콘 작업들이 이에 속한다. '메이플스토리'나 '던전앤파이터'도 이런 도트 게임의 한 장르이다. 이렇게 도트로 만들어진 게임이 테크닉이 현란하고, 그래픽이 뛰어난 3D 게임들을 압도하는 경우가 빈번하다.

그 대표적인 예가 에닉스사의 '드라곤 퀘스트'이다. 2~3년만에 한 번 나오는 이 게임 시리즈는 거의 도트로 만들어지는 경우가 많으며, 스퀘어사와 합병한 이후 3D로 변신을 시도하고는 있지만, 가능하면 도트 형식의 게임 스타일을 유지하려 하고 있다. 다양한 장르를 가진 NDS 소프트가 아직도 리뉴얼되고 있는 이유는 바로 이 때문이다.

일본의 도트 작업자들이 수행하는 작업은 매우 지루하고 단순하다. 작은 오브제에 단순한 동작의 반복을 가하는 작업을 해야 하기 때문이다. 예를 들어 캐릭터가 걸어가거나, 싸우거나, 기뻐하는 단순한 동작을 4~5장 정도 사용하여 루프를 가하여 표현하는 방식으로, 많을 때는 한 프로젝트당 1,000장 정도를 그려야 하는 경우가 빈번하다. 하지만 정말 바보스러울 정도로 은근히, 그리고 끈기 있게 작업을 이어간다.

메인 캐릭터 디자이너가 디자인을 하면 그 그림대로 캐릭터를 만드는 것이 그들의 일과이다. 3D 게임처럼 화려한 액션도 애니메이션적인 표현에 있어서의 자유도 그리 존재하지 않지만 그들 나름대로의 세계를 만들어 나가고 있다. 필자가 일본 회사에 다닐 때는 3명의 도트에 정예 멤버가 이러한 도트 캐릭터를 제작하고 있었다. 그들은 자기가 무슨 일을 하든 긍지를 가지고 살아가는 대부분의 일본 사람들이 그러하 듯 자신들의 일에 자부심을 가지고, 자신의 일을 사랑하며, 게임을 사랑했다. 내가 도트 게 임에 대하여 새로운 인식을 하게 된 것도 바로 이들 때문이었다.

아키하바라

일본 게임 센터

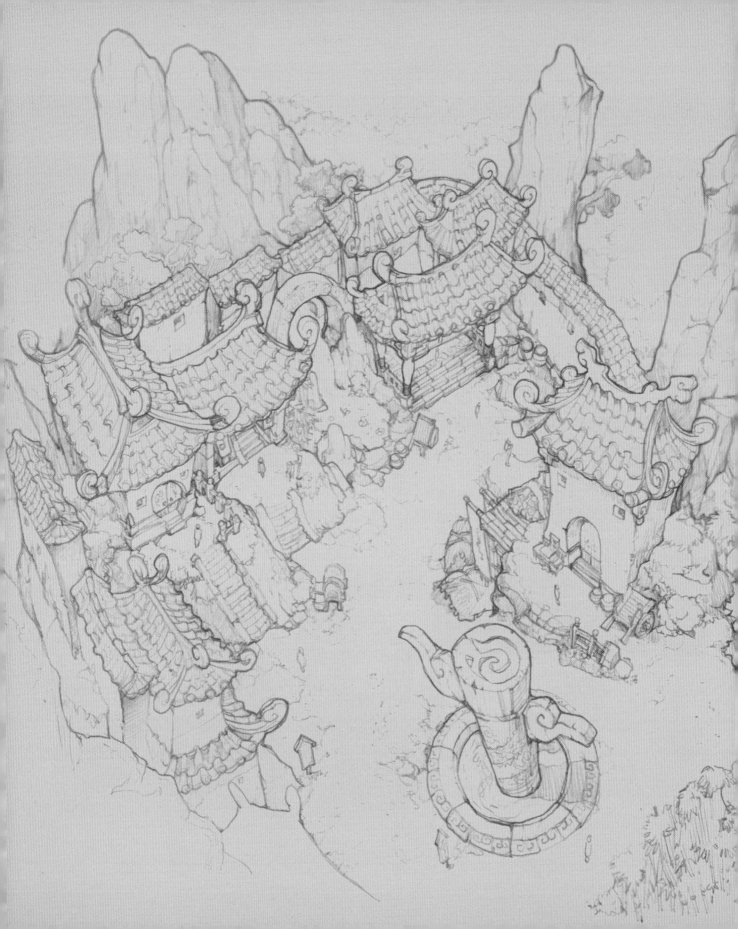

배경 작업을 위한 튜토리얼

PART 04

이번 장에서는 포토샵의 기능적인 면을 배운 전 과정과는 달리 본격적인 게임 콘셉트를 위한

채색 방법론에 대하여 집중적으로 학습하려고 한다. 다소 개인적인 의견을 중심으로 설명을

전개해 나가기 때문에 객관성을 유지하기 힘들 수도 있다는 점을 양해해 주기 바란다. 이제

부터는 조금씩 단순 채색보다는 게임의 구성 쪽으로 넘어갈 것이다. 따라서 여기에서 다루는

튜토리얼들은 그림을 표현하기 위한 일러스트화의 개념으로 보지 말고, 기능적인 게임 콘셉

트 아트의 한 부분이라는 시각으로 바라보아 주기를 바란다.

단일 건물에서의
작업 과정_1

보통 신입 사원을 채용할 때는 배경 원화에서 가장 기본 단위가 되는 오브젝트 1개, 즉 집 하나를 가장 많이 보게 된다. 즉, 입사를 준비하는 배경 원화 준비생에게는 필수 절차인 것이다. 단순한 1개의 오브젝트를 얼마나 효과적으로 표현하는지는 게임 업계로 들어오는 가장 기본적인 단계이며, 배경 오브젝트의 3D 제작에 있어서도 작업의 흐름과 배경 작업의 퀄리티를 좌우하는 중요한 포인트로서의 작업이다.

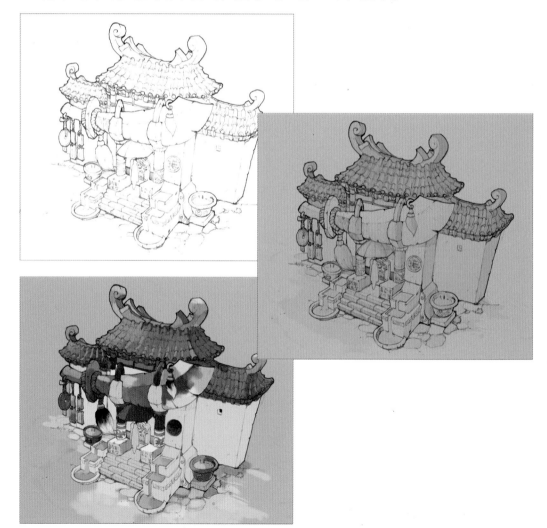

⠶ 배경 원화 작업에서의 작업 방법 이해하기

01
STEP

무기 상점의
원화 작업 시작하기

단일 건물을 심플하게 표현하거나 게임의 포괄적인 흐름에 맞추는 작업은 배경 콘셉트 아트의 기본이라고 할 수 있다. 위의 선화를 설정에 맞추어 스케치한 후 스캐너로 읽어들여 아래와 같은 결과물로 정리한다.

02
STEP

채색을 위해
포토샵에서
준비해야 할
사항들

1 브러시의 준비

Tool Presets에 등록시킨 채색을 위한 브러시이다.

과거에 사용했던 브러시 중에서 오브젝트 채색용을 작업한 작업물의 브러시이다. 다음과 같은 옵션을 설정하여 기록하였다. 자세한 것은 Part 01. 브러시의 이용을 참조하기 바란다.

2 브러시 옵션

❶ Opacity 수치는 100%, ❷ Flow는 70%로 설정한다.

Brushes 패널의 ❸ Brush Tip Shape를 클릭하면 여러 가지 옵션 패널이 나타나는데, 이때 ❹ 붓의 종류를 '150'으로 설정한다. 그런 다음, ❺ Diameter의 수치를 150px, Hardness의 수치를 62%, Spacing을 22%로 설정한다.

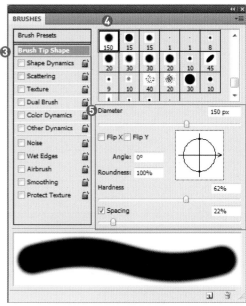

다음과 같은 붓을 빈 캔버스 이미지를 꺼내어 칠해 보았다.

다른 3색의 컬러를 사용하여 3번 연속으로 덧칠해 보면 다음과 같이 자잘한 그러데이션 흔적을 볼 수 있을 것이다. 이 자잘한 그러데이션 단계가 면을 형성해 주어 간단한 채색에서도 덩어리감을 높여 준다. 마치 데생에서 연필선으로 면을 만들어 쌓아가는 것으로 이해하면 쉬울 것이다.

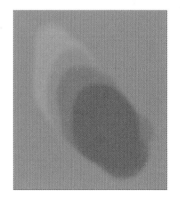

STEP 03

채색의 시작

위와 같이 브러시 설정을 마친 후 채색 작업에 들어간다. 우선 브러시 툴을 선택하자. 스케치 선화 작업 후 백 그라운드의 레이어와 그 위에 있는 멀티 레이어로 선화를 잡고, 중간 레이어로 음영을 멀티 레이어로 한 장 더 만들어 입체감을 표현한다. 이 과정만으로도 간단한 모델링 작업이 가능하다.

STEP 04

**컬러 지정 및
간단한 컬러링**

이 작업에서 색의 러프한 지정을 하게 된다. 지붕색이나 벽들은 성의 모든 부분에 공통으로 들어가야 할 경우 가 있으므로 신중히 결정해야 한다.

05
STEP

자세히 들어가기

어두운 부분과 밝은 부분을 다음과 같이 자세하게 묘사해 보자. 레이어는 3장 정도가 적당하다.

[Layer 1]
간단한 색 지정 및 입체감을 위한 컬러링 작업이다. 큰 덩어리 위주로 색을
잡아 나간다.

[Layer 2]
기본 컬러를 둔 상태에서 그림자를 잡아 준다. 밑 색에 맞는 배열색을 잡아
준다.

[Layer 3]
다음으로 하이라이트를 잡아 주는 작업에 들어간다.

TIP **로우 폴리곤, 하이 폴리곤**

폴리곤은 3ds Max, Maya와 같은 3D를 만드는 소프트웨어에서 입체 형태를 만드는 최소 면 단위를 말한다. 이런 면의 단위
인 폴리곤을 가지고 몇 폴리곤으로 구성할 것인지를 클라이언트라고 하는 프로그램팀과 상의해야 하며, 그 기준을 의식하면서
원화의 볼륨을 잡아 주어야 한다.

영어의 High, Low의 폴리곤 수가 많은 게임과 적은 게임으로 구분되는 경우가 많다. 요즘에는 Unreal 엔진이나 각종 상용
엔진들이 하이 폴리곤에 속하는 편이고, 자체 개발을 중심으로 하는 캐주얼 게임들의 엔진을 메인으로 하는 게임들이 로우 폴
리곤으로 제작하는 경우가 많다. 이런 High와 Low의 경계는 컴퓨터 사양의 변화에 따라 그 양도 변하고 있다.

06 STEP
완성하기

콘셉트 원화로서 일단은 모든 설명이 다 포함되어 있다. 다시 한 번 말하지만 일러스트와 같은 밀도 있는 그림의 완성도보다는 매우 러프한 상태로 끝나기 마련이다. 이 상태에서 텍스처의 느낌을 더 넣어 주거나 음영적인 표현을 좀 더 다듬어 주는 작업이 있을 수 있다.

위의 원화 작업을 기본으로 하여 필자가 모델링 작업을 진행한 견본이다. 최소한의 면으로 표현될 수 있도록 어드바이스하였고, 디테일의 경우는 텍스처로 표현하도록 유도하였다.

:: 3D로 제작하기

필자가 이 책에서 많은 부분의 모델링 부분의 더미 작업을 강조하는 것은 최단 시간에 조형적인 입체감을 확인할 수 있기 때문이다.

원화를 모델링해 본 작업물

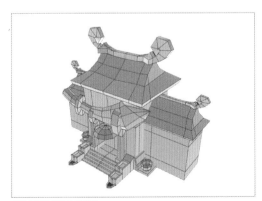

쿼터 뷰에서 확인한 이미지

:: 중요 포인트 살리기와 3D 작업으로의 연결

1 상점의 간판인 칼 오브젝트의 표현

하이 폴리곤 표현일 경우에는 이 부분에 섬세한 표현을 추가할 것이지만, 간단한 로우 폴리곤을 기본으로 하게 되면 다음과 같은 면으로 표현할 수 있다.

나머지 칼 손잡이 쪽은 플렌(한 장짜리 폴리곤)으로 텍스처 작업을 하여 입체인 것 같은 느낌을 준다.

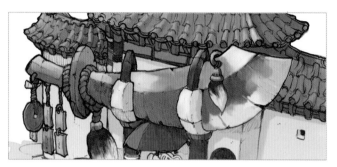

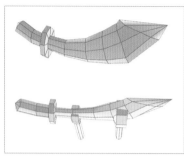

중요 부분의 입체적 이해

2 NPC가 배치될 제단의 제작

모델링의 세부 과정 중 일부이다. 원으로 표현되는 부분에는 8각형의 작은 각이 있는데, 이 부분을 게임에서 텍스처로 사용하면 거의 둥글게 보인다.

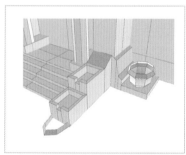

직은 물 이펙트가 들어가는 곳

최종 체크 사항들

1 기획서의 요구 사항들

제작에 필요한 사항을 정리하면 다음과 같다.

- **사용되는 곳** : 기획서를 받은 상태에서 작은 네모 박스에 무기 아이템 상점이라는 단어와 상자를 표시하였다. 성을 중심으로 좌측 상단에 2~3개의 아이템 상점이 군집되어 있고, 성벽으로 둘러싸여 있는 동양 이미지이다.
- **환경** : 앞쪽에는 각 NPC(Non Player Character : 논 플레이어 캐릭터)가 각 상점마다 1명씩 배치되고, 주위의 로딩 거리로는 약 1km 안쪽으로 NPC 30여 명이 배치된다. 이는 주요 집중 구역이 될 것으로 보인다.
- **오브젝트 볼륨** : 로우 폴리곤 중심으로 제작하며, 중국 컴퓨터 사양에 맞는 저사양 그래픽 카드와 적은 메모리 (500RAM) 정도의 머신에서 플레이가 가능한 그래픽으로 제작하는 것이 조건이다.

성에 들어가는 일부분의 오브젝트의 특징을 한눈에 알아볼 수 있고, NPC 앞쪽에 공간을 충분히 확보해 줄 수 있는 단을 만들어 유저들이 많은 가운데서 클릭이 쉽도록 NPC 제단 높이를 어느 정도 유지해 주는 것을 기본으로 잡아 보았다.

2 게임에서의 오브젝트 의도

중앙의 NPC 위치를 확인하기 바란다. 필자는 무기 상점이라는 상징성을 최대한 강조하려 하였고, 뒤 건물은 로우 폴리곤 게임이니만큼 최대한 디테일을 줄이려고 노력했다. 바닥은 기본 터레인을 사용하여 오브젝트의 폴리곤 양을 줄일 수 있도록 콘셉트를 잡았으며, 로우 폴리곤의 단순해짐을 피하기 위해 물 이펙트를 단 옆으로 배치하여 형태적으로 잔잔한 변화를 주었다.

BACK BOOK **(게임에서의) 러프 스케치에 관하여**

스케치 과정에서 무엇에 쓸 것인가?, 어떻게 사용될 것인가?, 주위에는 무엇이 배치될 것인가?, 어느 정도의 볼륨으로 잡아야 하는가? 등을 신중하게 검토해 보기 바란다. 필자가 그린 무기 상점과 아이템 상점은 실제 중국 프로젝트에서 사용된 오브젝트이다. 이 작업은 시중에 판매하는 일반 A4 사무용 용지와 샤프를 기본 재료로 하여 사용하였다. 스캐너는 EPSON 스캐너로 300dpi 정도로 설정하여 스캔을 받았으며, 선 보정 작업을 거쳐 스케치하였다.

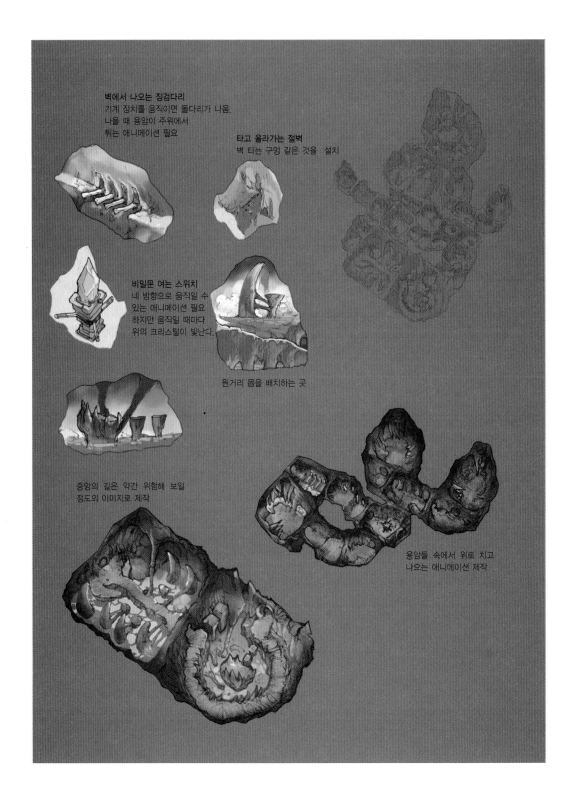

벽에서 나오는 징검다리
기계 장치를 움직이면 돌다리가 나옴.
나올 때 용암이 주위에서
튀는 애니메이션 필요

타고 올라가는 절벽
벽 타는 구멍 같은 것을 설치

비밀문 여는 스위치
네 방향으로 움직일 수
있는 애니메이션 필요
하지만 움직일 때마다
위의 크리스털이 빛난다.

원거리 몸을 배치하는 곳

중앙의 길은 약간 위험해 보일
정도의 이미지로 제작

용암들 속에서 위로 치고
나오는 애니메이션 제작

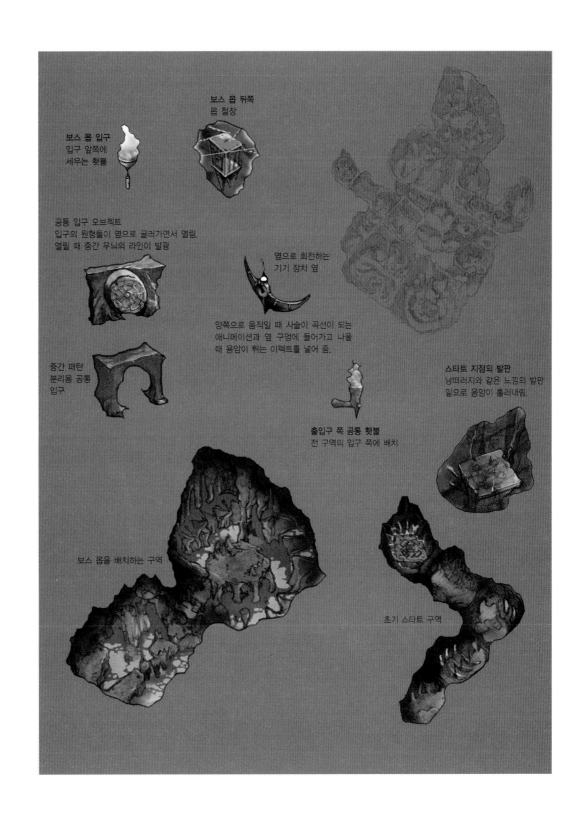

보스 몹 입구
입구 앞쪽에
세우는 횃불

보스 몹 뒤쪽
몹 철장

공통 입구 오브젝트
입구의 원형들이 옆으로 굴러가면서 열림.
열릴 때 중간 무늬의 라인이 발광

옆으로 회전하는
기기 장치 옆

중간 패턴
분리용 공통
입구

양쪽으로 몸직일 때 사슬이 곡선이 되는
애니메이션과 옆 구멍에 들어가고 나올
때 용암이 튀는 이펙트를 넣어 줌.

스타트 지점의 발판
낭떠러지와 같은 느낌의 발판
밑으로 용암이 흘러내림.

출입구 쪽 공통 횃불
전 구역의 입구 쪽에 배치

보스 몹을 배치하는 구역

초기 스타트 구역

단일 건물에서의 작업 과정_2

이번 장에서는 백그라운드에 색을 맞추어 채색하는 기법에 대해 설명하려고 한다. 이는 가장 빠르고, 손쉽게 접근할 수 있는 채색 방법으로, 컬러링이 잘 안 될 때나 가끔 슬럼프에 빠졌을 때 필자가 자주 사용하는 방법이다. 채색 과정을 감각적으로 표현할 수 있을 뿐만 아니라 백그라운드라는 통일된 생각을 바탕으로 진행하기 때문에 비교적 실수가 적고, 진행하기가 편리하다는 장점이 있다.

백그라운드 컬러를 이용한 원화 작업

**소모품 상점의
원화 작업 시작하기**

Chapter 01에서의 작업 과정과 동일하다. 설정서에 따라 러프 스케치와 선화 작업을 거쳐 스캐너로 읽은 다음, 멀티 레이어로 변형시키고 백그라운드 레이어 한 장과 작업용 레이어 한 장을 만들어 다음 단계를 준비한다.

**채색을 위해
포토샵에서
준비해야 할
사항들**

1 브러시의 준비

Tool Presets에 기록된, 채색을 위한 브러시는 같은 브러시를 유지한다.

◪ 브러시 옵션

❶ Opacity 수치를 100% 그대로 유지하고 ❷ Flow만 70%에서 30%로 설정한다. Brushes 패널의 ❸ Brush Tip Shape를 클릭한 후 ❹ 붓의 종류는 '150'으로 설정한다. 그런 다음, ❺ Diameter의 수치를 '150px'에서 '9px'로 변경한다. Hardness의 수치는 '62%', 'Spacing'은 22%로 설정한다.

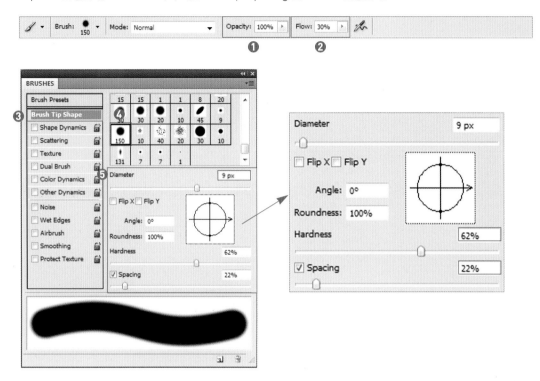

위의 두 가지 수치를 바꾸어 주는 이유는 흰 백그라운드에서의 채색과는 달리 좀 더 부드러운 컬러 작업으로 진행해야 하기 때문이다. 배경색인 흰색에서 계열색으로 바뀐다는 것은 그만큼 채색 자체를 짜여진 색으로 틀을 만들어 주는 것과 같은 것이다.

03 STEP

백그라운드 컬러 결정하기

배경색이 밝은색이라 가정하고 Red 계열을 칠하는 경우 심한 대비가 나타나기 마련이다. 상호 색을 부드럽게 하기 위해서는 수많은 중간색 이 필요하게 된다.

배경이 어두운색인 경우에는 근접색의 Red 계열이 전반적으로 무난하 게 어울린다.

배경색이 색상값의 반대 계열일 경우 대비 현상이 일어나기 때문에 다양한 색으로 주위의 색을 구성해 주어야 한다.

밝은 계열색의 색상값에 밝은 계열의 Red 계열로 색이 시작되면 원하는 명도의 컬러로 컬러값을 맞추기 위해서는 많은 색상 보정과 추가 작업을 해야 한다.

언뜻 보면 2번째 방법이 제일 좋은 방법처럼 보일 수 있지만 제일 좋은 방법이라고 하기보다는 제일 쉬운 채색법 중의 하나이다. 반드시 같은 계열의 배경색을 맞추고 시작해야 한다는 절대적인 원칙은 없다. 다만 채색을 좀 더 편하게 할 수 있게 환경을 조성하는 것이라 생각한다.

작업물의 백그라운드 색을 진한 갈색으로 설정해 보았다.

주요 색상 계열을 어두운 밤색 계열에서 밝은 적색으로 넘어가는 색상 계열을 선택했다.

브라운 계열의 색을 기본으로 채색해 보았다. 어두운 다크 브라운 계열의 색상은 미술 대학의 정규 과정을 경험해 본 작업자들이라면 가장 편하게 다가갈 수 있는 기본색이기도 하다. 또 정물화 또는 수채화, 유화 등에서 가장 많이 사용하는 눈에 편한 색이기도 하고, 누구나 쉽게 다가갈 수 있는 색 중의 하나이다.

레이어를 선화-멀티, 채색용-노멀, 백그라운드-갈색순으로 구성해 보았다.

04
STEP

그림자 그려 넣기

이번 과정은 2장과 같은 스케치 선화 작업, 백그라운드 레이어의 밤색 계열 제일 위로 멀티 레이어로 선화를 잡고 중간 레이어로 음영을 멀티 레이어, 다시 멀티 레이어를 한 장 더 만들어서 음영이 어두운 부분의 입체감을 표현했다. 밝은 부분은 소프트라이트 레이어를 생성하여 작업하였다.

멀티 레이어를 통한 어두운색을 채색하였다.

소프트라이트 레이어를 통해 밝은색을 넣었다.

멀티 레이어 작업 단계에서의 세부 음영 표현 참고 이미지

소프트라이트 레이어에서의 세부 밝은 부분 표현 참고 이미지

밝은 부분 살리기

다음 과정은 Soft Light 레이어를 2장 다시 각각 올렸다.

이번에는 반대로 밝은 쪽 음영을 밝게 올려 본 것이다. 바로 전의 어두운 음영 부분에서 표현의 반대 작업으로 생각하면 이해하기가 쉽다. 이 밖에도 빛이 들어오는 방향을 의식하면서 컬러링 작업에 착수하였다(밝은 부분의 채색). 이때는 하이라이트라는 생각보다는 밝은 부분을 찾아 준다는 생각으로 컬러링을 하는 것이 중요하다. 하이라이트라고 생각하면 밝은 부분의 색이 이질적으로 색이 떠 보이는 경우가 종종 있는데, 이때는 같은 계열 색의 밝은 곳을 찾는다는 생각으로 컬러링을 하자.

밝은 부분이 너무 강하게 튀지 않도록 중간 톤으로 그린다는 생각으로 작업했다.

계열색에서의 음영의 완성이다. 제일 위쪽에는 vivid light 레이어를 이용하여 하이라이트 작업을 했다.

위의 과정을 통해 어느 정도의 볼륨을 만든 이미지이다. 컬러를 제외한 거의 모든 덩어리가 형성되어 있는 것을 확인할 수 있을 것이다.

06 STEP
컬러 작업 진행하기

이번에는 컬러 작업을 진행할 차례이다. 여기서는 한 장의 레이어만을 가지고 노멀 레이어로 채색하였다. 지붕, 기둥, 그리고 약병 등의 특징이 들어가는 부분에만 약간의 색 변화를 주었지만 기본적인 색의 틀은 빨간색 계열이다.

기본 밑 색을 설정한다.

빛의 방향에 따라 하이라이트를 설정한다.

07
STEP

포토샵에서
이미지 정리하기

셀렉트 툴을 이용하여 레이어를 모두 합친 후 배경 부분을 커트하고, 흰색인 배경을 다시 컬러 조정한 후 완성하였다.

:: 3D 작업으로 확인하기

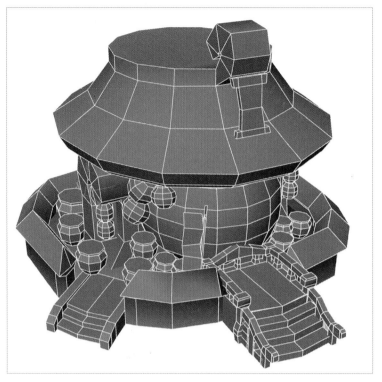

어느 정도의 디테일로 작업을 의뢰할 것인지 대충의 볼륨을 3D로 잡아 보았다.

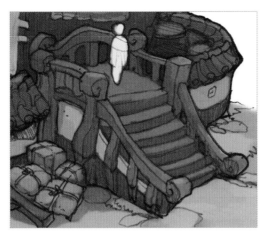

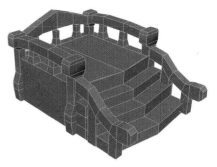

NPC를 올리기 위한 계단의 표현과 폴리곤의 처리 예이다. 이 작업
역시 중국 프로젝트인 로우 폴리곤 게임의 일부분이다.

필자가 2차에 걸쳐서 로우 폴리곤 예제를 중심으로 설명하는 이유는 게임에 있어서 하이 폴리곤적인 퀄리티가
중요시되는 시대이지만, 게임의 개발은 최소 단위의 이해가 중요하기 때문이다. 하이 폴리곤과 좋은 엔진으로
고성능의 충분한 소스를 쓰는 것도 좋은 작업이 되게 하는 중요한 역할을 하지만 기본적으로 최소 단위에 대
한 이해가 바탕이 되면 더욱 훌륭한 결과물을 만들어 낼 수 있을 것이다.

TIP 3D의 원형 오브젝트와 원화에서의 원형 오브젝트의 차이

3D에서 가장 해결하기 힘든 것이 이 원형 물체의 디테일한 표현이다. 다양한 배경에 들어가는 작은 오브젝트에는 박스 형태
의 오브젝트와 이런 원형 오브젝트의 배치가 대부분의 양을 차지한다. 다음과 같은 예를 들어 설명하겠다.

위의 약탕에 해당하는 병을 로우 폴리곤으로 표현할 경우 약 60~70폴리곤 정도 들어간다. 이것을 하이 폴리곤으로 만들어
애니메이션 렌더링을 하는 경우에는 심지어 1만 폴리곤을 넘을 때가 많다. 60과 1만 폴리 차이도 대단하지만, 이런 오브젝트
가 한 마을을 표현하는 데 대략 100개 정도가 필요하다고 하면, 6,000폴리곤과 100만 폴리곤의 차이가 되는 것이다. 3D를
경험해 보지 않은 원화가들에게 이런 설명을 할 필요가 있는지, 없는지는 판단 기준이 애매하다. 능력 있는 3D 작업자가 많은
개발사일 경우에는 이런 처리를 3D팀에서 알아서 줄여 표현할 것이다. 만약 그렇지 않은 경우라면 아무도 모르는 사이에 많
은 그래픽 카드의 메모리를 사용해 버리는 결과를 초래할 수 있다. 필자의 의견으로는 위의 기본 단위에 대해서는 어느 정도
기본 지식을 갖추고 있는 것이 3D팀과의 조율 면에서 편하다고 생각한다.

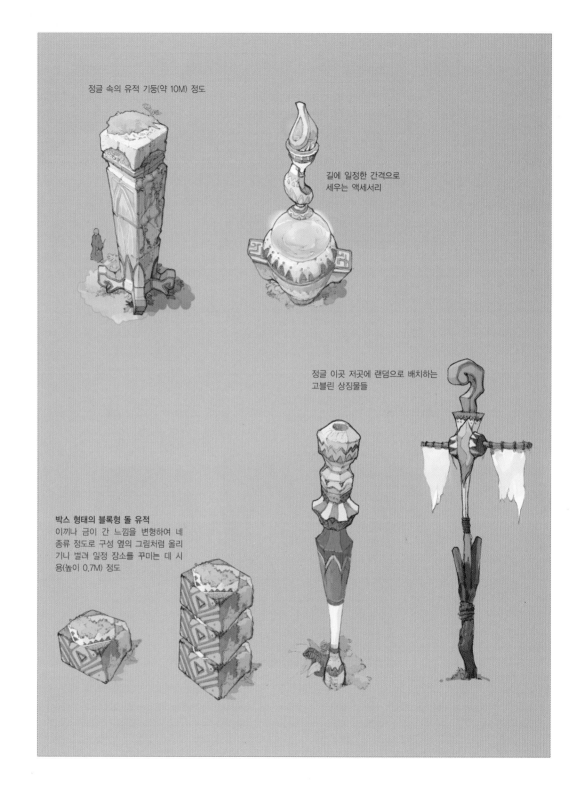

정글 속의 유적 기둥(약 10M) 정도

길에 일정한 간격으로
세우는 액세서리

정글 이곳 저곳에 랜덤으로 배치하는
고블린 상징물들

박스 형태의 블록형 돌 유적
이끼나 금이 간 느낌을 변형하여 네
종류 정도로 구성 옆의 그림처럼 올리
거나 벌려 일정 장소를 꾸미는 데 사
용(높이 0.7M) 정도

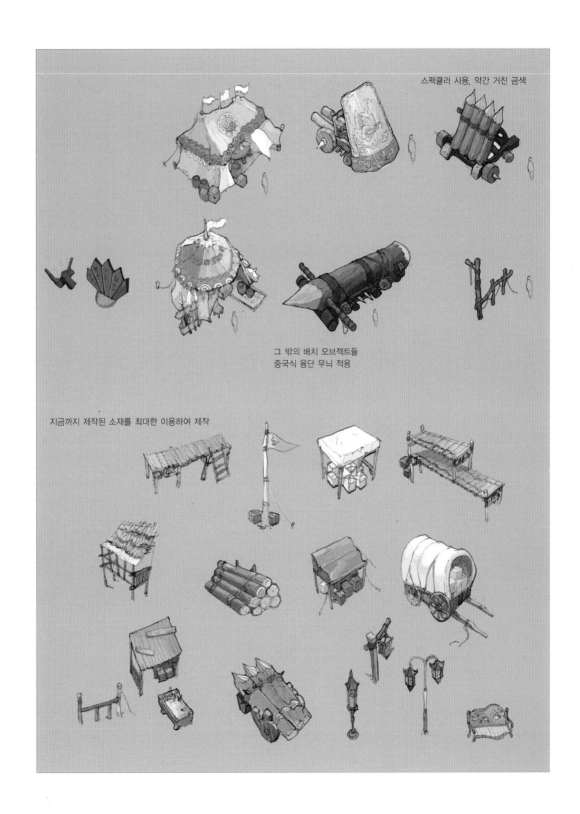

스펙큘러 사용, 약간 거친 금색

그 밖의 배치 오브젝트들
중국식 융단 무늬 적용

지금까지 제작된 소재를 최대한 이용하여 제작

복합 건물에서의
채색 과정

Chapter 02에서 간단한 오브젝트의 채색 과정에 대한 작업자의 작업 방식의 흐름을 설명하였다. 작업 방식에는 수없이 많은 방법들이 존재한다. 필자는 이 중에서 두 가지 작업 패턴을 지향하고 있다. 첫째는 스케치의 느낌을 최대한 살리면서 선을 정리하는 것이고, 둘째는 가급적 레이어는 늘리지 않는 것이다.

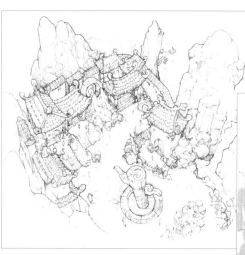

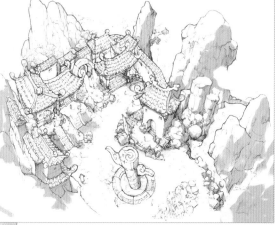

초보자 마을 콘셉트 아트 작업 과정의 검토

이번에는 복합 건물을 구성하는 채색 방법에 대해 설명한다.

중국 합작 프로젝트의 작업물 중에서 유저가 처음 접하는 초보자 마을의 중심 부분 설정화이다. 작은 분수를 기준으로 기본적인 기능을 익힐 수 있는 초보자 마을의 구성이다.

STEP 01

디테일한 구역 결정하기

기와 부분은 기와의 두께나 겹치는 느낌까지 살려 주었다.

게임에 따라서는 실내 맵이 존재할 경우가 있다. 이 경우 안쪽 구성을 더욱 자세하게 설명해 주어야 한다. 여기서는 실내 맵이 없기 때문에 바깥에 공터를 두어 NPC들을 배치할 수 있도록 디자인하였다. 요즘에는 NPC들을 일반 바닥에 배치하는 경우가 많은데, 이는 게임이 오픈하는 당일에 NPC 주위로 수백 명의 유저가 몰리는 현상이 발생하기 때문이다.

연필 스케치의 경우 보통 샤프로 진행하는 경우가 많은데, 필자의 경우는 대략적인 구성과 아이디어 스케치는 9mm 샤프심을 사용한다. 그 이유는 디테일에 끌려다니지 않고 작업을 진행할 수 있기 때문이다. 전체적인 구성이 잡히면 왼쪽의 이미지처럼 디테일하게 처리할 부분과 중심 부분을 명확하게 그려 준다.

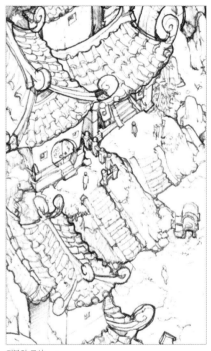

지붕의 묘사

STEP 02

배경 산의 묘사 방법

'지형을 사용할 것인가', '오브젝트를 사용할 것인가'를 결정할 필요가 있는 부분이다.

보통 엔진에 따라 성능은 다르지만 바닥을 처리하는 맵 툴로 산을 디테일하게 묘사하는 것은 아직까지는 맥스만큼 처리할 수 있는 기능이 없기 때문에 보통 디테일하고 정확한 산이나 언덕을 표현할 때는 오브젝트로 만들어 맵 툴에 배치한다. 하지만 MMORPG처럼 다중 접속 RPG 게임의 경우는 통상 디테일하게 나오지 않더라도 지형 툴 자체로 만드는 경우가 많다.

브러시 툴 중 블러 옵션을 이용하여 근경과 중경의 차이를 주었다. 셀렉트 파트에서도 설명하였지만 스케치에서는 표현하기 힘든 선을 부드럽게 처리하여 원근법을 표현하는 방법을 사용하면 더욱 거리감이 생기게 된다. 어두운 부분에는 모델러들이 알아볼 수 있도록 간단한 음영을 넣어 주는 것이 좋다.

처음 배경 원화를 하는 작업자들은 단순히 건물 한 덩어리에만 집중하여 세밀한 부 오브젝트들을 배려하는 경우가 드물다. 집 자체의 디테일에 집중하게 하는 현상에서 전체적인 밸런스를 잡는 데는 의외로 우리가 학교에서 배운 정물화의 이론이 적용된다. 작은 소도구들이 큰 건물을 받쳐 줄수록 큰 건물이 더욱 지면과 안정적으로 결합하는 것을 볼 수가 있다.

절벽 같은 산의 처리

원화에서의 원근감 처리

STEP

**지면과
오브젝트의 분리**

오브젝트와 지면을 어느 정도로 분리할 것인지를 생각해 볼 필요가 있다. 선화 작업에 있어서도 지면 오브젝트를 어떤 식으로 맵 툴에 올릴 것인지를 결정해야 한다. 정확한 위치와 구도를 올리기는 힘들지만 어느 정도의 경계를 나누어 주어야 3D 작업자가 작업을 쉽게 진행할 수 있을 것이다.

게임을 하는 유저가 길을 편하게 찾도록 하기 위해서는 건물과 바닥의 경계를 분명하게 해 주어야만 한다. 최신 게임들은 내비게이션 시스템이 발달하여 단순 클릭만으로도 목적지를 찾아갈 수 있지만, 가능하면 유저의 공간을 의식하는 것이 바람직하다.

STEP 04

그림자 지정하기

라이트의 방향에 따라 그림자를 동적으로 생각해 주는 것은 한국의 전문 교육 과정에서 가장 먼저 배우는 기본 중의 하나이지만, 기본적으로 표현상의 이론적 표현이 제대로 정리되지 않는 경우가 많다. 선화는 스케치 레이어, 그 밑으로 멀티 레이어 등을 이용하여 어두운 부분을 표현하였다.

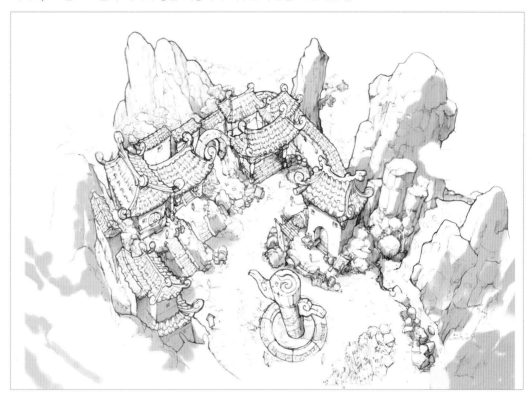

빛의 방향에 따라 채색이 들어간 멀티 레이어의 어두운 부분으로, 덩어리나 거리감을 판단할 수 있는 기준이 될 것이다.

STEP 05

백그라운드 컬러 지정하기

컬러링에 들어갈 때 흰색을 기준으로 하는 작업자가 있는 반면, 필자와 같은 경우는 시간을 최대한 단축하기 위해 백그라운드에 컬러를 채워 주는 식으로 작업을 한다.

필자가 회색을 기준으로 잡은 이유는 회색이 동양풍의 건물에서 가장 많이 쓰는 어두운색의 기본이 되기 때문이고, 컬러 작업을 하였을 때 어두운 부분을 별도의 작업 없이도 묶어 줄 수 있는 역할을 하기 때문이다.

06
STEP
컬러 채색 작업

사전 준비 작업의 경우, 채색의 기본은 part 02와 같다. 요즘은 거의 한 번에 채색을 끝내는 경우가 많다. 앞에서도 잠깐 언급하였지만 채색을 여러 단계의 레이어로 나눌 경우, 오히려 나누어 둔 레이어를 일일이 찾아가면서 작업해야 하거나 레이어 간의 밸런스를 항상 맞추면서 작업해야 하기 때문에 장시간 동안 컨트롤해야 하는 단점이 있다. 필력에 어느 정도 자신감이 생겼다면 필자가 사용하는 방법을 추천한다. 이렇게 한 번에 채색 작업을 하더라도 2~3장을 덧칠하여 마무리 작업을 할 수 있다.

위에서 잡았던 어두운 그림자를 의식하면서 컬러링에 들어갈 필요가 있다. 빛에 의해 밝아지는 부분과 어두워지는 부분을 생각하면서 컬러링을 진행해 나가자.

자세히 보면 건물 Ⓐ의 지붕 색이 건물 Ⓑ보다 시각적으로 어두운 부분이 더 많은 것을 확인할 수 있을 것이다. 이것은 거리가 얼마 되지 않아도 건물의 거리감을 줄 경우, 색감 차를 의도적으로 주어 거리감을 시각적으로 느낄 수 있도록 하기 위함이다.

레이어의 순서는 다음과 같은 레이어를 가지고 있다.

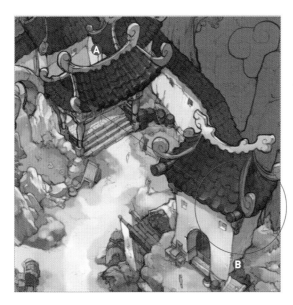

컬러 채색을 유심히 보면 의도적으로 적색 계열의 색을 포인트로 사용한 것을 확인할 수 있을 것이다.

배경을 돋보이게 하려면 배경에 너무 많은 색을 쓰지 않는 것이 좋다. 대부분 저채도의 파스텔 톤과 어두운색이나 거친 텍스처의 질감으로 배경과 캐릭터의 공간을 나누어 준다. 대부분의 온라인 게임에서는 배경팀과 캐릭터팀을 분리하기 때문에 배경과 캐릭터의 질감이나 밀도감은 서로 다른 느낌을 가지게 된다. 가운데 배경의 색이 너무 탁하지 않도록 여러 곳에 포인트가 되는 색을 넣어 주는 것도 바람직할 것이다.

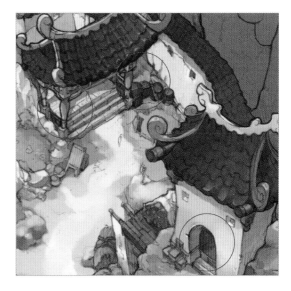

컬러 밸런스 잡기

화면에서 어느 정도 컬러가 윤곽을 드러낼 때 한 번쯤은 전체적인 컬러와 어두운 부분의 백그라운드 등을 다시 점검하는 것이 좋다.

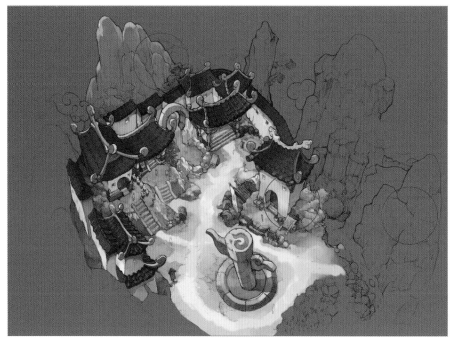

어두운 부분의 백그라운드를 기준으로 어느 정도 근접색을 쓰고 있는 것을 확인할 수 있을 것이다.

어느 정도 중심이 되는 오브젝트들의 채색이 끝났다는 것은, 작업이 절반 이상 끝난 것과 같다. 기타 나머지의 공간을 채우는 것은 이 세부 표현이 더욱 돋보이도록 마무리를 하는 작업이기 때문이다.

STEP **08**

거리감에 따른 원근법과 채색법

Ⓐ가 되는 부분과 Ⓑ가 되는 부분의 디테일 차를 비교하면 확연한 차이가 난다는 것을 알 수 있다. 물론 전체를 전부 선명하게 채색하는 것도 나쁘지 않지만 필자의 경우 시각의 흐름이 자연스럽도록 부분의 밀도를 줄여 주었다.

원경의 밀도-외곽선을 지워서 표현했다.

모든 외곽선이 살아 있으며, 세부적인 디테일도 강조했고, 그림자에도 신경을 썼다.

채색의 밀도만을 이용하여 원근감을 주는 것보다 더욱 확실한 처리는 선화의 유무 처리이다. 보통 구름의 경우는 거의 최종 단계에서 선화를 거의 지워 버리게 된다. 이것을 남겨 두면 원근감의 표현에 방해가 되기 때문이다.

09
STEP

**마무리
작업하기**

컬러 작업의 마무리이다. 우선 색감을 통일할 부분과 구분할 부분, 그리고 위의 작업에서와 같이 거리감에 따른 처리를 다시 한 번 확인하는 것이 바람직하다. 마지막 작업에서는 이미지의 결과가 180도 바뀌기 때문에 항상 채색이 완료된 파일과 비교하면서 수정하는 것이 바람직하다.

이 밖에도 필자가 가장 강조하고 싶은 것은 채색 중간 과정에서는 가급적이면 포토샵을 이용하여 이미지를 보정하는 작업을 하지 않아야 한다는 것이다. 왜냐하면 작업자가 툴에 끌려가는 현상이 나타나기 마련이고, 처음과 끝이 일관성이 없는 경우가 많이 생기기 때문이다. 따라서 포토샵은 가급적 거의 마지막 단계와 중간 단계에서 한 번 정도 통일감을 잡아 줄 때 사용하는 것이 바람직하다.

초보자 마을의 이미지 정리와 결과물 확인하기

이 초보자 마을의 경우 1차 테스트를 거쳐 다시 한 번 맵을 만들었다. 원화가 의도대로 나오더라도 게임의 경우 유저가 불편함을 느낄 경우, 몇 번이든 다시 만드는 작업을 반복해야 한다.

다음 세 가지 결과물의 변화를 살펴보자.

푸른 느낌을 강조한 숲속 무릉도원의 이미지를 살린 마무리

중국적인 마른 절벽산과 중심을 이루는 마을을 살린 채색 마무리

파스텔 톤의 이미지를 살린 마무리

위의 세 가지를 비교하면서 기획 의도와 최종 마무리 목적에 따라 채색의 방향을 마무리하는 것이 좋다. 어떠한 마케팅 대상이냐에 따라 캐주얼적인 배경이라도 여러 가지 결과물의 의도적 차이가 나기 마련이다. 필자는 세 번째 결과물을 선택했다. 그 이유는 좀 더 여성 유저에 부드럽게 다가가기 위해서이다. 세 번째 결과물에서는 자극적인 색감을 피하고 파스텔 톤을 선택하여 마무리하였다.

마무리로 결정한 이미지

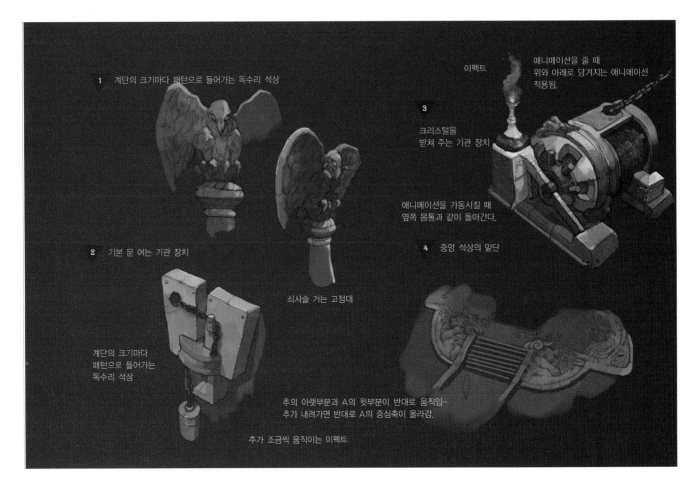

1　계단의 크기마다 패턴으로 들어가는 독수리 석상

이펙트

애니메이션을 줄 때
위와 아래로 당겨지는 애니메이션
적용됨.

3　크리스털을
받쳐 주는 기관 장치

애니메이션을 가동시킬 때
옆쪽 몸통과 같이 돌아간다.

2　기본 문 여는 기관 장치

4　중앙 석상의 밑단

쇠사슬 거는 고정대

계단의 크기마다
패턴으로 들어가는
독수리 석상

추의 아랫부분과 A의 윗부분이 반대로 움직임-
추가 내려가면 반대로 A의 중심축이 올라감.

추가 조금씩 움직이는 이펙트

기관 장치

현대 온라인 게임 특히 MMORPG의 치열한 경쟁으로 인해 많은 시스템들이 발전하고 있다. 그 중의 한 가지가 '기관 장치' 동작이다. 애니메이션을 움직이게 하는 것은 3D팀에서 해야 할 일이지만 배경 디자이너들이 기획서를 파악한 후 그에 따른 비주얼적인 애니메이션 연동 과정을 설명해 주는 것도 배경 콘셉트 디자이너가 해야 할 일 중의 하나이다. 이 책의 중간중간에 나오는 내용이기도 한 '배경 콘셉트 아티스트'라는 직업은 그래픽의 원리를 이해해야만 다른 팀과 협력하여 진행하기가 훨씬 수월해진다. 이렇게 설계해야만 기획팀과 그래픽팀 간의 커뮤니티적인 역할이 가능해진다.

상단의 문을 여는 기관 장치에서 보듯이 기획서에는 '기관 장치-스위치' 정도가 표기되어 있다. 이는 공간을 디자인하는 과정에서 문 앞에 배치하는 기관 장치로서 오픈 기능을 하면서 비밀의 자하 던전을 살릴 수 있는 움직임을 기획하는 것이다. 이것이 유저로 하여금 좀 더 긴장감 있게 게임을 진행하는 역할을 하게 한다.

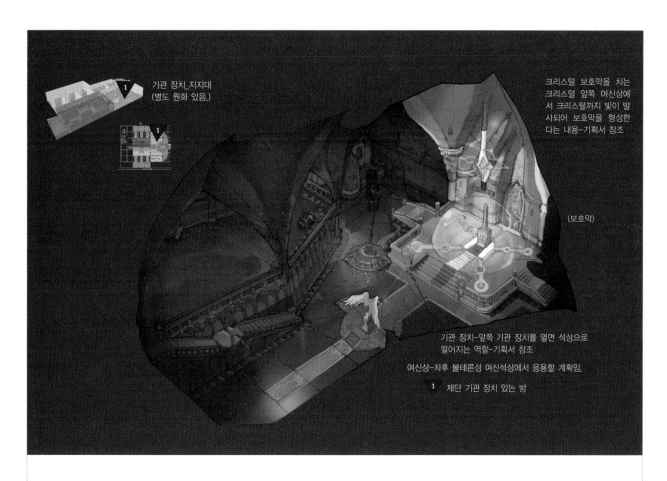

기관 장치_지지대
(별도 원화 있음.)

크리스털 보호막을 치는
크리스털 앞쪽 여신상에
서 크리스털까지 빛이 발
사되어 보호막을 형성한
다는 내용-기획서 참조

(보호막)

기관 장치-앞쪽 기관 장치를 열면 석상으로
떨어지는 역할-기획서 참조

여신상-차후 볼테른성 여신석상에서 응용할 계획임.

1 제단 기관 장치 있는 방

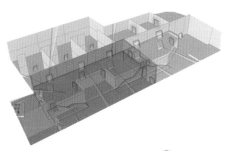

3D 더미 작업은 꼭 3D 작업자만 해야 하는 것은 아니다. 물론 꼭 원화가가 3D 작업까지 할 필요는 없지만 디자이너가 3D팀에 요구하여 더미 데이터를 받아 보는 것도 바람직하다. 높이가 어느 정도이고, 공간을 어느 정도 잡아 주어야 하며, 오브젝트는 어디에 배치할 것인지는 기획서만 가지고 판단하기 어려울 때가 많다. 입체적으로 잡아본 후, 원화를 디자인하면 좀 더 퀄리티 있는 작업이 가능하다.

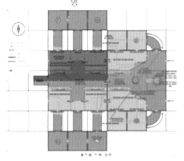

기획서를 파악하다 보면 난해한 부분이나 작업을 진행해서는 안 되는 부분이 나오기 마련이다. 팀 간의 팀워크도 중요하지만 다른 팀에서 못 잡은 부분을 잡아 주는 일도 프로가 해야 할 일 중의 하나이다. 기획자가 신이 아닌 이상 그래픽 제작에 관한 자세한 내용을 다 파악한 후 기획서를 제작하기는 쉽지 않다. 현대에 들어와서 이펙트나 애니메이션 기술 등이 발전하여 어느 정도 기획적인 부분이 커버되었지만 문자로 된 문서를 이미지화시켜 주면서 필요한 부분과 불가능한 부분을 걸러 주는 역할을 해 주는 것이 프로 배경 콘셉트 디자이너의 일 중 하나이다.

던전 콘셉트 아트 작업 과정

최근 게임에서 가장 많이 만나게 되는 작업물이 바로 이 던전의 원화 작업이다. 이는 매우 기획적인 면이 많은 반면, 제작에 소홀해질 수 있는 부분이기도 하다. 왜냐하면 던전의 경우 한 패턴을 잡아 두면 여러 가지 패턴으로 복사 변형하는 경우가 많기 때문에 개발 기간이 촉박할 경우 원화 없이 진행하는 경우가 많기 때문이다. 가장 기본이 되는 부분의 퀄리티를 높여 두면 기획서만을 바탕으로 제작할 때도 퀄리티를 유지할 수 있을 것이다.

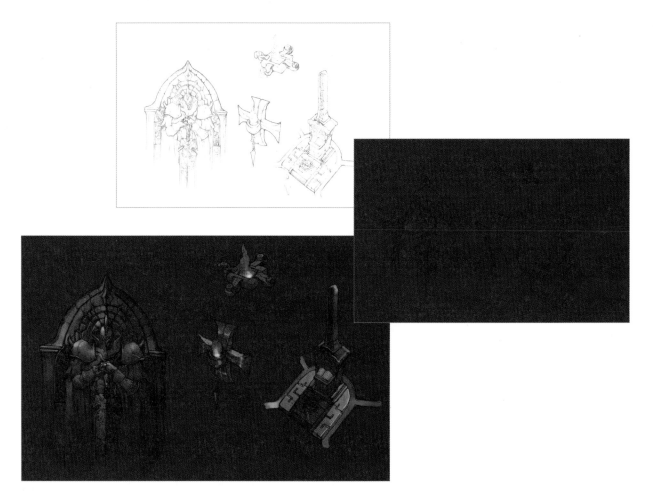

⠿ 던전의 패턴 제작 들어가기

01
STEP

기획서를 통해
원화가 필요한
구간 추출하기

다음은 기획서에 제시된 던전 기획서의 일부분이다. 보스 방을 중심으로 출발 지점과 끝나는 지점을 의식하면서 진행해 보자. 반복되는 구간을 찾아내어 3D 작업의 부하를 줄이는 것도 원화가 해야 할 일 중의 하나이다.

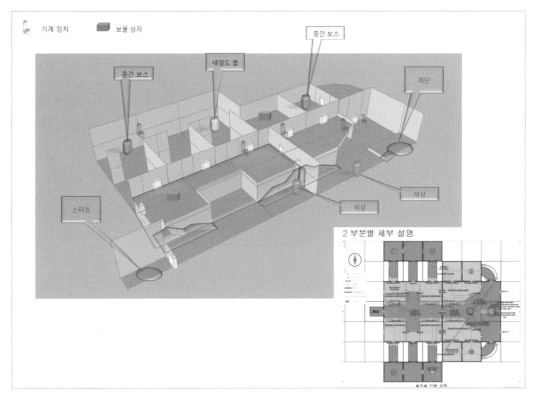

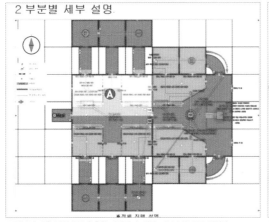

A 부분이 다음 작업에서 추출한 패턴이며, 이를 기본 부분으로 정했다.

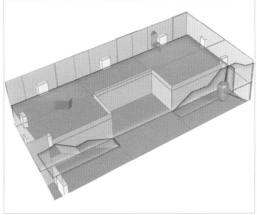

A 부분을 3D로 가 모델링하여 크기와 비율을 감각적으로 맞춰 보았다.

반복되는 구간의
선화 작업하기

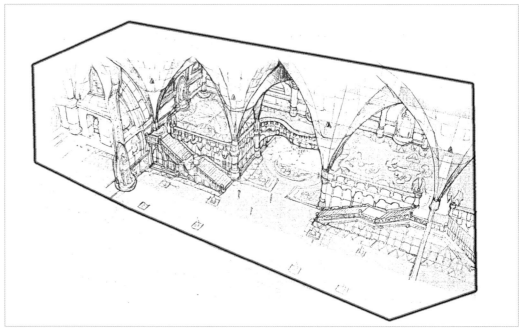

지하 묘지의 한 블록 부분이다. 지붕에 이어지는 장식과 난간의 장식을 기준으로 하여 비교적 높은 지붕으로 잡아 보았다.

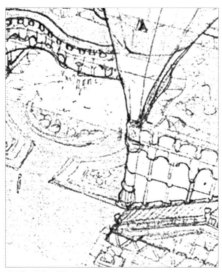

패턴을 이루는 기둥이다.

2층으로 올라가는 계단과 블록마다 통일된 문 장식을 배치하였다.

선화 작업에서 가장 중요한 것은 어떠한 패턴으로 할 것인지를 결정하는 일이다. 건축 형식상의 고딕이나 로코코 바로크 건축물들의 기본 패턴을 능숙하게 다룰 수 있을 정도로 다양하게 습작 작업을 하고, 설계에 대한 스킬을 쌓을 필요가 있다. 막상 기획서에 제시되는 여러 가지 참고 스샷들은 오히려 작업에 방해가 되는 경우가 많다. 물론 기획자의 의도를 살려 작업하는 것이 업무의 중심이기는 하지만 대부분의 기획자들은 건축 양식이나 설계에 대한 설명보다는 주로 타 게임의 스샷에 의존하기 때문이다. 따라서 평소 기획자의 의도와 비주얼적인 밀도를 동시에 만족시킬 수 있는 기본 스킬을 연마해 둘 필요가 있다. 즉, 기획과 비주얼 어느 쪽에도 치우치지 않도록 항상 의식하면서 제작할 필요가 있는 것이다. 이는 자신도 모르는 사이에 타 게임과 비슷한 배경이 되어 버리는 경우를 미연에 방지하기 위한 것이다.

STEP 03
분위기에 따른 채색의 시작

던전 패턴을 세 부분으로 크게 나누었다. 이 기본을 바탕으로 재질감이나 색감 등에 차이를 줄 것이다. 지하 묘지이므로 되도록이면 어두운 기본 분위기를 유도하려고 하였다.

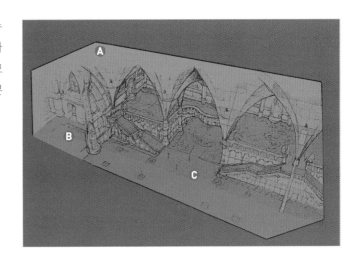

🔳 A 부분의 채색

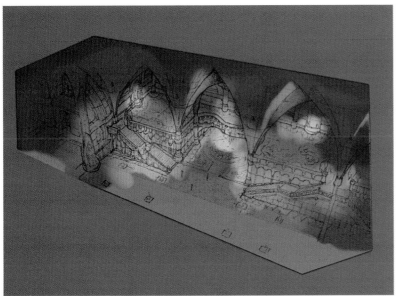

바깥쪽의 선택 지역 외에는 자유롭게 색을 사용해 보자. 이때는 색에 제한을 두지 않는 것이 중요하다.

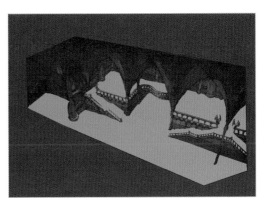

나중에 분리해 줄 부분이다. A 부분은 같은 패턴을 가지기 때문에 선화에 제약을 받지 않도록 채색하는 것이 좋다.

2 B, C 부분의 채색

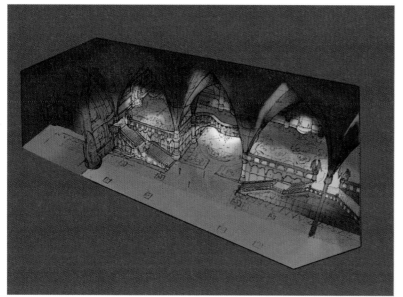

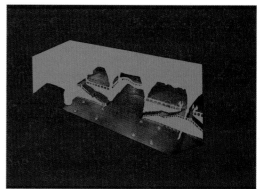

B, C 부분을 통일하여 채색한다. 역시 경계를 의식하지 않고 자유롭게 채색한다.

04
STEP

조명의 위치와
색감의 변화를
생각하면서
채색하기

던전에서 방향 제시나 분위기를 조정하는 것은 라이트나 횃불의 위치이다. 멀리서 들어오는 불빛이나 다른 방에서 비치는 창문의 불빛도 분위기를 연출하는 데 도움을 준다. 이 단계에서는 라이트의 위치를 의식하면서 채색하였다. 기본 라이트들의 위치이다. 바닥에 깔린 라이트와 벽과 벽 사이의 문 위에서 흘러나오는 빛이 보인다.

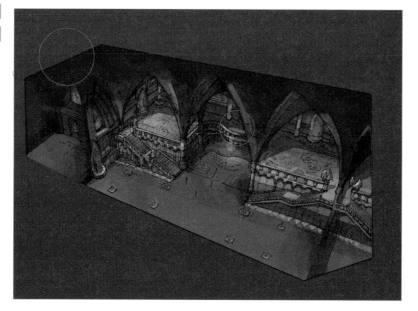

바닥은 횃불 느낌, 창문은 음침한 느낌으로 라이트를 분리하였다.

완성됐을 때의 질감이나 전체적인 마무리 컬러링을 검토하고 정리해 보자.

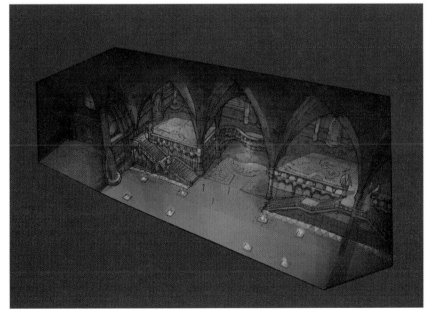

지하 묘지의 음산한 분위기를 표현하기 위해 베이스를 어둡게 잡아 준 후, 간단한 조명들로 분위기를 연출하였고, 낡은 분위기에 벽들의 타일 등으로 음침한 느낌을 표현하여 보았다. 또 선을 의도적으로 거칠게 남겼다.

이때 스케치한 선화를 복사기를 통해 2~3번 반복 복사하여 스캔하면, 다음과 같이 선 자체가 분해되는 느낌을 줄 수 있다. 긴 지붕은 어둠 속에 파묻히는 느낌으로 표현해 보았다.

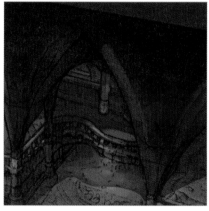

⠿ 던전 패턴에 사용되는 여러 가지 소도구들 구성하기

01
STEP

필요 소도구들의
구분 및 선화
제작하기

제작 과정에서 필요한 오브젝트는 부서 간에 추가 요청을 하면서 진행하는 것이 바람직하다. 기본으로 들어가는 중요 오브젝트들을 제작해 보았다.

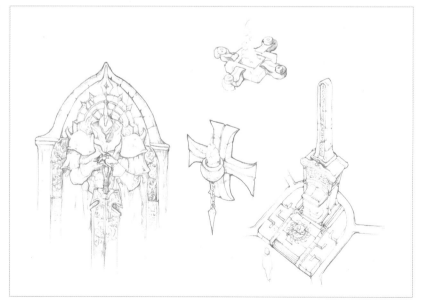

STEP 02

**패턴 배경색
찾아보기**

구간 분위기에 맞는 오브젝트의 백그라운드 색을 설정해 보자.

오브젝트의 기본 배경색의 설정

STEP 03

**오브젝트
채색하기**

던전의 오브젝트들은 나중에 반복적으로 사용할 경우가 많기 때문에 가급적이면 퀄리티가 높게 제작해 두는 것이 바람직하다. 즉, 어느 곳에 사용되더라도 그 공간에 어울리도록 정성을 들여 제작하는 것이 좋다.

재질감을 최대한 생각하면서 오브젝트 채색 작업을 하였다.

공통적으로 사용되는 문 등에 붙는 석상 오브젝트이다. 배경팀에서 소화하기보다는 캐릭터팀에서 협조하여 제작하는 것이 바람직하다.

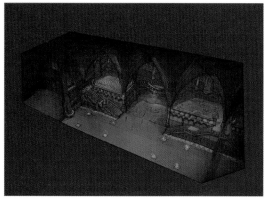

기본 패턴

04 STEP
마무리 작업하기

어두운 이미지가 잘 살아날 수 있도록 두 가지 포인트에 중점을 두어 접근했다. 기본색을 어두운색으로 하여 눈과 칼에만 라이트가 들어간 기관 장치와 횃불들의 디자인이다. 위의 오브젝트는 전체적인 분위기를 잡을 수 있는 오브젝트이므로 비교적 많은 시간을 들여 작업할 수 있도록 하자.

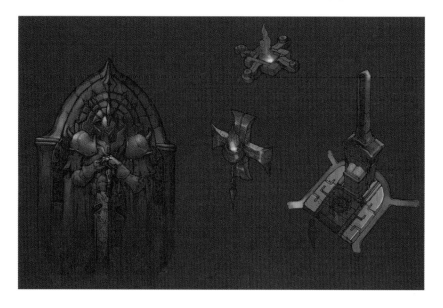

던전을 마무리하면서 주의해야 할 점들

던전은 일반적으로 한 사람의 기획자가 기획한 후, 기획팀의 컨펌이 끝나면 다시 한 사람의 원화가가 마무리하고, 모델링 마무리도 한 사람이 하는 경우가 많다. 이는 통일감 있는 제작을 위해서는 어쩔 수 없는 제작 흐름이기도 하다. 3D에서 많은 팀원들이 같이 할 경우에는 텍스처를 공유하는 것이 좋다. 텍스처가 통일감이 없으면 던전의 밀도가 떨어지기 때문이다.

던전 콘셉트 원화의 결과물을 기획서의 중요한 부분의 설명과 함께 완성하였다.

■ 주요 오브젝트
햇불 메인 기관 장치 출입문의 콘셉트 원화

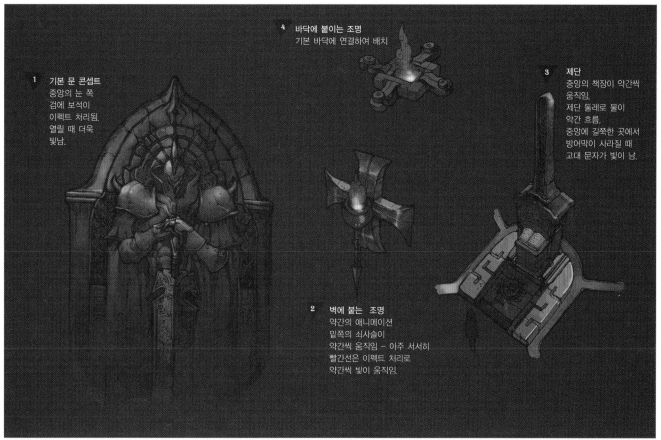

4 바닥에 붙이는 조명
기본 바닥에 연결하여 배치

1 기본 문 콘셉트
중앙의 눈 쪽
검에 보석이
이펙트 처리됨.
열릴 때 더욱
빛남.

3 제단
중앙의 책장이 약간씩
움직임.
제단 둘레로 물이
약간 흐름.
중앙에 길쭉한 곳에서
방어막이 사라질 때
고대 문자가 빛이 남.

2 벽에 붙는 조명
약간의 애니메이션
밑쪽의 쇠사슬이
약간씩 움직임 – 아주 서서히
빨간선은 이펙트 처리로
약간씩 빛이 움직임.

던전 필수 오브젝트 PART 1

② 부 오브젝트의 설명
난간에 들어가는 석상, 출입문의 기관 장치, 제단 등의 콘셉트 원화

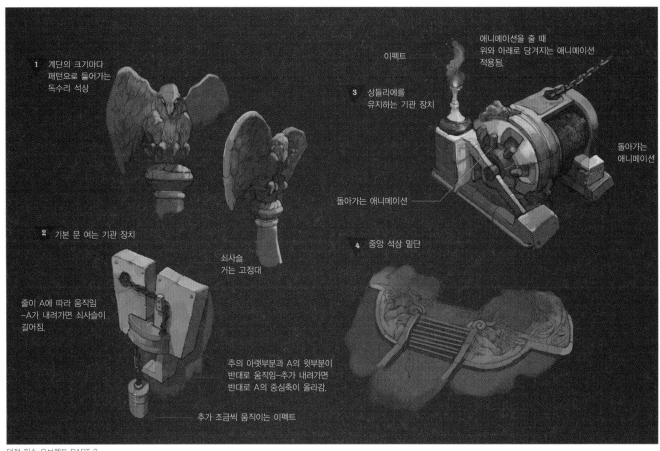

1 계단의 크기마다
패턴으로 들어가는
독수리 석상

이펙트

3 상들리에를
유지하는 기관 장치

애니메이션을 줄 때
위와 아래로 당겨지는 애니메이션
적용됨.

돌아가는
애니메이션

돌아가는 애니메이션

2 기본 문 여는 기관 장치

쇠사슬
거는 고정대

4 중앙 석상 밑단

줄이 A에 따라 움직임
–A가 내려가면 쇠사슬이
길어짐.

추의 아랫부분과 A의 윗부분이
반대로 움직임–추가 내려가면
반대로 A의 중심축이 올라감.

추가 조금씩 움직이는 이펙트

던전 필수 오브젝트 PART 2

3 주 패턴 던전 통로(중앙)

던전의 패턴을 이루는 중앙 통로의 콘셉트 원화

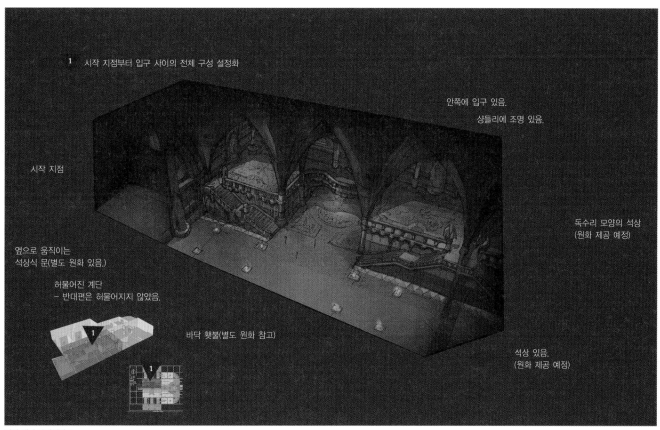

1 시작 지점부터 입구 사이의 전체 구성 설정화

안쪽에 입구 있음.

샹들리에 조명 있음.

시작 지점

옆으로 움직이는
석상식 문(별도 원화 있음.)

허물어진 계단
– 반대편은 허물어지지 않았음.

바닥 횃불(별도 원화 참고)

독수리 모양의 석상
(원화 제공 예정)

석상 있음.
(원화 제공 예정)

던전 패턴 오리지널 1

4 주요 미션 수행 공간의 콘셉트 원화

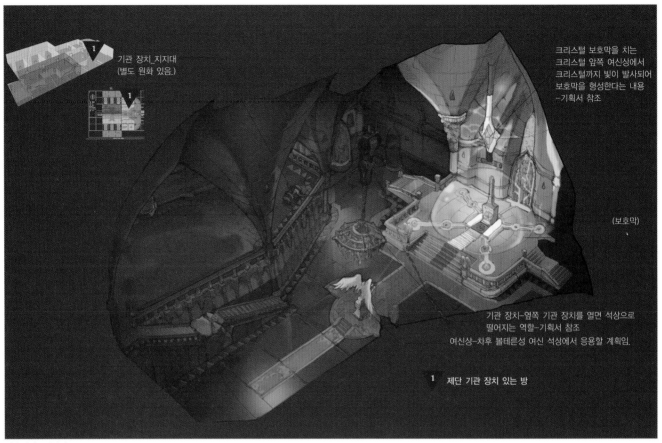

기관 장치_지지대
(별도 원화 있음.)

크리스털 보호막을 치는
크리스털 앞쪽 여신상에서
크리스털까지 빛이 발사되어
보호막을 형성한다는 내용
-기획서 참조

(보호막)

기관 장치-옆쪽 기관 장치를 열면 석상으로
떨어지는 역할-기획서 참조
여신상-차후 볼테른성 여신 석상에서 응용할 계획임.

1 제단 기관 장치 있는 방

던전 패턴 오리지널 2

5 패턴으로 사용되는 기둥과 벽의 구조도

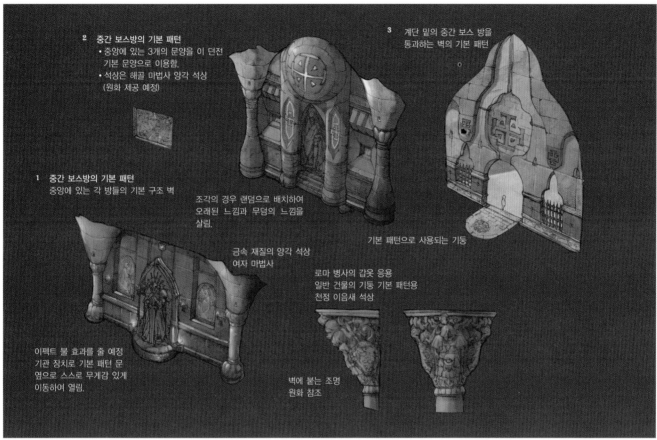

2 중간 보스방의 기본 패턴
- 중앙에 있는 3개의 문양을 이 던전 기본 문양으로 이용함.
- 석상은 해골 마법사 양각 석상 (원화 제공 예정)

3 계단 밑의 중간 보스 방을 통과하는 벽의 기본 패턴

1 중간 보스방의 기본 패턴
중앙에 있는 각 방들의 기본 구조 벽

조각의 경우 랜덤으로 배치하여 오래된 느낌과 무덤의 느낌을 살림.

기본 패턴으로 사용되는 기둥

금속 재질의 양각 석상 여자 마법사

로마 병사의 갑옷 응용 일반 건물의 기둥 기본 패턴용 천정 이음새 석상

이펙트 불 효과를 줄 예정 기관 장치로 기본 패턴 문 옆으로 스스로 무게감 있게 이동하여 열림.

벽에 붙는 조명 원화 참조

던전 필수 오브젝트 PART 3

6 주요 보스방의 콘셉트 원화

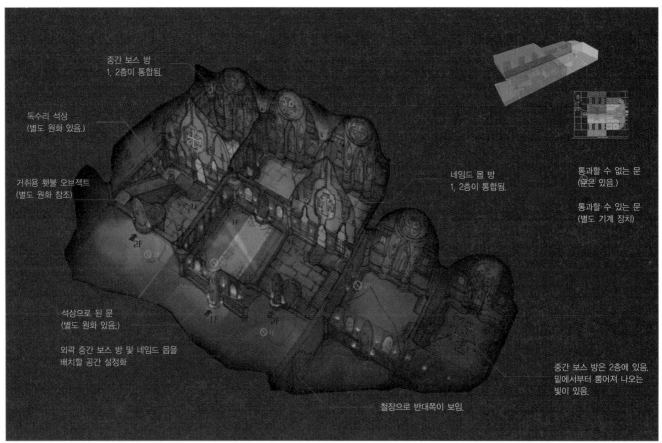

중간 보스 방
1, 2층이 통합됨.

독수리 석상
(별도 원화 있음.)

거취용 횃불 오브젝트
(별도 원화 참조)

네임드 몹 방
1, 2층이 통합됨.

통과할 수 없는 문
(문은 있음.)

통과할 수 있는 문
(별도 기계 장치)

석상으로 된 문
(별도 원화 있음.)

외곽 중간 보스 방 및 네임드 몹을
배치할 공간 설정화

중간 보스 방은 2층에 있음.
밑에서부터 뿜어져 나오는
빛이 있음.

철장으로 반대쪽이 보임.

던전 패턴 오리지널 3

한국으로 돌아와 처음으로 잡은 성의 중앙에 위치한 분수이다. 이 시기에는 현재의 모델러들과 필자 자신의 그림 스타일을 맞추는 데 많은 시간을 투자해야 했다. 지금도 나름대로 모델러들이 이해하기 쉬운 표현 방법을 모색하고 있지만 조금씩 필자 자신의 제작 방법도 달라지는 것을 느끼게 되었다.

상단의 럭셔리한 분수를 디자인해 보았다. 작업 결과물은 매우 묵직하고, 화려하게 제작된 오브젝트이다. 3D적인 접근 방법을 생각해 볼 때, 필자 자신이 만들지 않는 이상 원화가의 생각 그대로 만들어지는 일은 아마 없을 것이다.

일본 콘솔 프로그래머의 일상

이 글은 같은 회사를 다녔던 팀장급 프로그래머 우치다 상에게 부탁한 것이다. 예전에 개인 컬럼에 사용했던 글을 여기에 소개한다. 필자가 소속되어 있었던 일본 회사는 한국의 3D 그래픽 회사와 합작으로 풀 3D 그래픽 애니메이션을 개발했던 경력이 있는 게임 개발사다.

다음은 6년의 프로그래머 경력을 가진 우치다 상의 일상생활 모습이다.

처음 뵙겠습니다.

일본이라는 작은 섬나라에서 프로그래머로서 살고 있는 생물체입니다. 이번에 글을 쓰게 된 계기는 함께 일하게 된 K 상의 의뢰 때문이었습니다. 어쨌든 이글이 어떤 곳에 공개되는지 잘 알지 못하고, 더욱이 이곳은 그래픽 디자이너라 불리는 사람들이 대부분이지만, 저는 그런 쪽의 이야기보다는 저의 지식과 경험들을 써 보려 합니다. 제가 보통 생업으로 삼고 있는 대상은 PS3라고 불리는 가정용 게임기입니다.

요즘의 게임기는 과거의 슈퍼컴퓨터라 불리는 컴퓨터의 수준만큼 급속하게 발전하였습니다. 그렇다면 프로그래머의 일이 예전보다 쉬워져야 하는데, 현실은 전혀 그렇지 않습니다. 쉬워지기는커녕 예전보다 요구 사항이 더 늘어나고 있는 추세입니다. 게임 개발에 종사하시는 분들이라면 모두 공감하시겠지만, 예를 들어 하드웨어의 성능이 향상되어 "여기까지는 표현이 가능합니다."라는 샘플이 나왔다면 그런 부분의 효과를 내기 위해서는 프로그래머의 입장에서 처음부터 끝까지 일일이 다시 만들고, 시험하고, 테스트하는 과정을 거쳐야 하기 때문입니다. 더욱이 일반적인 C 언어만 가지고

되는 것이 아니라 PS3에 요구되는 여러 가지 프로그램을 다룰 줄도 알아야 합니다.

DirectX계의 프로그램이 풍부하게 개발되고는 있지만 이것만 가지고는 곤란한 점이 많습니다. GPU, CPU계의 버텍스쉐터라는 픽셀쉐터 등의 프로그램을 요구하기도 합니다. 이쯤되면 만능 프로그래머 정도를 요구하는 셈이죠. 하지만 이는 자신의 능력을 어필할 수 있는 기회가 되기도 합니다. 이는 공부를 싫어하는 제가 매일 매일 이런 일과 싸우고 이유이기도 합니다(이상은 우치다 상의 글을 직역 또는 의역으로 번역한 것이다).

배경 콘셉트 아트 작업하기

PART 05

이 장에서는 배경 콘셉트 아트(Background Concept Art, 이하 BCA)＊에 관한 실질적인 현장에서의 작업 흐름에 대하여 고찰해 보고, 이를 응용하거나 참고하기 위하여 다양한 예를 들어 설명하기로 한다. 몇 가지 게임을 예로 들어 설명하고 있기 때문에 다소 편중되어 있을 수 있지만 이를 바탕으로 각자 주어진 상황에 맞게 응용해 보기를 바란다. 본격적으로 시작하기 전에 흐름을 간략하게 설명하면, 우선 첫 장에는 월드 맵에 대한 필드 전체를 통합적 제작 원리를 바탕으로 설명하고, 그에 따른 부분 세분화 작업, 그리고 필드마다 배치되는 마을들의 설정과 제작 방법, 좀 더 구체적인 성(Castle) 작업과 게임 특성에 따른 던전(dungeon)＊ 작업 등으로 구분하여 서술하였다. 전체적인 흐름은 큰 것에서 작은 것, 넓은 것에서 좁고 세밀한 부분으로 서술하였으므로 이에 따라 흐름을 파악하기 바란다.

  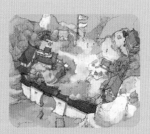

배경 그래픽을 크게
볼 수 있는 '월드 맵' 작업

CHAPTER 01

월드 맵 기획을 통해 게임 제작 이해하기

게임에서의 볼륨을 정하는 일은 기획에서 가장 신중하게 진행해야 하는 작업 중의 하나이다. 볼륨 설정이 제대로 진행되지 않으면 작업적인 면에서 생각하지도 못한 리스크가 발생할 염려가 항상 존재하게 된다. 꼼꼼한 부서 간의 체크는 작업상의 스케줄 지연이나 제작 관리에 큰 영향을 미치므로 철저한 주의를 기울일 필요가 있다. 이하의 대륙 설정 이미지는 초기 기획 단계에서 잡혀진 월드 맵 초안이다. 동서양 대립 구조의 게임으로 기획되었기 때문에 알아보기 쉽게 서양–중립–동양으로 구분하였다. 연한 동서양 대륙(주황색 부분)을 중심으로 나라들을 순차적으로 늘려 나가도록 잡았으며, 대륙별 각 2칸을 프리오픈 기준 지역으로 삼았다.

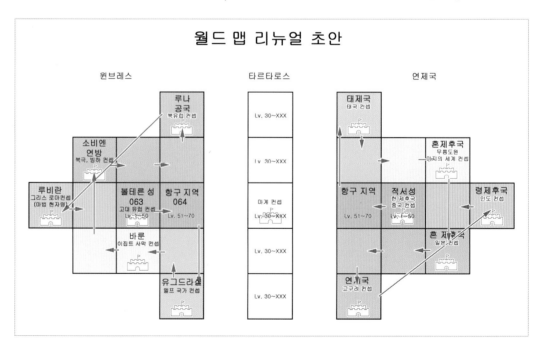

예 서양 ○○○성 ×××번 지역의 중심 지역과 동양의 ○○성, 항구 지역 중심에 PVP 존을 기준으로 볼륨을 잡았다. 오픈 후 주위의 국가들을 3~6개월 간격을 기준으로 업데이트를 목표로 하여 기획되었고, 차후 서술할 부분에서 조금씩 세분화된 월드 맵을 설명할 것이다.

*
배경 콘셉트 아트 통상적인 게임에서의 배경 관련 콘셉트 원화 제작에 관한 일련의 행위

던전 일정 구간이 반복되거나 밀폐되어 있는 설정 공간에서 의뢰 및 퀘스트를 수행할 수 있는 게임 공간

한 국가를 플레이하는 기준은 총 레벨 시간과 유저의 필드에서 최대 얼마나 빨리 클리어할 것인지를 고려하여 하나의 국가(하나의 블록)를 설정하는데, 보통 1Lv~50Lv을 평균으로 잡아 콘텐츠를 유지하는 것을 약 한 달 정도로 생각한다. 대략 6가지의 직업군으로 생각해 보았을 때 콘텐츠를 유지하여 평균 유저들이 거의 대부분의 콘텐츠를 즐기는 시기를 약 3달 정도로 보고 업데이트를 기획하면 적당할 것이라 생각한다. 더 깊이 있는 내용은 기획적인 부분의 차이가 많기 때문에 아웃라인 정도로만 설명하고 넘어가겠다.

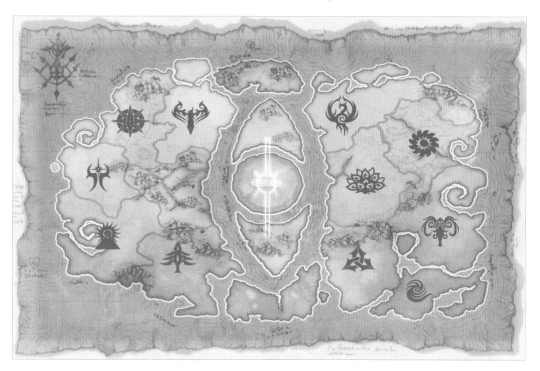

앞의 내용을 바탕으로 시각적인 월드 맵을 정리한 이미지이다. 앞 상의 조기 국가 설정과 비교해 보면, 기획에서 그래픽으로의 해석 방법을 고찰할 수 있을 것이다.

국가 맵의 구성을 알고 시작하기

월드 맵을 이미지화한 것은 다시 대륙에서 국가별 세부 맵으로 설정이 더욱 구체화된다. 위에서는 한 대륙 안에서 국가 간의 특색이나 위치, PVP 존의 위치나 밸런스 등을 고려하여 기획하게 되는데, 경우에 따라서는 국가가 추가될 수도 있고, 다른 대륙이 차후 업데이트를 통해 붙게 되는 경우도 생기게 된다. 단지 이러한 기준이 되는 볼륨은 초기 단계에서 확실하게 잡아 주는 것이 온라인 게임에 볼륨을 정할 때 매우 중요한 역할을 한다는 것을 인지해야 할 것이다.

*
배틀 필드 배틀 필드 또는 필
드라고도 하며, 유저가 사냥을
통해 필요한 레벨을 달성하고
퀘스트를 풀어 나가는 가장 기
본적인 게임의 배경을 말한다.

1 기획서와 구성의 이해

다음 그림들은 더욱 세분화된 동양의 성 지역을 기준으로 하는 맵의 기본 등고선과 필드 배틀 지역의 기획이
다. 배틀 필드(사냥터)*로도 불리는 이 공간은 레벨 업을 설정할 때 매우 중요한 역할을 한다. 각 길목마다 장
비를 다시 갖출 수 있는 작은 마을들과 적당한 레벨에 해당하는 공간의 설정, 그리고 레벨 지역 간의 거리도
반드시 여러 번 체크해야 하며, 특히 유저의 동선에 주의하여 기획해야만 유저들이 편하게 레벨 업을 할 수 있
고, 게임에의 몰입도도 증가할 것이다.

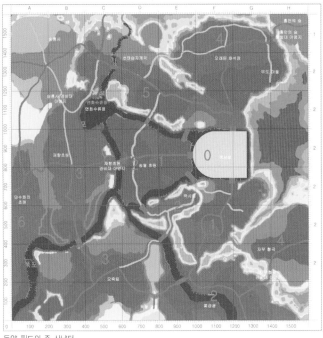

동양 필드의 주 사냥터

다음의 세 가지 방향으로 기획서를 이해해 보자.

다음 이미지는 등고선을 간단하게 예측하여 유저가 지나가는 동선을 순번으로 정하였다. 위의 이미지보다 더욱
간결하게 접근할 수 있기 때문에 통합적으로 이해하기가 쉽다.

이미지에 보이는 번호는 레벨별로 유저가 지나가게 되는 동선을 번호로 설정하여 레벨을 기획한 것이다. 보라
색 지역은 진입 금지 지역*, 즉 지나가지 못하는 지역으로 구분한 것이다.

*
진입 금지 지역 캐릭터가 게
임상에서 들어갈 수 없는 지역
으로, 몬스터와 NPC의 배치
및 모든 시스템 배치로 차단시
켜 놓은 지역을 말한다.

여러 가지 길을 만들면 유저들이 어디로 가야 할 것인지 혼란스러운 경우가 있기 때문에 미니 맵, 전체 맵에
주가 되는 길을 확실하게 표시하는 경우가 많고, 나머지 자잘한 길들은 월드 맵에 표시하지 않는 경우가 많다.

보라색의 진입 금지 지역

흰색의 사냥터 필드

주 사냥터

녹색의 캐릭터 주 동선

주 도로

대략적인 볼륨이 잡혔다면 이번에는 부분 볼륨과 지역적인 특색에 대해 설명하기로 한다. 대략적인 큰 흐름을 초원, 폭포 지역, 채석장, 금광 등에 특색을 그대로 알 수 있도록 구분하여 단순하고 러프하게 구성하였다. 또 그 사이에 들어갈 마을들도 표시하고, 절벽과 강물 등과 같은 지역의 큰 볼륨을 잡아 주었다.

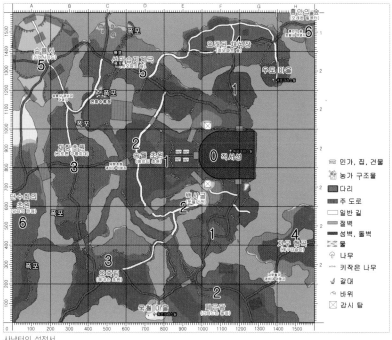

사냥터의 설정서

:: 국가 맵을 활용하는 여러 가지 방법들

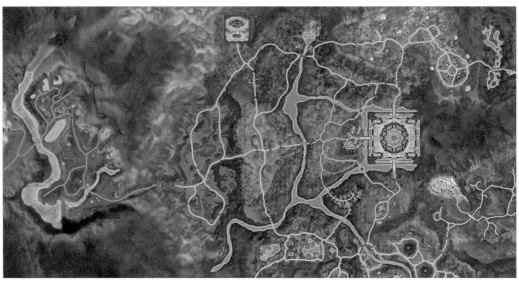

UI 미니 맵

*
맵 툴 게임 화면에 들어가는
모든 맵 데이터를 관리, 배열,
정리하거나 게임적인 시스템
으로 연결해 주는 종합적인 툴
을 말한다.

기획서를 바탕으로 하여 큰 지형을 일정 툴을 이용하여 만들고 이에 따라서
볼륨을 나누어 준 것을 탑 뷰에서 찍어 이를 이미지화한 월드 맵이다. 차후
에 설명할 맵 툴(맵 에디터)*은 지역 설정화로 구성하게 되고, 기획서와 설
정화를 참고로 맵 툴을 담당하는 담당자가 제작하게 된다. 위의 맵 툴 데이
터의 경우는 실제로 보면 알아볼 수 없을 정도로 되어 있다. 이것을 원화가
가 정리하지 않으면 위와 같은 이미지를 도출하기가 힘들 것이다. 위의 이미
지 보정 작업은 UI에서의 미니 맵에 사용되기도 하는데, 정확한 실측을 바탕
으로 하기 때문에 실 게임 데이터에 사용해도 무방하다. 다만 주 도로는 이
미지 작업을 한 번 더 해야 한다.

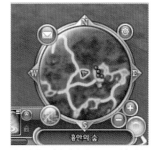

게임에서는 미니 맵의 맵 소스로 사용된다.

[*]
월드 맵 월드 맵은 주로 M
으로 설정되어 있다. 월드 맵
의 구성은 대륙맵-국가 맵-
지역맵 구분된다.

이 장의 월드 맵 이미지는 게임에 직접적으로 사용하는 현재 게임의 게임성에 맞추어 간략하게 작업한 국가 맵이다. 월드 맵 이미지는 유저에게는 가장 중요한 내비게이션이 된다. 모든 게임에서 이 지도의 역할을 어떻게 유도하느냐에 따라 유저들이 편하게 게임을 할 수 있는지, 필요 없는 시간을 낭비하는지가 결정된다.

여기서 월드 맵 설정에 대한 근본적인 면의 의견을 논하자면, 월드 맵에서 다양하게 설정된 국가별 설정을 확실하게 구분하여 설정을 잡는 것이 좋다. 나중에 위의 그림과 같이 작은 지역들을 다시 세분화해야 하기 때문에 의외로 세계관을 펼칠 경우 국가 간의 특색이 모호해지고 얼음의 나라, 화산의 나라처럼 그냥 계절로 나누어 버리는 경우가 생기기 때문이다. 이것을 나쁘다고 할 수는 없지만 국가적인 특색을 설정하여 최초 디자인의 다양성을 잡아 두는 것이 오히려 더욱 다양한 이미지를 만들 수 있는 경우가 많다. 그것을 건축 양식으로 구분하든, 아니면 재질이나 시대적 배경으로 구분하든 어떠한 나라의 공통적인 특색을 잡아 주는 것이 좋을 것이다.

쉽게 말해서 동양 대륙에서 중국과 일본을 혼합해 버리면 서비스를 제공할 때 두 나라가 가장 마케팅적인 영향력을 가지고 있기 때문에 혼합한 양식은 약간 부정적인 이미지가 될 가능성도 있다는 것을 명심할 필요가 있다. 온라인 게임의 마케팅 시장은 세계를 대상으로 해야 한다는 것을 염두에 두면서 디자인하는 것이 중요하다고 본다.

:: 맵 에디터는 알고 가자

1 에디터의 중요성

이번에는 모든 MMORPG에서 사용되고 있는 3D 맵 에디터에 대하여 알아보기로 한다. 맵 에디터를 사용하는 이유는 3ds Max로 모든 오브젝트를 일일이 다 읽어들여 사용하게 되면 그 부하가 너무 크기 때문에 일정한 데이터 추출 방법을 통해 게임 클라이언트*에 필요한 간단한 전 단계, 즉 지형의 구성, 오브젝트 배치, 확대, 축소, 이동, 복사, 포그 조절, 이펙트 등을 게임에 맞게 조율하는 것이다. 이 장의 맵 에디터 설명에서는 3D 작업을 메인으로 설명하기보다는 비교적 간단한 기본적인 면만 체크해 보고자 한다. 맵 에디터는 MMORPG의 방대한 데이터를 관리하기 위한 유일한 도구일 뿐만 아니라 배경의 최종 데이터를 체크할 수 있고, 모든 배경 데이터의 기본을 체크, 관리할 수 있기 때문에 매우 중요하다고 할 수 있다. 따라서 맵 에디터를 사용하는 개발자라면 맵에 대한 기본적인 지식을 갖추는 것이 좋다.

*
클라이언트 게임에서의 클라이언트는 게임을 실행할 수 있는 프로그램 체계를 말하며, 원래의 뜻은 서버에 연결된 컴퓨터(Client)를 말한다.

보통의 MMORPG 맵 툴들은 각 회사마다의 시스템에 맞추어 설정 사항을 늘리는 것이 보통이다. ❶ 지형 구성 화면에서는 모든 지형적인 변화와 게임상 오브젝트의 위치와 크기, 넓이를 조정하는 기능을 가지고 있다. ❷ 부분은 오브젝트의 리스트로, 방대한 양의 오브젝트를 쉽고 빠르게 선택할 수 있도록 설정되어 있다. 이 작업을 통해 오브젝트들의 이동, 축소, 확대, 복사, 애니메이션, 이펙트 등을 3ds Max에서 작업한 데이터를 통해 익스포트하여 게임 데이터로서 배치하게 된다.

3ds Max에서 가지고 있는 정보량보다 훨씬 적은 데이터 양을 가지고 배치하게 되므로, 3ds Max 보다 좀 더 방대한 양의 데이터를 관리, 처리할 수 있다. 다음 이미지를 살펴보면 배치 방법을 한눈에 이해를 할 수 있을 것이다. ❸의 디렉터리 선택 창에서는 이런 오브젝트를 그룹화하여 디렉터리로 구성한 곳을 파악할 수 있으며, 그 밑에는 오브젝트나 옵션의 자세한 설정 수치가 표기되어 있다는 것을 알 수 있다.

2 에디터의 간단한 사용 방법

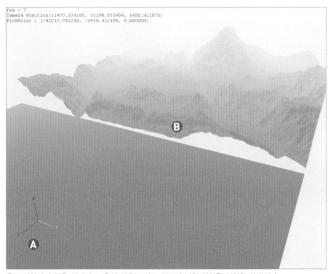

ⓐ는 작업하지 않은 상태이고, ⓑ의 경우는 어느 정도의 지형 작업을 진행한 상태이다.

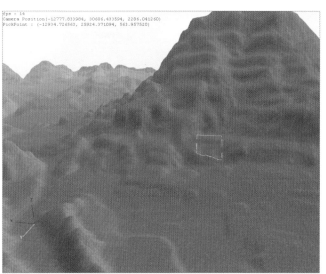

지형의 텍스처는 존재하지 않지만 고저 차와 외형적인 형태는 갖추고 있다.

지형 위에 텍스처가 겹친 것을 작업한 결과물이다. 옆쪽의 텍스처 표현 및 지형 형성이 되지 않은 부분과 비교해 보면 쉽게 알 수 있다.

*
터레인 지형을 형성하는 게임의 필드, 진입 불가 지형이나 산, 지형들은 모두 이 터레인 기본 지형을 바탕으로 한다.

선 밑으로 조금씩 빠져 나온 오브젝트들의 끝부분이다. 터레인(지면)***** 밑으로 오브젝트를 심어 주는 식의 배치를 하여 오브젝트를 배치한다. 이 작업을 통해 다양한 오브젝트의 배치 관리를 실행하게 된다.

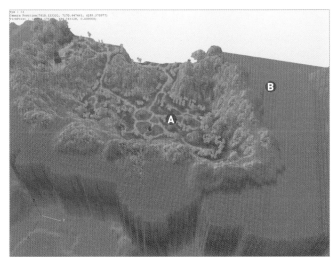

ⓐ는 텍스처 적용 작업이 진행된 부분이고, ⓑ는 작업 전의 지형이다.

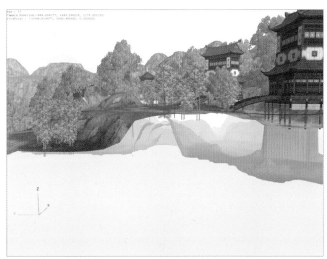

라인의 지형을 기준으로 오브젝트를 지형 작업한 후, 콘셉트에 따라 배치한다.

심리스 방식과 일반 로딩 맵의 차이를 알자

*
존 방식 Zone Loading이라
하며, 정해진 공간을 통째로
로딩하는 방식을 의미한다.

MMORPG 업계가 발전하면서 방대한 콘텐츠를 담을 수 있는 맵도 발전하였다. 이 중 가장 큰 변화는 캐릭터를 기준으로 일정한 거리의 데이터를 로딩하는 심리스 방식과 맵을 어느 정도의 구간으로 끊어서 일정 구간의 끝에서 끝으로 진행할 때 다음 구간을 통째로 읽는 존 방식*으로 구분할 수 있다.

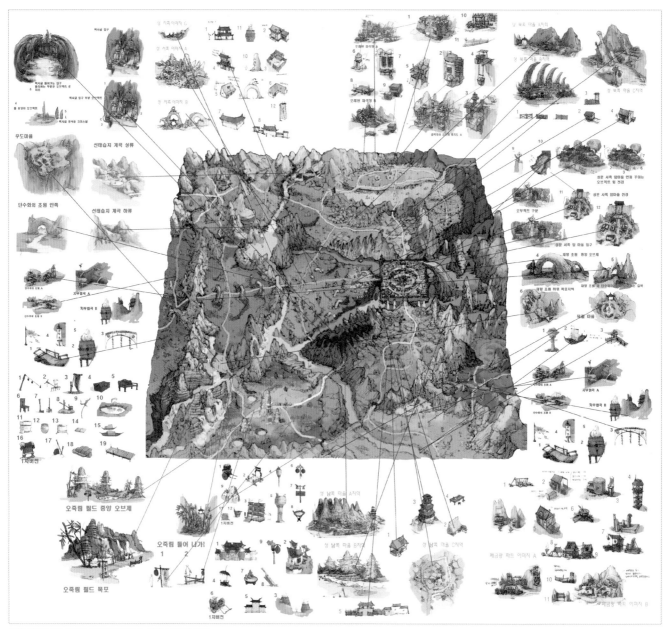

동양 지역의 전체 필드를 한눈에 알아볼 수 있도록 정리한 원화

*
심리스 방식 중간에 끊어짐
없이 계속되는 것(seamless)
을 의미하는데, 게임에서는 지
형 로딩 없이 계속되는 것을
의미한다.

① 심리스 방식

심리스 방식*의 맵을 위한 러프 설계 1차 BCA이다. 위의 이미지처럼 큰 이미지를 한 번에 읽는 것은 거의 불가능하다. 많게는 수천 개가 될 수 있는 오브젝트이거나 아무리 좋은 그래픽 카드 또는 좋은 컴퓨터라 하더라도 구현하기가 힘들다. 그러나 부분적으로 읽거나 캐릭터 시야에 들어오는 지형과 오브젝트를 일정한 규칙을 두고 로딩하여 유저에 캐릭터를 중심으로 반경 ○○메타에 해당하는 데이터만 읽어들이면 가능해진다. 또 통째로 로딩하는 방식에서의 최대의 장점은 구간 로딩 시간 없이 진행할 수 있다는 것이다.

아래의 그림에서처럼 중앙의 유저를 중심으로 빨간색으로 표시된 부분이 읽어들이는 데이터이고, 파란색으로 되어 있는 부분이 읽지 않는 데이터이다. 이 방식으로 진행할 경우, 아무리 넓은 필드를 다루더라도 로딩 없이 게임의 몰입도를 높여 진행할 수 있게 된다.

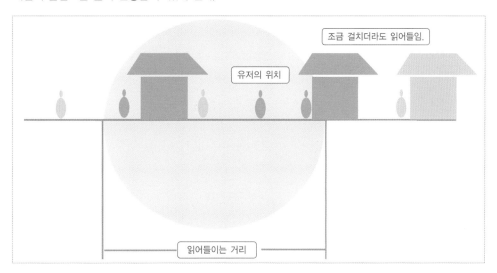

② 존 로딩 방식

존 로딩 방식은 대체로 2D MMORPG 게임에 많이 사용되었다. 2000년대 초에 개발된 다수의 게임들이 이 방식을 이용하였다. 이 방식은 일정한 테마가 있는 맵을 한 번에 읽어들인다. 반면, 이 구간에 있는 모든 데이터들을 원활하고 빠르게 읽어들일 수는 있지만 기본적인 볼륨을 벗어나기가 힘들다는 단점이 있다.

그러나 존 로딩 방식의 경우에는 맵의 주제별 분류가 쉽다는 장점이 있다. 예를 들어 맵마다 묘지, 화산, 호수 등의 일정 구간을 기획적으로 분위기를 다르게 하여 한 맵이 끝날 때마다 유저의 만족감을 유도하기도 한다. 두 가지 모두 장단점을 가지고 있기 때문에 무엇이 좋다, 나쁘다라고 선을 긋기가 힘들다. 따라서 그 게임의 프로젝트 성격에 맞게 선택하는 것이 좋다.

러프 스케치를 잘하면 필드를 구성하기가 쉽다

게임 기획의 기획 초기 단계에 접어들면 수많은 알파 버전을 만들어야 한다. 이때가 가장 BCA의 필드 러프 스케치 단계일 것이다. 게임에서 구체적인 이미지를 끌어 내는 것은 매우 힘든 일이다. 여기서 어느 정도의 아이디어를 통해 이미지들을 끌어 내는 작업이 바로 러프 스케치들이다. 빠른 스케치로 여러 가지 이미지를 끌어 내 보자. 이 단계에서는 다른 게임을 참고하거나 사진 등을 이용한 합성 등이 이루어진다. 초기 단계의 개발자들의 머릿속의 아이디어를 뽑아낼 수 있는 길잡이 역할을 해 주는 것만으로도 러프 이미지의 역할을 다했다고 볼 수 있다. 왜냐하면 게임 개발 초기 단계에서는 많은 알파 버전으로 시간적, 물질적 리스크를 떠안게 되는데, 이 리스크를 어느 정도 줄여 줄 수 있는 부분이 될 수 있기 때문이다.

다음은 동양의 성(城) 기획 단계에서의 이미지이다. 상징이 될 만한 부분을 간단한 설명과 선으로 정리하여 이미지를 구체화해 보았다. 왼쪽에서는 성 안쪽과 성의 중앙 상징물을 확인해 보았으며, 오른쪽 이미지에서는 물 위에 있는 거대한 성의 이미지를 러프하게 표현해 보았다.

동양 초기_성 콘셉트의 러프화

원형 거대 성의 이미지 설정을 잡아 보았다. 이런 종류의 러프 스케치는 3D화하는 것이 목적이 아니라 개발팀이 이 러프 스케치를 바탕으로 풍부한 커뮤니티를 할 수 있도록 유도하는 촉매제 역할을 하는 것이다.

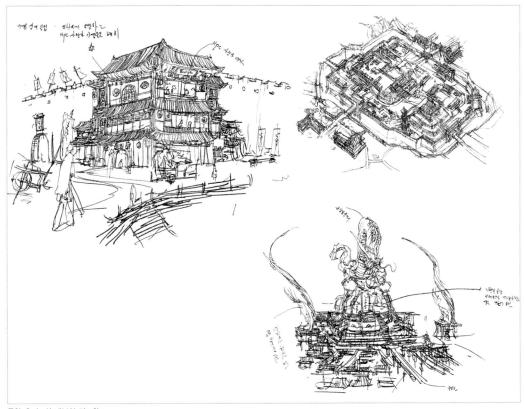

동양 초기_성 내부의 러프화

위의 이미지를 바탕으로 더 구체화된 작업을 하게 되면 다음과 같은 결과물을 얻을 수 있다. 러프와 정돈된 스케치의 경우, 주요 뼈대가 되는 러프 스케치와 정리된 스케치에서 주요 특징적인 요소를 공유하게 된다. 선과 면이 좀 더 선명하고 정확하게 설정되는 것이 이 설정화를 사용하는 하나의 방법이다. 즉, 아이디어가 정리되면 액세서리적인 테크닉을 씌우는 것은 어쩌면 크리에이티적인 면보다는 업무적인 형태로 넘어가는 것과 같다. 최종적으로 유저에게는 쉽고 편한 시각적 결과물이 전달되는 것이다.

성 주변과 성의 전체적인 분위기를
설정한 설정화

여기까지 그리게 되면 일정 필드 지역의 색감이나 분위기 구성을 어느 정도 파악할 수 있게 된다.

전체적인 공간감이나 필드 간의 이동 동선이나 분위기도 한눈에 알아볼 수 있기 때문에 개발팀이 다음 과정으로 진행하기가 쉬워질 것이다. 이런 이미지 보드를 개발 초기 단계에서 20~30장 정도 준비하여 총체적인 게임 이미지를 구축해 나가면 5년 넘게 개발할 수도 있는 MMORPG를 조금이나마 쉽게 풀어 갈 수 있다.

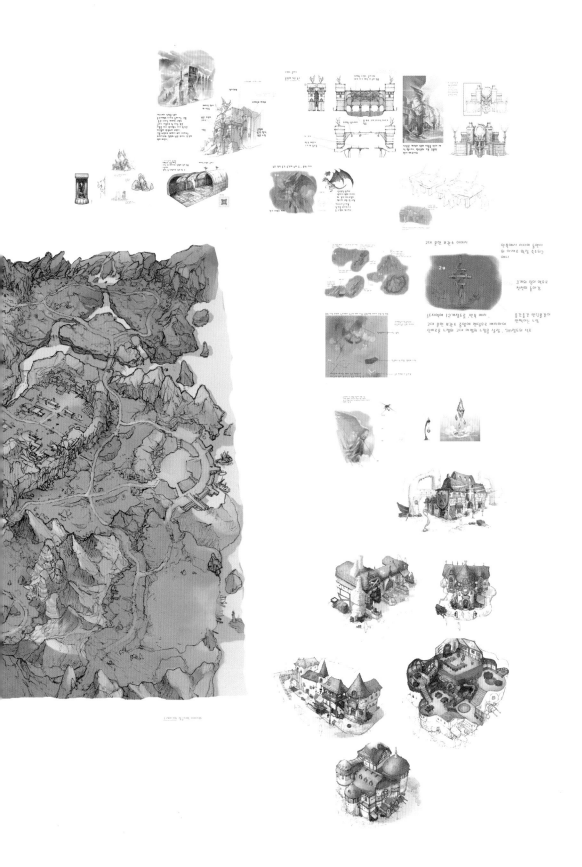

게임 배경의 중심, 사냥터 기획

* 사냥터 구성 작업 배틀 필드 또는 필드라고 불리는 게임에서 캐릭터가 활동하는 성이나 던전, 마을 등의 게임 공간을 말한다. 다양한 몬스터가 배치되며, 주 도로와 다양한 콘셉트의 배경들로 이루어져 있다.

이번에는 본격적인 배경 작업이라고 할 수 있는 사냥터 구성 작업*에 대해 설명하기로 한다. 설명하기에 앞서 자주 거론되는 배경 기획(Background Planning, 이하 BP)과 배경 콘셉트 아트(Background Concept Art, 이하 BCA)와의 상관 관계에 대해서 알아보고자 한다. 이 두 가지 용어는 본문 문장의 흐름을 위해 임의로 축약하여 사용하려고 한다. 다만 현장에서 반드시 사용하는 말이 아님에 유의하기 바란다.

⠿ 게임 사냥터 기획서의 이해(Game BP)

처음 게임업계에 발을 들여 놓게 되면, 입사한 지 얼마 지나지 않아서 '배경 설정서'라고 하는 게임에 쓰일 그래픽에 관련된 문서를 접하게 된다. 이 문서를 처음 접하게 되면 무엇부터 시작해야 할지 망설이게 된다. 보통 이 문서들은 워드 문서나 한글 문서로 구성되어 있는데, 문서는 회사마다 약간씩 차이가 있다. 기본적인 구성은 다음과 같다.

1 기획서의 형식

타이틀 서류의 주된 목적이 되는 지역명이나 오브젝트명이다. 배경은 보통 지역명을 뜻한다. 이 지역명은 게임의 부서 간 기본 용어로 사용되는데, 타이틀 정도는 반드시 외워 두어야 어디를 어떻게 다시 수정할 것인지에 대한 빠른 의견 교환이 가능하다.

목차 읽는 사람을 위해서라기보다는 기획자가 정리하기 쉽도록 서류를 다듬을 때 많이 사용한다. 서류 내용이 길어지면 참고로 보게 되지만 보통은 위에서부터 꼼꼼히 읽어 봐야 하기 때문에 BCA 쪽에서는 별로 사용되지 않는다.

기록한 담당자와 날짜 기록한 담당자와 날짜를 알아야만 버전 관리 및 실무자 간의 체크가 빠르게 진행된다.

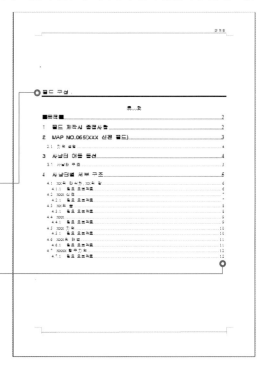

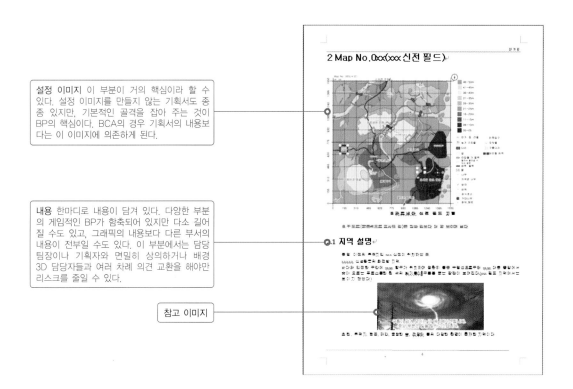

설정 이미지 이 부분이 거의 핵심이라 할 수 있다. 설정 이미지를 만들지 않는 기획서도 종종 있지만, 기본적인 골격을 잡아 주는 것이 BP의 핵심이다. BCA의 경우 기획서의 내용보다는 이 이미지에 의존하게 된다.

내용 한마디로 내용이 담겨 있다. 다양한 부분의 게임적인 BP가 함축되어 있지만 다소 길어질 수도 있고, 그래픽의 내용보다 다른 부서의 내용이 전부일 수도 있다. 이 부분에서는 담당 팀장이나 기획자와 면밀히 상의하거나 배경 3D 담당자들과 여러 차례 의견 교환을 해야만 리스크를 줄일 수 있다.

참고 이미지

2 참고 이미지의 주의할 점

대부분의 신입 사원들은 참고 이미지대로 하지 않으면 틀릴 것 같은 사고방식을 가지고 있다. 이는 어쩌면 매우 위험한 발상이다. 참고 이미지는 말 그대로 참고일 뿐 정답은 아니다. 말 그대로 참고를 할 수 있도록 다른 게임의 스샷이나 유적지, 관광지의 이미지 등을 스크랩한 것이다.

기획서도 이와 마찬가지이다. 한마디로 기획이란, 영문으로 Plan, 즉 계획이지 매뉴얼이 아니다. 다시 말해서 정답이 적힌 답안지가 아니라는 것이다. 모든 기업의 기획서가 그러하듯 아마도 배경 기획을 기획서로 만드는 일을 하는 사람의 대부분은 경력이 얼마 안 된 1~2년차일 것이다. 요즘 온라인 게임의 경우 4~5년이 기본인 시대에서 1~2년이라는 기간은 한 게임을 다 만들어 보지 못한 사람일 확률이 높고, 특히 PM 중 이런 기획을 중심으로 배운 사람도 흔치 않다. 따라서 기획서를 만드는 사람은 적극적이고 겸손한 태도로 기획서를 만들어야 하며, BCA를 하는 사람 또한 그냥 서류만을 보고 그대로 이미지화하려 하기보다는 그에 따른 제작상의 단점이나 오류 등을 철저하게 짚어 나가야 한다고 충고하고 싶다. 또 판타지나 게임 세계관의 참신한 발상을 담는 것이 BCA 작업의 핵심이라고 생각하며, 그것이 차후 다양하게 작업을 해야 하는 배경 작업에 있어서 굉장히 중요한 요점이 된다. 필자는 기획서의 흐름을 일방적으로 좇게 되면 결코 좋은 배경이 나올 수 없다고 생각한다.

⠿ 레벨 작업을 위한 싸움터(배틀 필드)

1 기획서 이해하기

퀘스트를 수행하거나 일정 미션을 수행하기도 하며, 던전으로 게임 시나리오에서 연결해 주는 부분이다. MMORPG 에서 가장 기본으로 하는 시스템 구조를 설정하는 싸움터의 설정이다.

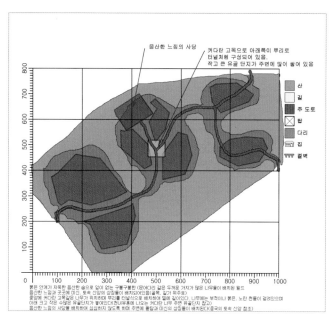

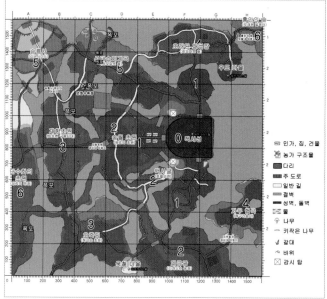

위의 예는 '흉안의 숲'이라 불리는 동양의 35레벨 정도의 지역이며, 이 게임의 동선상 6번째로 거치는 사냥터 지역이다. 왼쪽의 설정 이미지에서 보이는 이미지처럼 빨간 기본 중심 길과 그 옆에 자리한 넓은 공간이다. 이 공간을 꾸미기 위해서는 일단 몬스터를 배치할 공간과 지형 툴 작업, 오브젝트 배치 공간과 진입 불가 지역 등을 고려할 필요가 있다.

지역 설명을 보면 보라색 부분이 산으로 표현되어 게임에서는 진입이 불가능하다. 파란색으로 설정된 부분이 앞에서 서술한 싸움터의 중심 지역이다. NPC나 기타 미션을 통해 이런 지역들의 정해진 레벨로 보내지며 시나리오적인 연결을 위해 주변 마을에서 받을 퀘스트를 고려하여 제작할 필요가 있다. 여기에는 BP가 서술한 "음산한 느낌의 사당, 커다란 고목으로 아래쪽이 뿌리로 터널처럼 구성되어 있음, 작은 유골 단지가 많이 쌓여 있음."이라는

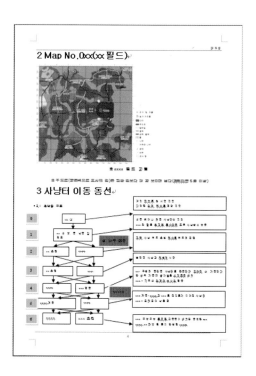

*
알파 플랜 폴리곤의 최소 단위와 같은 '플랜'의 사각 면을 뜻하며, 면의 기본 단위이다. 여기서의 1장짜리라는 뜻은 그 면이 사각인 한 면을 뜻하며, 알파 플랜은 텍스처에 알파 채널 처리를 하여 설정한 부분이 뚫려 보이도록 하는 3D의 제작 방법 중의 하나이다.

*
포그 게임에서의 포그란 3D에서 사용하는 기술로, 게임에 응용되어 왔다. 이는 거리감과 원경의 공간감의 표현을 위해 사용한다. 3D의 경우 원경이라고 하더라도 흐리게 보이거나 단순하게 보이지 않는데, 이를 보완하기 위해 사용되는 3D 옵션 중의 하나이다.

이미지 설정이 적혀 있다. 여기서 주의해야 할 점은 어떻게 이 부분을 해석해 나갈 것인가이다. 특히, 고목 아래축의 뿌리에 너무 많은 뿌리를 만들어 버리면 데이터상의 무게뿐만 아니라 카메라의 시각상으로 몬스터 사냥에 많은 제약이 따르게 된다. 3D적인 시각으로 보았을 때는 1장짜리 알파 플랜*으로 만들 것인지, 아니면 면을 많이 차지하는 입체로 만들 것인지 등을 고려하지 않으면 안 된다. 다음은 "뿌리로 터널처럼"이라는 표현에서 지형 툴을 얼마나 사용할 것인지 등을 고려할 필요가 있다.

② 기획서와 연동 작업하기

여기서는 위의 설정서의 내용을 네 가지로 압축해 보았다.

> 첫째, 뿌리 부분은 가급적이면 벽 쪽에 붙일 수 있고, 공간을 살릴 수 있도록 입체로 제작한다.
> 둘째, 바닥에 잔잔한 물을 고이게 하여 신비로운 분위기를 만든다. 이때 너무 많은 뿌리줄기를 만들지 않는다.
> 셋째, 본래의 목적인 몬스터 사냥을 위해 오브젝트를 최대한 줄인다.
> 넷째, 포그*를 적극적으로 사용하여 사당의 음산한 분위기를 살린다.

게임의 기본 원리는 어떻게 보면 매우 단순하고, 기계적인 반복이다. 그래픽을 제외하면 숫자의 움직임이나 수학적인 싸움일 뿐이다. 여기에 그래픽적이고 시나리오적인 요소가 가미되면 시각적인 만족감을 주는데, 이 그래픽적인 역할을 하는 것이 배경이다. 즉, 공간에서 느낄 수 있는 공간적인 몰입감을 더욱 주입시켜 주는 부분인 것이다. 위의 흉안의 숲은 BP에서는 음산한 느낌을 숲의 거친 느낌을 요구했고, 그래픽에서는 정돈된 배경의 공간으로 재해석하게 된다. 위에서 정리한 바와 같이 BCA는 최대한 데이터적인 부하를 줄이는 역할을 하는 중요한 위치에 있다. BCA의 가장 기본적인 목적은 '이미지를 멋지게 표현'하는 것이지만 그 안에 최대한 게임적인 데이터의 움직임도 담을 수 있어야 한다.

3 실 작업에 활용하는 BCA 설정하기

이번에는 '뿌리로 터널처럼'이라는 표현에 대해 살펴보자. BCA가 처음인 작업자라면 영화에서 보는 숲속의 동굴을 연상할 수 있지만 BCA에서는 지형 툴을 고려하여 지형 툴을 활용한 오브젝트 배치로 형식을 잡아 준다.

243쪽 하단의 참고 스케치를 보면서 설명하겠다. 이 스케치에서는 지형과 나뭇가지가 인위적으로 분리되어 있다는 것을 확인할 수 있다. 이는 동굴 같은 이미지를 만들면서도 카메라가 나뭇가지에 너무 걸리지 않도록 설정한 것이다. 바닥에 잔잔한 물은 단순해질 수 있는 맵 에디터에 시각적인 볼륨을 준 것이다.

다음은 소도구를 살펴보자.

여기서 사용된 것은 단순한 모양으로 다듬은 벽에 붙이는 뿌리 오브젝트, 터레인 위로 올리는 오브젝트 나무, 연꽃잎 길을 잡아 주는 판타지식의 허수아비이다. 소도구의 액센트적인 오브젝트는 다음과 같은 3종이다.

벽에 붙는 물이 흘러나오는 유적 형식의 화분

넓은 지형을 메워 줄 중간중간의 물이 분사되는 유적 형식의 석재 기둥

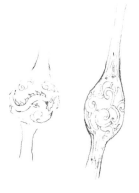

길 중간중간에 지루함을 덜어 주는 조명 형식의 기둥으로, 반짝이며 돌아가는 형식의 오브젝트

보통의 필드보다 차이가 있는 부분이 '오브젝트가 매우 적다'일 것이다.

한 지역에 많게는 25~40종류의 오브젝트가 들어가기도 한다. 여기서는 단지 6종류만을 사용하였고, 변형해서 사용하는 오브젝트까지 합쳐도 고작 10종류이다. 여기서 볼륨(게임적인 완성도)을 낮아지지 않게 하면서 데이터를 줄일 수 있는 부분은 벽으로 붙이는 나뭇가지 오브젝트와 바닥에 배치한 잔잔한 물이다. BCA의 최대 목표는 음산한 분위기를 유도하면서도 적당한 데이터 양을 유지하는 것이다. 물론 '멋지게 그린다'는 언제나 필수 조건이다.

4 실 데이터를 만드는 BCA 원화 작업하기

이제까지 정리한 오브젝트의 컬러링 작업물을 다시 확인한다.

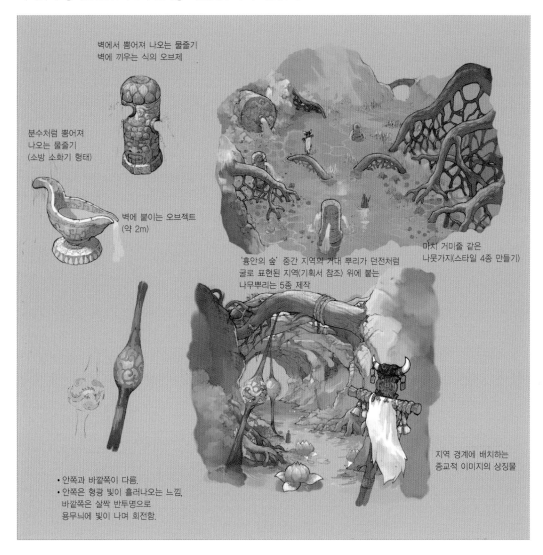

위의 이미지와 같이 적당한 설명과 더불어 컬러링한 결과물이다. 이때 다시 BP쪽과 상의해 볼 것을 권한다. 가급적이면 실무자들 간의 진행이 바람직하다. 이미 설정 단계에서 아트디렉터나 기획 파트 책임자와 상의를 거친 상태이기 때문에 실무자 선에서의 조율이 바람직하다. 이후 3D로 만들어지면 최종적인 실무진에서 게임에 적용된 데이터를 가지고 수정 작업에 들어갈 것이다.

:: 실 데이터와 최종 결과물의 비교

BCA의 결과물과 실 맵 에디터의 결과물과 비교, 분석하고 수정할 사항들을 각 부서에 전달하는 것이 아트디렉터가 해야 할 가장 중요한 배경 파트의 작업일 것이다. 구상하고 맞춰 본 이미지와 시스템과의 연결에서 BCA 작업 중 제대로 잡아 내지 못한 부분이나 고쳐 나가야 할 부분들을 게임 화면이나 맵 에디터를 통해 확인해 보자. 꼼꼼한 작업을 통해 진행해 나가야 하므로 몇 번에 걸쳐 확인하는 습관을 들이는 것이 중요하다. 이 때는 만족할 만한 결과물이 나오지 않는 것이 개발의 일반적인 흐름이므로, 이것을 얼마나 슬기롭게 고쳐 나가느냐는 아트디렉터의 역량에 달려 있다고 할 수 있다.

■ 데이터의 결과물과 BCA 원화 비교하기
맵 에디터를 통한 3D 결과물을 체크해 보자.

맵 에디터를 통한 3D 결과물

위의 설명에서처럼 지형 맵 에디터를 최대한 활용하여 동굴 같은 이미지로 BCA가 연출되어 있는 것을 볼 수 있을 것이다. 우측 하단의 설정화와 비교하면 위에서는 설명한 내용들의 결과물을 볼 수 있다. 결과물은 이미지보다 조금 크게 구성되는 것이 보통이다. 기본적으로 MMORPG의 필드는(특히, 심리스 방식의 맵) 방대한 콘텐츠를 보유하게 되므로 공간의 활용이 매우 큰 것이 특징이다. 이때는 위의 이미지보다 더 크게 제작해도 무방하다. 몇 장의 맵 에디터 결과물들을 보면서 위의 내용을 체크해 보자.

② 필드의 터널식 입구의 결과물과 비교하기

포그와 기타 맵 툴의 기능들을 최대한 활용하고 적은 맵 소스들로부터 좀 더 효과적인 분위기를 연출하는 것이 팀의 호흡이라 할 수 있을 것이다.

맵 에디터의 결과물

중간 중간에 보라색 이펙트 장식의 이미지를 볼 수 있을 것이다. 이런 요소들은 게임에서 원 포인트적인 상상력을 느끼게 할 수 있을 뿐만 아니라 주 도로의 방향을 유도해 주는 역할도 담당한다. 그림에 나타난 바와 같이 동굴적인 이미지를 도출해 낼 수 있다. 위의 나뭇가지들만으로도 중량감을 느낄 수 있기 때문에 음산한 분위기가 연출되고 있다.

방향성 있게 주 도로에 배치하는 경우가 많다.

위의 원화와 실 데이터를 신중하게 비교해 보자.

어떠한 식으로 해석하느냐에 따라 볼륨감이나 데이터의 무게가 천차만별로 벌어지게 된다.

이미지에서 볼 수 있듯이 벽 쪽은 맵 에디터이고, 나무줄기는 오브젝트로 제작된 모델링 오브제이다. 테러인과 오브젝트가 이질감 없이 표현될 수 있도록 주위를 기울일 필요가 있다.

동굴 형태의 입구에 이 정도만 오브젝트를 배치해도 충분히 효과를 볼 수 있다.

∷ 게임 클라이언트와 BCA와의 비교 검토

위의 작업 흐름에 맞추어 결과물을 체크해 보자. 실 결과물은 UI 작업 라인이 들어가기 때문에 완료된 작업물을 보면 많은 보람을 느낄 것이다.

*
UI: 유저 인터페이스의 줄임말로, 게임 화면을 구성하는 명령 창의 디자인적인 통칭

실 게임상에 차지하는 UI*의 비중이 생각보다 크기 때문에 배경에서 어느 정도 넓은 공간을 디자인한다는 생각으로 작업하는 것이 바람직하다. 게임에는 배경만 들어가는 것이 아니라 몬스터, 캐릭터, UI 이펙트 등이 들어가기 때문이다. 이때는 너무 많은 볼륨이 들어가면 안 되며, 너무 적은 볼륨이 들어가서도 안 된다.

포크와 호수 몬스터가 배치된 상태의 게임이다.

캐릭터를 중심으로 시각적인 편안함과 밀도감을 살리면서 게임 클라이언트의 완성도를 높이기 위해서는 게임 안에서의 반복 체크를 잊지 말아야 한다.

추가 지역의 지역 설정화로, 최초 설정 구성 작업 진행 과정에서 포스터로 제작

마을의 BCA 구성 방법

CHAPTER 03

⠿ 배틀 필드(싸움터)를 연결하는 마을을 구성하려면

MMORPG를 해 본 사람들이라면 일정 필드에서 레벨 업을 해야 할 필요성을 느낄 것이다. 레벨 업 구간과 구간을 연결하면서 필요한 아이템과 필요한 능력치를 얻고, 퀘스트를 수행시키는 역할을 담당하는 것이 바로 이 마을이다.

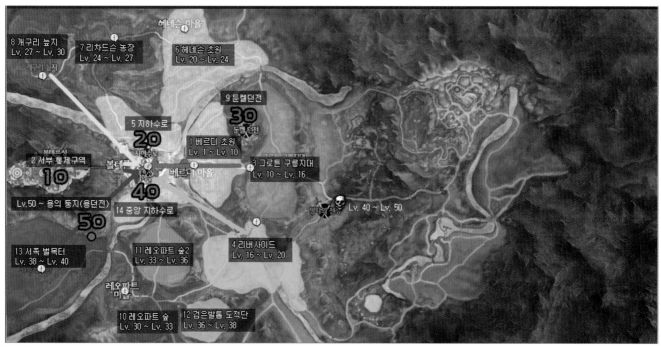

지역을 레벨별로 구분하여 필드상의 게임 밸런스를 설정한 것이다.

아래쪽의 파란 지역이 위의 레벨 디자인을 바탕으로 필드와 필드를 연결해 주는 마을의 위치를 표시한 곳이다. 필드 중간 중간에 NPC도 존재하지만 보통은 마을에 퀘스트 및 아이템을 보충할 수 있게 된다. 필드의 배치되는 마을의 디자인적인 종류는 크게 캠프, 일반 마을, 전초기지 등으로 크게 나눌 수 있다.

시나리오나 그때그때의 상황에 따라 다양한 표현을 할 수 있도록 다양한 자료를 확보할 것을 권한다. 배경의 경우는 거의 자료 싸움이기 때문이다. 어울리는 풍경이나 비슷한 게임들, 그리고 유적지 또는 모양 등의 자료를 보유하는 것은 BCA 작업에 많은 도움이 된다. 필자의 경우 일본 콘솔 게임 개발팀에서 게임 업계에 뛰어들었기 때문에 가급적이면 이런 장점을 살려서 콘솔식의 마을을 구성하려고 노력한다. 마을이나 캠프의 경우 많은 스토리적인 의미를 포함하기 때문에 게임의 포인트적인 매력으로서의 역할을 할 수 있다.

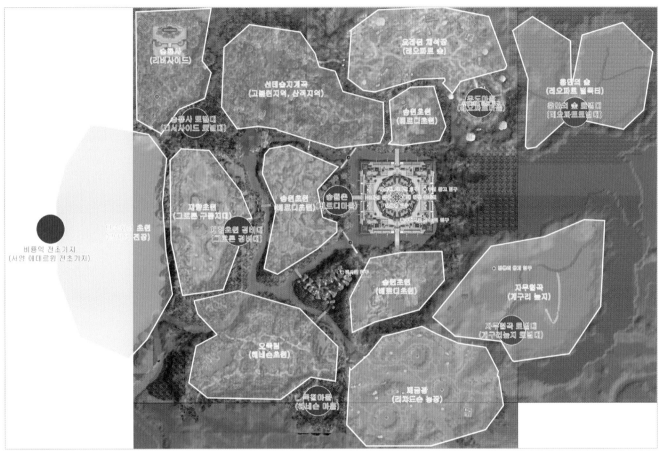

필드상의 마을에 위치

마을의 BCA 작업은 배경의 기초를 공부하는 작업자라면 가장 적당한 배경의 교과서적인 테마이다. 볼륨이 크지도 작지도 않으며, 적당한 기간과 적은 제원으로 가장 쉽고 빨리 결과물을 볼 수 있기 때문에 그 작업자의 역량도 쉽게 가늠할 수 있다. 여기서는 기획서를 통한 BCA 작업과 그에 따른 게임상의 결과물을 일련의 과정을 통해 도출하는 프로세서를 설명하였다.

마을의 기획서와 그에 따른 마을 제작 과정

1 캠프의 설정서

다음의 BP를 유심히 살펴보자. 러프하게 설정된 맵 에디터 데이터를 화면 캡처하여 그 위에 적당한 볼륨으로 설명하고 있다. 이 주둔 지형 마을에는 울타리와 경계 탑 캠프 등과 같은 여러 가지 소도구들이 첨가된다.

기획자의 의도는 금방이라도 전쟁에 돌입할 것 같은 긴장감을 조성해 달라는 리퀘스트이다.

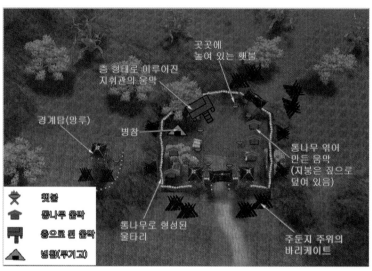

게임에 사용했던 러프 단계의 에디터 데이터를 조합하여 기획서에 반영한 이미지

기획서의 내용을 디자인한 BCA를 살펴보면 캠프의 경우 그렇게 많은 데이터가 요구되지 않는데, 여기서 조금 발전된 단계라고 볼 수 있는 것이 주둔지 정도의 볼륨이다.

양쪽의 벽을 맵 에디터를 통하여 올리고, 길 사이를 막는 이미지로 잡아 주는 형식으로 잡아 보았다.

2 캠프의 설정화

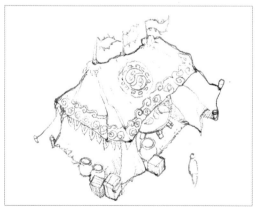

천막 일반 형태의 A형

천막 일반 형태의 B형

천막은 캠프를 꾸미는 핵심 요소로 다양하게 활용할 수 있다. 천막의 경우 2~3가지 정도를 만들어 두면 텍스처만 약간 변경하여 다른 지역에 사용해도 무방한 오브젝트이므로 너무 지나치게 특징을 잡지 말고 디자인하는 것이 좋다.

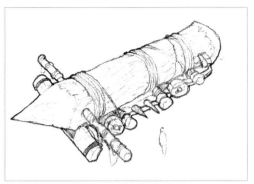

공성 전용 성문 파괴용 기구

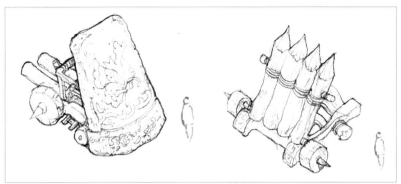

공성 전용 방어 기구

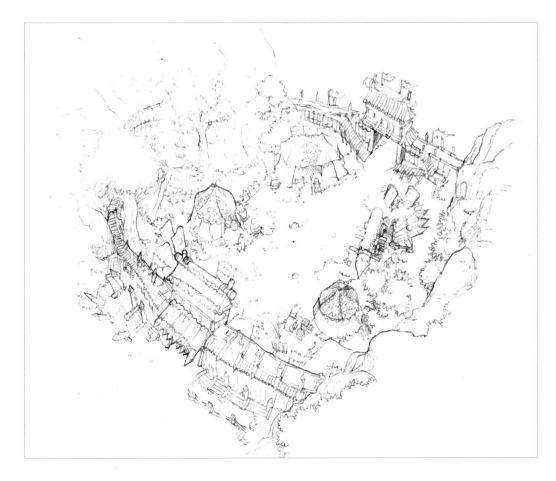

다음은 주둔지 등에 들어가는 소도구들이다. 소도구들은 전투 분위기를 살릴 수 있는 오브젝트 위주로 디자인된다. 필자는 다음과 같은 소도구들을 준비했다. 이 밖에도 횃불, 화로, 깃발 등이 있으며, 기획서에서 소도구들까지 지정하여 주기는 어려우므로, 해당 게임 설정에 맞게 이미지를 잡아 보기를 권한다.

여기서 필자가 강조하고 싶은 것은 판타지 RPG는 발상의 참신함과 신선함이 있어야 한다는 것이다. 천막 하나 기둥 하나에도 차별화를 생각하면서 구성해 나가자. 가장 흔한 실수는 인터넷 이미지를 검색하여 여과 없이 활용하는 것이다. 지금 개발하고 있는 게임의 독창성을 생각하고 조금이라도 아이디어를 연구하는 것이 BCA를 하는 작업자가 해야 할 일인 것이다.

시나리오적인 일반 마을 꾸미기

1 지면의 고저 차를 이용한 배치

앞 장이 간단한 베이스캠프의 개념에 해당하는 설명이었다면 이번 장은 본격적인 마을 제작에 대한 설명이라고 할 수 있다. 시나리오적인 마을이란, 게임의 세계관에 해당되는 이야기에 중심이 되는 퀘스트에 따른 연결고리를 담는 배경을 말한다. 간단한 마을을 표현하는 것이라고 해도 다양한 표현을 생각할 수 있다. 필자가 현장에서 느낀 작업자들의 경우 이 층*개념에 취약한 경향이 있다. 쉽게 말해서 건물에 높낮이로 재미를 주기보다는 건물 자체의 형태적인 특징에 매달리는 경향이 많다는 것이다. 다음 참고 이미지는 중앙을 중심으로 약간의 층을 형성한 마을이다.

*
층 맵 에디터의 지면 부위에 건물을 배치할 때 마치 건물의 층이 있는 것처럼 지형을 계단의 층처럼 배치하는 방법이다. 지형의 높낮이가 다른 것만으로도 다양한 바레이션이 된다.

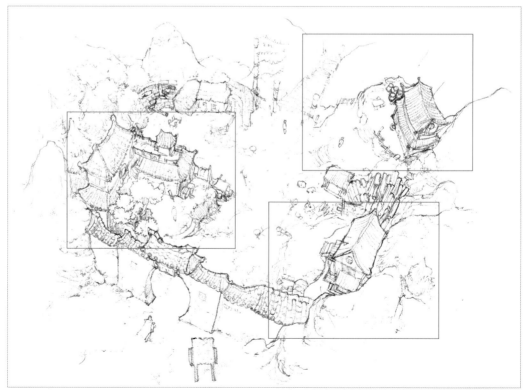

시나리오적인 마을을 꾸미는 작은 건물들의 구성

2 유저의 동선에 따른 배치

표시된 박스와 같이 일정한 건물에 층을 주면 캐릭터가 이동할 때 동선상의 재미를 더할 수 있게 된다. 또 NPC의 시각적 위치도 좀 더 쉽게 파악할 수 있게 되며, 길과 건물과의 공간적인 구분도 쉬워진다. 가장 중요한 장점은 지형의 굴곡을 줌으로써 배치 오브젝트의 양을 줄일 수 있다는 것이다. 굴곡이 일정하게 잡히는 것만으로도 유저의 지형적인 재미를 유도할 수 있다.

유저의 동선의 경우, 보는 바와 같이 깔끔할 정도로 주 동선을 방해하지 않는 범위 내에서 잡아 주면 양쪽 지형의 지형적인 고저 차를 이용하여 주 도로와 NPC들과의 구분을 두어 퀘스트를 동시에 수행 가능하도록 조정할 수 있다. 앞쪽에 마을을 감싸는 벽을 두는 방식과 같이 약간의 BCA적인 센스를 발휘하는 것도 좋을 것이다.

화살표는 유저의 동선을 나타낸다.

3 마을을 꾸미는 구성 오브젝트들

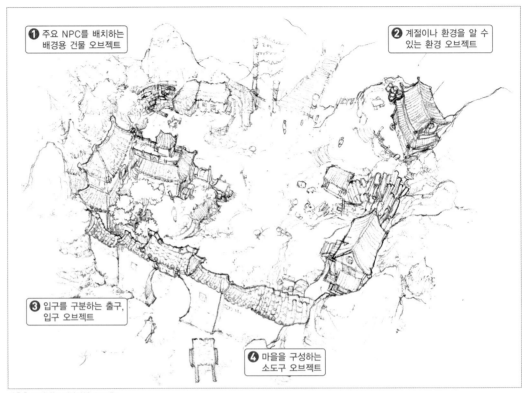

❶ 주요 NPC를 배치하는 배경용 건물 오브젝트

❷ 계절이나 환경을 알 수 있는 환경 오브젝트

❸ 입구를 구분하는 출구, 입구 오브젝트

❹ 마을을 구성하는 소도구 오브젝트

마을을 구성하는 대략적인 오브젝트

한 마을을 구성하기 위해 일반적으로 필요한 오브젝트들을 정리해 보았다.

❶ 주요 NPC를 배치하는 배경용 건물 오브젝트

퀘스트를 제공하는 NPC는 일반적으로 마을에 있는 건물의 앞쪽에 배치한다. NPC를 중심으로 앞쪽에 어느 정도의 여유가 있는 공간을 제공하며, 주위의 환경을 알 수 있는 환경 오브젝트들도 같이 배치한다.

❷ 계절이나 환경을 알 수 있는 환경 오브젝트

나무, 풀, 모닥불, 등불 등의 조명과 자연물 등으로 BCA 환경을 표현한다. 오브젝트 제작이 가장 힘든 부분이자 많은 배치 경험이 필요한 부분이다.

❸ 입구를 구분하는 출구, 입구 오브젝트

경계를 주어 안전 지대임을 나타내기도 하고, 바리케이드나 울타리로 경계를 만들어 몬스터가 진입하지 못하는 지역으로 설정하기도 한다.

❹ 마을을 구성하는 소도구 오브젝트

마을의 특색을 표현하는 오브젝트들이다. 다른 지역과 차별화할 수 있는 요소들을 제작하는 것이 바람직하다.

4 맵 에디터의 결과물과 BCA 결과물의 비교

정확한 색감 외의 형식적인 구성은 거의 BCA 작업에 맞추어 작업되어 있다. 맵 에디터 작업자에게 위의 설정
화를 잡아 주는 일은 BCA 작업자의 중요한 역할이다.

맵 에디터의 결과물

지면의 고저 차를 살린 배치

여기에 소도구들의 위치는 실 작업자들 간의 커뮤니케이션이 중요하리라 본다. BCA 작업이 끝났다고 하더라
도 항상 3D로 제작된 결과물의 도출 상태를 체크하는 것은 매우 중요한 작업이다. 다음은 맵 에디터를 통해
체크한 마을 설정의 결과물을 화면 캡처한 것이다.

:: 성의 역할을 하는 작은 성, 전초기지

▌ 전초기지의 역할

성을 만드는 일은 대단한 노력과 정성을 기울여야 하는 작업이다. 성은 길드와 각종 섬세한 부분까지의 아이템 상점 및 콘텐츠를 보유하게 되고, 반대로 마을은 간단한 사냥을 위한 NPC 정도를 보유한다. 성의 제작에는 거의 1년 이상의 제작 기간이 걸리기도 하고, 완벽한 시스템을 시험하고 적용하기까지는 더욱 오랜 시간이 걸린다. 이러한 성의 역할을 하면서 거대한 빌드의 중간 난계의 역할을 해 주는 것이 바로 전초기지이다. 언뜻 보면 성의 규모라고도 할 수 있고, 그 볼륨의 설정에 따라서는 다양한 쓰임새를 가지기도 한다.

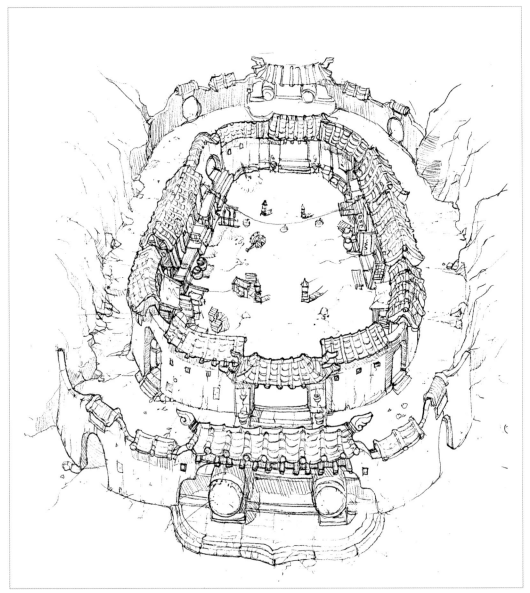

전초기지를 위한 BCA 작업물

성의 역할을 대신하는 간단한 상점

② BCA와 결과물과의 비교 검토

볼륨을 화면으로 체크해 보면 3D 작업의 볼륨이 크지 않은 것을 확인할 수 있다. 작은 상점들과 몇 가지 소품으로 성의 역할을 할 수 있는 공간을 꾸밀 수 있다.

게임의 30레벨 사냥터에 배치되는 작은 규모의 전초기지이다.

3 유저의 동선에 따른 성과 전초기지의 활용 비교

월드 맵에서 보면 볼륨적인 성(城)과의 차이를 확실히 느낄 수 있을 것이다. 주황색 원을 중심으로 커버 가능한 필드의 영역은 서로 비슷하고, 반대로 그에 따른 작업량은 10분의 1 이하가 된다.

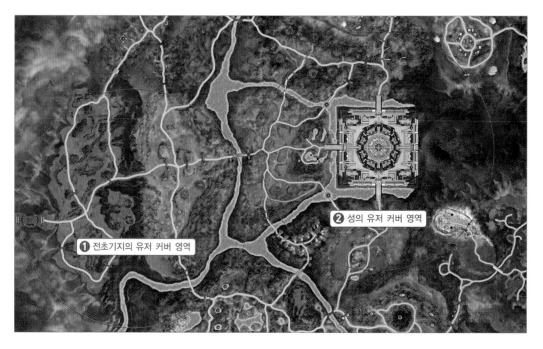

❷ 성의 유저 커버 영역

❶ 전초기지의 유저 커버 영역

필드에 있어서 마을의 의미

마을을 구성하는 것은 그 게임의 색깔을 결정하는 것과 같다. 캐주얼 게임인가, 하드코어적인 게임인가, 아동 유저 중심의 게임인가 등의 마케팅적인 요소와 해당 게임이 추구하는 세계관을 한눈에 볼 수 있다. 성(城)과는 달리 다양한 색상이 필드에 묻어 있기 때문이다.

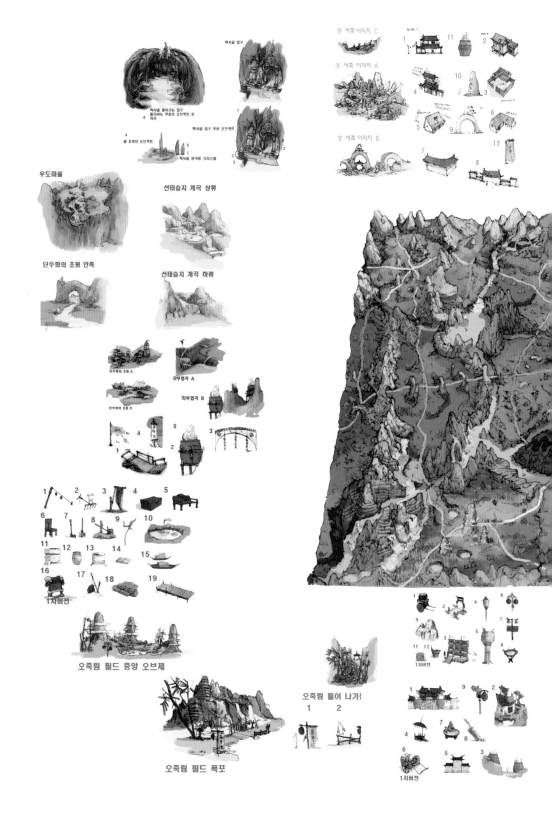

백사굴 입구

성 서쪽 이미지 C

성 서쪽 이미지 A

성 서쪽 이미지 B

우도마을

선태습지 계곡 상류

단수화의 초원 안쪽

선태습지 계곡 하류

차무협곡 A

차무협곡 B

오죽림 필드 중앙 오브제

오죽림 들어 나가기

오죽림 필드 폭포

1차버전

1차버전

1차버전

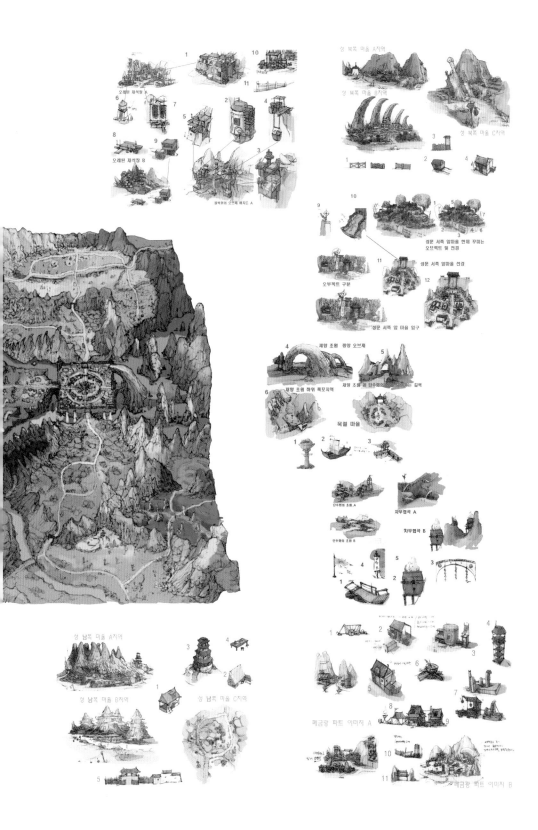

배경 콘셉트 아트 제작을 위한 온라인 게임의 중심 '성'

성(城) 작업의 진행은 무엇보다 BCA팀의 작업 역량이 시험대에 오르는 무대와도 같다. 만약 결과가 좋지 못하면 정식 서비스를 시작하였더라도 리스크를 계속 안고 가야 하기 때문에 타 부서와의 연동이 필요하다. 다시 한 번 강조하지만 성에 대한 철저하고 조직적인 준비를 하지 않고 일정에 쫓기어 작업하는 케이스는 매우 심각한 결과를 초래하게 될 가능성이 크다. 사람으로 치면 심장부와 같은 위치를 차지하기 때문에 치밀하게 구성하지 않는다면 모든 시스템이 뒤엉켜 버리기 때문이다.

온라인 게임 업계에 들어와서 가장 크게 고생하는, 특히 아트디렉터가 되었을 때 그 책임을 절감하는 것이 바로 이 '성'이다. 작업 기간이 마치 무한대로 걸릴 것 같은 성의 시스템 설계 및 게임 구조와 수차례의 걸쳐 제작되는 성 자체의 데이터 또한 그러하다. 필자는 온라인 게임 신작이 발표되면 항상 성을 제일 먼저 방문한다. 온라인 게임과 다른 게임의 차별화도 성에서 이루어지며, 그 게임의 컬러도 이 성을 바탕으로 결정된다. 하지만 열심히 만들어도 역시 항상 가장 마음에 들지 않는 것이 바로 이 성이다. 보통 성 제작의 경우 짧게 잡아야 1년 정도면 시스템과 함께 어느 정도 사용될 수 있는 정도로 완성되고, 길어지면 3년까지도 걸린다. 잘못 설계된 성의 경우 상상도 할 수 없는 리스크가 발생하고, 한 번 만들어진 성을 허물고 다시 만드는 일은 작업자나 경영자나 너무도 많은 희생을 감수해야 한다. 그만큼 성은 모든 커뮤니티의 장소이자 그 게임의 시스템을 한눈에 볼 수 있는 곳이자 그 게임의 세계관이 표현되는 곳이라고 하겠다. 그러다 보니 공성전이나 성을 사수하거나 뺏는 시스템도 생기고 성주, 군주 등의 시스템이 있는 게임도 등장하였다.

여기서는 성을 설계하고 제작하는 방법을 실 작업의 결과물을 바탕으로 설명하고자 한다. 이에는 다소 주관적인 의견이 포함되어 있기는 하지만 이 책에 실린 제작 과정이 새로운 게임을 디자인하는 작업자나 BCA 입문자들에게 도움이 될 수 있기를 바란다.

∷ 기획서의 이해와 성 배경 콘셉트 아트 시작하기

1 기획서의 이해

성은 시스템적 목적이 가장 중요다고 생각하지만 이보다 더 중요한 것은 마케팅적인 요소라고 할 수 있다. 멋진 성을 만들 수 있다는 것은 그만큼의 기술력과 BCA 능력을 가지고 있는 기업이라는 뜻이다. 마을과 성의 근본적인 차이는 간단히 설명하면 한마디로 작은 시장과 큰 시장의 차이와 같다. 큰 시장이 되면 그만큼 더 자세하고 복잡한 시스템, 즉 거래소, 길드, 펫 상점, 마스터 등을 만날 수 있다. 승급이나 승직* 퀘스트 시작점이 되기도 하고, 공성전을 준비하기 위한 길드 모임의 장소로 사용되기도 하며, 개인 간 거래가 이루어질 수 있는 거대한 장터가 생기기도 한다. 유명 온라인 게임을 경험한 유저라면 길거리에 수많은 개인 상점이 펼쳐져 있는 광장의 모습을 본 적이 있을 것이다.

*
승직 승직이란, 게임에서 스킬이나 기타 고급 스킬을 얻는 기준이 되는 레벨 단위에 생기는 일종의 테스트이다. 이런 정기적인 테스트를 거쳐 좀 더 새로운 기술이나 능력치를 얻게 된다.

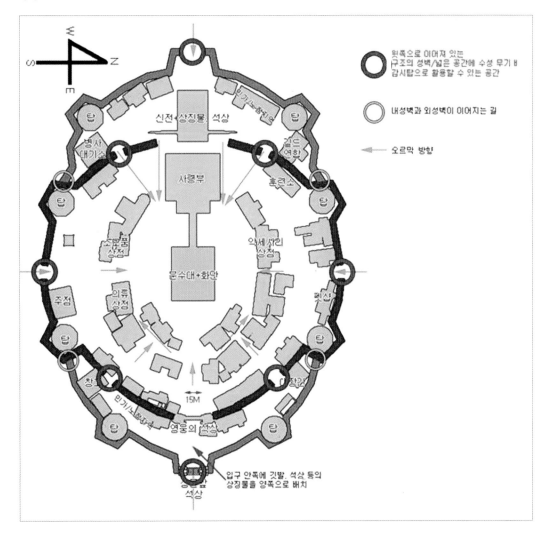

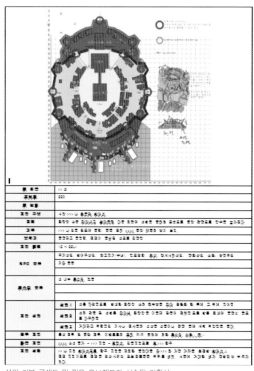

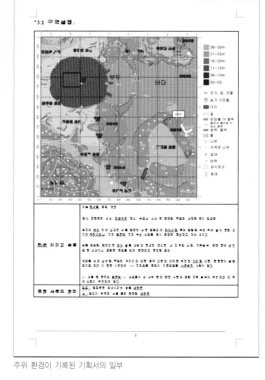

성의 기본 콘셉트 및 필요 오브젝트가 서술된 기획서

주위 환경이 기록된 기획서의 일부

＊
이미지 보드 원래는 애니메이
션에서 적용된 시나리오 콘티
에서 유래된 시나리오 보드의
역할을 하는 기능이다.

② 러프 스케치의 진행

성을 기획하기 전에 러프 스케치나 성에 대한 기본 이미지 보드＊를 만드는 것이 좋다. 기획자의 디자인적인
센스를 요구하는 것은 다소 욕심일 수 있는 부분이기 때문이다.

성의 중앙 광장과 입구의 러프 스케치 과정

3 러프 모델링의 테스트

다음은 러프 모델링 등으로 실 데이터처럼 러프 모델링을 클라이언트에 올려 본 테스트 성 데이터이다. 박스 형태의 단순한 모델링을 기초로 하여 최대한 간단한 모델링으로 클라이언트에 올려 본다. 기본적인 시스템이 갖춰진 상태에서 시행하였으므로, 실 위치에 NPC 등을 세워 보고 기본적인 거래를 할 수 있도록 사내 테스트를 시행해 볼 것을 권한다. 만일 거래나 길드 같은 복잡한 커뮤니티 기능이 아직 구축되지 않았다면 간단한 저 레벨 퀘스트만이라도 테스트 과정을 거치는 것이 중요하다.

위의 화살표는 중요 아이템 샵을 중심으로 간단하게 표시했다. 이 상태의 테스트에서 가장 중요한 것은 모든 팀들의 협조이다. 일정에 쫓기는 게임 업계에서 게임 테스트를 위해 그래픽의 업무를 중단하고 테스트하는 일이 흔히 발생하는 반면, 그래픽 더미(샘플)* 테스트를 위하여 다른 팀들이 일정을 조정하는 일은 그리 쉬운 일이 아니다.

여기서 테스트의 중요성을 강조하는 이유는 눈으로 완전히 보일 때까지 작업하기에는 작업 시간이 많이 걸리고, 위의 러프 모델링 정도라면 기본적인 유저의 동선 아이템 샵의 크기나 폭, 광장의 넓이 등의 최소 범위를 테스트해 볼 수 있기 때문이다. 위의 러프 모델링이라면 10번이든, 20번이든 허물고, 이를 다시 조정하는 일은 2~3일 정도면 가능하다.

*
더미 일종의 테스트를 위한 시스템상 같은 역할을 하지만 그래픽적으로는 기초적인 외형만 갖춘 형태를 말한다.

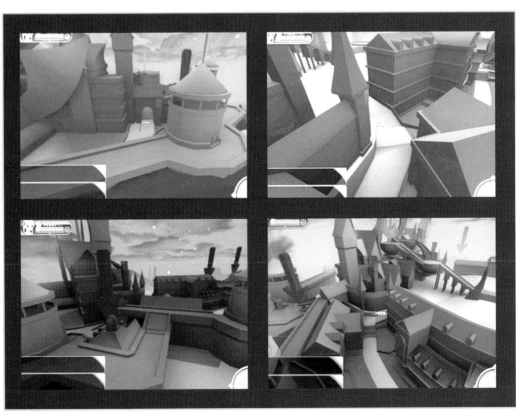

클라이언트에 적용하여 본 러프 모델링

구체적 배경 콘셉트 이미지 보드 완성해 보기

몇 단계의 테스트 과정을 거친 후에는 이를 시각적인 퀄리티로 끌어올리는 작업에 들어간다. 아래 그림처럼 구체적인 것 같으면서도 구체적이지 않은 이미지를 제작하여 BCA 제작팀과 공유하고 작업을 시작한다.

이미지 보드는 팀원과의 퀄리티 관리를 위해 매우 중요한 역할을 한다. 위의 작업물은 펠튼성의 초기 제작 이미지이다. 후반부에서 많은 변화가 있었지만, 기본적인 콘셉트인 '판타지의 성', '밝은 채도와 명도', '파스텔 톤의 건축 무늬', '로코코 형식의 장식'이라는 테마를 가지고 작업을 했다. 이미지 샘플이 많을수록 제작팀이 공통적인 퀄리티 의식이 높아질 것이다.

필자가 현장에서 경험한 예를 들어 설명해 보자면, 게임 개발 중 초기 개발 단계에서 참고로 벤처 마케팅을 하거나 게임을 어느 정도 클리어하여 제작팀 참고용으로 자리를 하나 만들어 세팅한 적이 있는데, 작업자들이 작업 중간중간 참고하면서 자신들이 만드는 그래픽에 대비하며 체크함으로써 한 달이 안 되는 기간 동안 많은 효과를 거둔 적이 있다. 의식적으로 어느 정도 퀄리티를 가진 게임이나 이미지는 제작팀 간 공유를 할 경우 상당한 퀄리티 향상을 도모할 수 있다.

프로젝트 진행을 위한 이미지 보드

:: 성 작업의 시작

펠컨성은 기획 당시 두 번째 서양 성이었다. 이것은 어느 정도의 제작상의 시행착오를 경험한 제작팀이 진행한 점도 있었고, 결과물 자체의 볼륨을 설정할 때도 데이터양을 줄인다는 것을 의식하면서 BCA 작업에 들어갔기 때문에 만족할 만한 결과물을 도출할 수 있었다.

작업에 들어가기 전에 제작팀을 위해 다음과 같이 정리한 이미지 컷 한 장을 공유했다. 아래 그림은 성 내부와 외부를 구성하는 아이템 샵과 정문 등의 특징적인 이미지들과 전체를 구성하는 기본 건물의 스타일을 담은 원화이다.

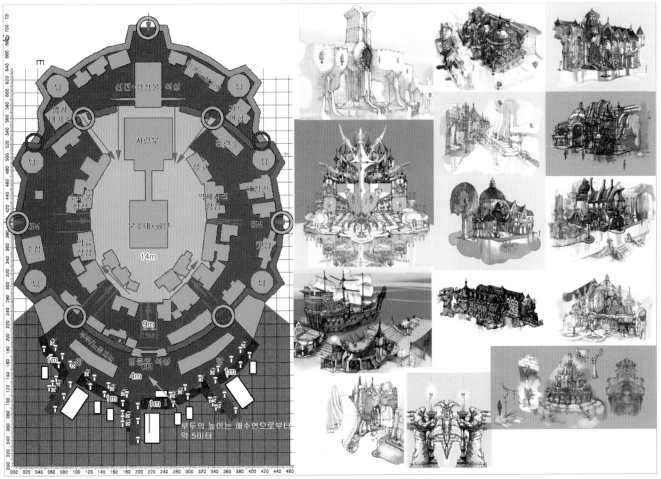

한눈에 알아볼 수 있도록 하나의 이미지로 통일한 콘셉트 원화

1 일반 건물의 설정

성 전체를 전부 오리지널한 작업으로 진행한다면 가장 좋은 결과물이 나올 것이다. 하지만 이때는 작업적인 한계와 3D 팀원의 현실적인 면을 고려하지 않으면 안 된다. 특히, 일반 건물, 즉 아이템 샵이나 특수 건물을 제외한 바레이션을 위한 일반 건물들은 하나의 패턴을 정한 후에 변형하여 제작하는 것이 바람직하다.

일반 건물의 제작 원화

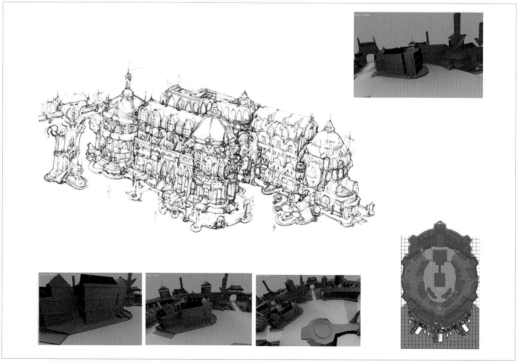

성 배경 콘셉트 테스트 이미지와 선화

∷ 좀 더 구체적인 작업으로 접근하기

1 성벽과 후문의 BCA 작업

3D 기본 모델링을 제공하는 방법 중에서 BCA 작업을 소개하겠다. 모델링은 3D 프로그램으로 모델링을 만들 제작팀에게 제공하였다. 이 작업의 경우 꼭 3D로 작업을 해야 한다는 규칙이 있는 것은 아니다. 학생 시절 어느 정도의 기본 모델링 작업을 배워 두는 것도 많은 도움이 되리라 생각한다. 필자의 경우는 일본 게임 업계에서 모델러로서 활동한 경험이 있기 때문에 이를 활용한 작업들을 종종 하곤 한다.

이하 작업 설명(넘버링)은 실 작업에 쓰인 그대로의 문장을 현장감 있게 그대로 적었으며, 실무적으로 느낄 수 있도록 하였다.

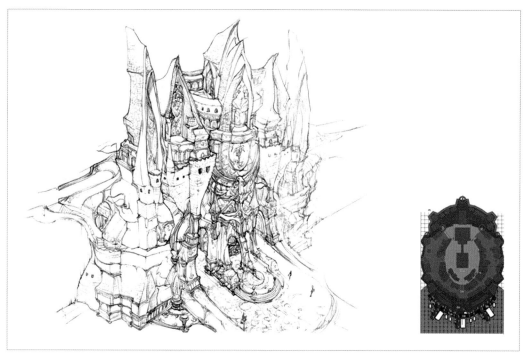

작업 설명 1_1

후문 : 폴리곤 수를 2,000~3,000개 정도로 작업하였다. 최초 설정에서는 정문이었지만 후문으로 디자인을 변경하여 필드 쪽에서 오는 유저가 쉽게 알아볼 수 있도록 중앙에 6개 정도의 조명을 설치할 예정이다. 스테인드글라스에서 나오는 은은한 빛이 바닥을 향해 떨어진다. 중앙 통로가 양쪽 갈래로 돌아가는 형식으로 앞쪽에서 보면 거의 안쪽이 보이지 않는 구도로 작업을 하였는데, 이는 나중에 로딩의 부담을 줄이기 위함이다.

작업 설명 1_2 스테인드글라스는 약간 아래쪽을 바라보도록 모델링하여 조명이 바닥쪽으로 떨어지게 한다.
작업 설명 1_3 앞쪽의 로코코 양식의 기둥 중앙 부분에 크리스털이 있고, 그 주위를 둘러싼 장식이 있는 금장 기둥이다.

다음은 모델링을 이용한 커뮤니케이션의 한 방법이다. 다음과 같이 작업을 하는 이유는 자신이 그린 디자인은 어느 정도 3D 구성 능력만 생기면 모델러보다 더 빠르고 정확하게 만들어 전달할 수 있기 때문이다.

3D 모델링의 최대 장점은 모든 각도에서 설명이 가능하다는 것이다. 2D는 3D와 달리 윗면, 뒷면 같은 곳을 설명하거나 표현할 때 제약이 많이 따르며, 표현하는 데 많은 시간을 필요로 한다. 275쪽 상단의 이미지에서 보는 바와 같이 어느 각도에서도 제작상의 복잡한 구조를 한 번에 설명할 수 있다. 모델러 또한 이 이미지를 참고용으로만 사용하고 절대적으로 사용할 필요는 없다.

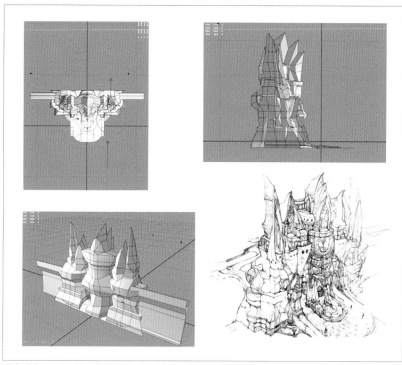

작업 설명 1_4 중앙 통로가 양쪽 갈래로 돌아가는 형식으로 앞쪽에서 보면 거의 안쪽이 보이지 않는 구도이다.
작업 설명 1_5 뒷면은 경우에 따라 앞면을 밀러로 돌려서 만들어도 무방하다.

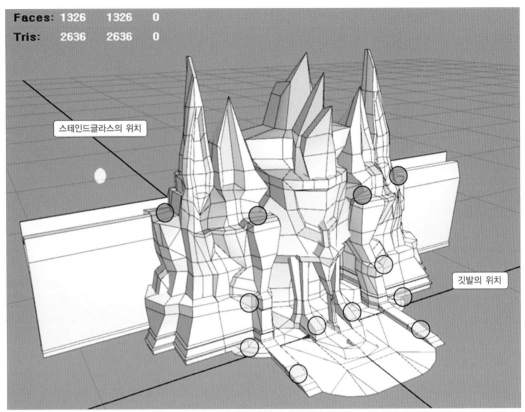

Faces: 1326 1326 0
Tris: 2636 2636 0

스테인드글라스의 위치

깃발의 위치

작업 설명 1_6 스테인드글라스의 조명이 안쪽에서 비추고, 바깥쪽은 원형 유리 스테인드글라스 – 중앙의 큰 스테인드글라스는 하루 종일, 나머지는 낮과 밤에 따라서 비춘다.

② 성벽의 구성

이 성의 성벽 구성에서 중요한 점은 성벽의 윗부분을 톱니바퀴형이 아닌 나선형으로 잡아 BCA적인 디자인에 세련미를 더하고, 폴리곤 수의 부담도 줄이는 것이다.

작업 설명 1_7 처음 설정화에서는 톱날 형 일반 성문을 구상하였지만 이미지 완성도나 구성면에서 밑에 설명될 방법으로 변경한다. 그 이유는 폴리곤 수를 10분의 1로 줄일 수 있기 때문이다.

작업 설명 1_8 중앙에 물이 얇게 흐르고, 그 중간으로 스테인드글라스의 유리 원형 상징물 사이로 빛이 새어
나오는 설정이다. 중앙 빛은 저녁이 되면 비친다.

작업 설명 1_9 지도로 봤을 때 서쪽과 동쪽은 남쪽과 북쪽보다 높이를 다소 낮게 조정하여 전체가 보이는 것
을 방지한다(게임 로딩 문제 1). 기본적으로 성 안쪽의 건물들은 4층 정도의 높은 건물로 구성될 예정이다.

작업 설명 1_10 성벽 위쪽은 올라갈 수 있지만 설정 변경으로 인한 부하가 많이 걸리는 항구 쪽과 후문 쪽의
위는 통제한다.

성벽에 배치되는 성벽과 성벽을 이어 주는 큰 돌출물, 기본 패턴이 되는 성벽을 모델링으로 표현, 제작하여 제
시하였다.

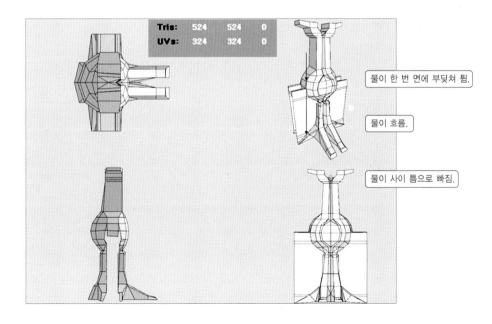

성벽과 돌출물, 그리고 후문을 연결한 입체적 구성을 모델링으로 제시하였다. 원화와 일정한 차이를 가지고 있지만 제작팀에 쉽게 전달할 수 있도록 이미지지화하였다.

위와 같이 모델링을 잘 활용하면 좀 더 복잡하고 디테일한 원화라도 의도를 그대로 전달할 수 있다. 원화만을 전달할 경우, 해석하는 사람에 따라 여러 가지 방향으로 제작 결과물이 나오게 된다. 텍스처의 질감이나 폴리곤을 나누는 방법에 따라서 결과가 천차만별이라고 해도 과언이 아니다. 가장 중요한 것은 뜻이 똑바로 전달되는 것보다는 퀄리티가 높은 결과물을 도출해낼 수 있는지이다.

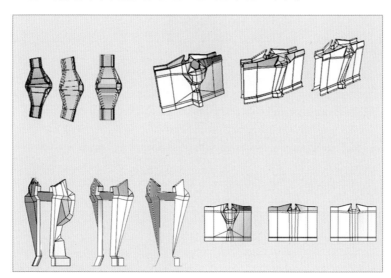

작업 설명 1_11 둥근 형태의 블록 형태로 전망대가 있는 것. 직선 형태의 성벽 등 대략 2가지 이상의 성벽 스타일로 제작한다.

성 후문의 작업 결과물(맵 에디터)

콘셉트 원화

3D화한 이미지를 BCA의 조금 더 밝은 느낌으로 표현할 수 없었지만 그런대로 재질감을 잘 살려 완성되었으며, 특히 스테인드글라스 창 부분이 매우 만족스럽게 연출되었다.

:: 성의 특징 살리기

▮ 정문의 석상 작업

성을 방문하여 정면으로 어필할 수 있는 이미지로서 거대한 석상을 작업하였다. 이 부분은 제작 과정에서 캐릭터 3D 제작팀의 공조가 필요하다. 석상의 경우 배경 3D팀이 제작하는 것은 거의 불가능하다. 몇 차례 여러 작업자들을 통해 작업을 진행한 적이 있지만, 좋은 결과는 얻지 못했다. 위의 석상과 같이 포즈가 있는 석상의 경우 모델링을 기본 자세로 만든 다음, 바이패드 세팅을 하고 포즈가 잡히면 바이패드*를 삭제하는 방법을 추출해낼 수 있다. 어느 정도 UV 작업*을 끝낸 상태에서 3D 배경팀이 그 텍스처에 재질을 넣어 주는 것이 가장 바람직한 작업 방식이다. 작업을 진행하다 보면 특히 성이나 유적지에서 이러한 석상을 잡아 주는 경우가 종종 생길 것이다. 그런 작업에 맞는 팀 간의 작업 공정을 만들어 두는 것도 중요한 일이다.

여기서 잊지 말아야 할 것은 석상이 커지면 커질수록 유저가 보이는 석상의 하단 부분은 텍스처를 많이 사용하고, 위로 갈수록 텍스처의 사용 양을 적게 하는 방식으로 제작할 필요가 있다는 것이다. 아무리 좋은 디자인이나 모델링이라 하더라도 크기가 커지면 좋지 않으므로, 이러한 부분별 텍스처의 활용을 지켜 주는 것이 좋을 것이다.

> *
> **바이패드** 3ds Max에서 뼈대를 만드는 인공적인 뼈대가 세팅된 상태를 말한다.
>
> **UV 작업** 면이 되는 폴리곤에 일정 넓이만큼 텍스처를 붙이는 영역 설정 작업이다.

작업 설명 1_12 막혀 보이지 않도록 석상이나 스테인드글라스의 이미지를 많이 살려 준다. 양쪽 면에서 보아도 빛이 들어오는 것처럼 이펙트를 표현해 준다.

작업 설명 1_13 성 기사의 창 위쪽과 스테인드글라스의 밑쪽 부분에 은은한 포인트 라이트 또는 이펙트를 넣어 준다. 매우 거대하게 막고 서 있기 때문에 위협감을 느끼기 쉽다. 창 사이로 흘러나오는 빛 등으로 보는 사람이 답답한 느낌이 들지 않도록 배려한다. 성 기사의 발 밑에 있는 조명을 보면 캐릭터의 크기와 비례를 파악할 수 있다.

② 성의 본부

이번에는 성 BCA에 기본이 되는 중요도 높은 건물들의 제작에 대해 설명하기로 한다. 중앙 광장 본부에 북쪽에 자리한 본부 건물의 BCA를 예로 들어 보면, 중앙에 유저들이 모일 경우 너무 많은 데이터 양을 차지하게 되어 부하가 생길 수 있다. 되도록이면 한눈에 알아볼 수 있고, 특징이 있으면서 눈에 금방 들어올 수 있도록 제작하는 것이 중요하다.

본부 건물의 콘셉트 원화

특히, 사람들이 많이 모이는 중앙 광장 앞 건물, 술집, 길드, 거래소는 왕래와 커뮤니티가 활발하게 됨으로써 되도록 시각적인 특징을 주도록 노력하였다. 다음은 중심이 되는 중앙 본부의 원화이다. 보는 바와 같이 더미 모델링의 경우는 중앙의 상징물이 결과물과 다른 검을 기본으로 잡았지만 차후 변경되었다. 이러한 변경 사항을 유연하게 집어 넣을 수 있는 것도 초기 작업에서 여러 번의 테스트가 가능했기 때문이다.

본부 건물의 컬러 이미지 보드

❸ 성의 술집

술집의 경우도 빨간색 지붕, 르네상스식 정원, 식탁 및 의자 등을 사용하여 고급스러운 분위기를 조성하였다. 특히, 유저들이 퀘스트를 받을 수 있는 NPC를 배치할 수 있는 공간을 충분히 마련해 두는 것이 중요한 포인트 라고 할 수 있다.

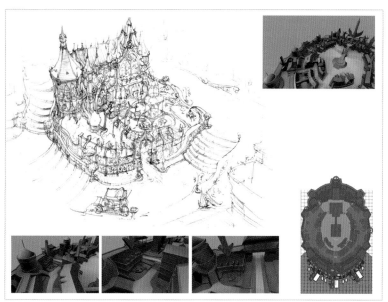

술집 건물의 콘셉트 원화

술집 건물의 컬러 이미지 보드

4 성의 펫 상점

펫 상점의 경우도 신비로운 느낌이 나올 수 있는 색감과 직관적으로 알아볼 수 있는 금장과 대리석 재질 등을 사용하여 고급스러움을 유도했다. 특히, 마차의 경우는 성의 일정한 거리를 왕복하도록 NPC 처리를 구상하면서 작업하였다.

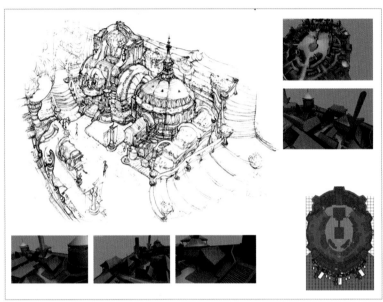

펫 상점 건물의 콘셉트 원화

펫 상점 건물의 컬러 이미지 보드

5 성의 항구

다음은 이 성의 특징인 항구이다. 항구는 자칫 복잡해질 수 있는 부분이 많기 때문에 주의를 기울일 필요가 있다. 그러나 배를 하나 만들어 두면 거의 항구 전체 지역을 퀄리티 있게 채울 수 있는 장점이 있으므로, 무엇보다 배의 퀄리티를 중요시 하는 것이 바람직하다. 적당한 항구적인 조명의 위치와 포그의 설정이나 적당한 건물을 비어 보이지 않도록 배치하는 것도 중요한 일 중의 하나일 것이다.

항구 전체의 이미지 보드

6 성의 분수

가장 좋은 완성도로 완성된 성의 중심인 광장의 분수이다. 광장 공간을 최대한 활용하면서도 퀄리티 있는 공간을 연출하기 위해 다른 소도구들을 모두 배제하고, 이 분수만을 집중적으로 작업하여 높은 퀄리티를 유지하였다.

지금까지 정문, 본부, 펫 상점, 분수, 항구 등의 BCA 작업을 검토해 보았다. 그럼 일련의 과정들이 어떠한 결과물로 완성되었는지 살펴보고 역으로 어떠한 원화를 그릴 것인지, 어떠한 BCA로 발전시킬 것인지를 고민해 보기 바란다.

중앙 광장 분수의 콘셉트 원화

:: 성 작업 결과물을 게임 화면과 맵 에디터 화면을 통해 확인하기

많은 고민을 한 성 기사 부분은 매우 좋은 결과물로 마무리되었다. 캐릭터 파트와 배경 파트의 팀 간 연결 작업이 충실하게 진행되어 좋은 결과로 마무리되었다고 생각한다.

성 입구의 기사 석상이 완성된 이미지

분수 이미지가 완성된 이미지

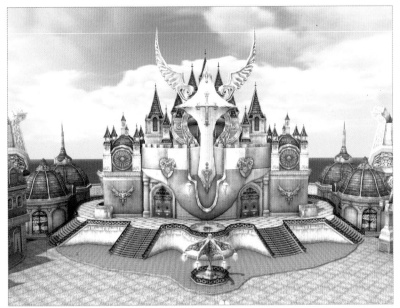

성 중앙 본부의 모델링 완료 이미지

성 모델링을 이용한 포스터 제작 이미지

각종 아이템 상점들 꾸며 넣기

1 방어구 상점

황금 간판이 눈에 들어올 수 있도록 중세의 르네상스 귀족의 이미지를 간판화하여 제작, 전체가 스펙큘러 맵*을 적극적으로 사용하여 반짝이는 느낌을 강조했다.

*
스펙큘러 맵 3ds Max에서
메터리얼(재질) 옵션 가운데
번들거리는 금속 재질의 명칭
이다.

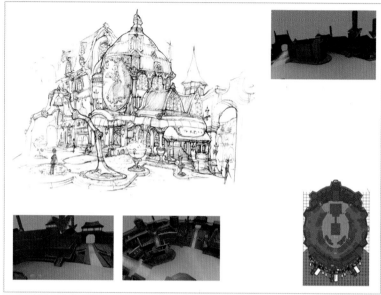

방어구 상점의 콘셉트 원화

방어구 상점의 컬러 이미지 보드

2 액세서리 상점

액세서리적인 빛의 연출을 중요하게 표현한 창문 사이로 비치는 이펙트를 살려 쉽게 눈에 띄게 제작했다.

액세서리 상점의 콘셉트 원화

액세서리 상점 컬러 이미지 보드

3 창고

나무 상자가 쌓여 있는 이미지와 중앙의 열쇠 이미지를 강조한 마차와 나무 상자를 주위에 꾸며 주어 금방이라도 작업이 이루어지고 있었던 지역의 느낌을 살려 주었다.

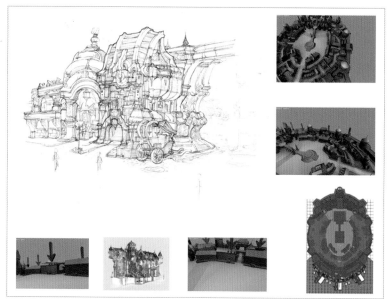

창고의 콘셉트 원화

창고 컬러 이미지 보드

종합적인 이미지 정리 작업

그림은 원화팀이 그리지만 다른 부서들이 전부 그림을 그리는 사람이 아니라는 것을 항상 인식하고 있을 필요가 있다. 좀 더 쉽고, 빠르게 BCA를 설명할 수 있는 방법을 찾는 것이 좋을 것이다.

성을 기획하고, 제작하는 일은 굉장히 흥분되는 일이다. 완성이 되고 나면 그 어떤 작업보다 성취감이 크다. 지겨울 정도로 많이 반복되는 재작업을 통해 완성되는 성은 많은 경험을 가져다 줄 것이다. 필자는 일본에서 2개의 큰 성, 한국에서 3개의 성, 그리고 중국에서는 2개의 성 제작에 참여하였다. 하지만 아직도 필자를 부끄럽게 만드는 것이 이 성(城) 작업이다. 기획팀과 의견만 조금 차이가 나도, 클라이언트와 데이터적인 부하가 걸리게 되면 다시금 반성하게 되는 부분이다. 성이야말로 온라인 게임에서 개발팀에 주는 가혹한 시험의 장이다. 온라인 게임을 해 본 유저라면 성에서 화면이 종이 그림책처럼 움직이는 것을 경험해 보았을 것이다. 수많은 우수한 기획자와 그래픽 담당자들이 머리를 싸매고, 연구하여 만들지만 만족할 만한 퀄리티와 완성도를 얻기가 힘들다. 필자가 다시 한 번 강조하고 싶은 것은 성(城) 기획, 성 BCA야말로 정성을 기울이고 확인과 반복 작업을 해 볼 필요가 있다는 것이다.

성의 파트별 완성된 이미지 보드

기획서의 원본을 기준으로 한 이미지 보드의 정리

BACK BOOK

성 제작 과정에 앞서 성 제작 시 주의해야 할 사항들을 정리해 보기로 하겠다.

데이터의 양

개발사마다 항상 이슈가 되는 부분이다. 클라이언트에 부하가 연동되기 때문에 심도 있는 논의가 필요하다. 폴리곤(메시)의 면수나 텍스처의 크기나 개수에 따라 천차만별이다. 특히 성이 크게 주목받는 이유는 캐릭터의 데이터 양과도 상관 관계를 가지기 때문이다.

온라인 게임에서 가장 힘든 부분이 캐릭터가 밀집되는 군단전이나 공성전 등 이른바 데이터의 집중에 의한 클라이언트의 '프레임 다운' 현상이다. 아무리 유명한 게임이라도 집중적으로 모이는 곳이 5프레임* 정도가 되기도 한다. 프레임의 직접적인 영향을 미치는 가장 가까운 부분이 이 성의 배경 데이터인 것이다.

편리성

디자인을 중시하게 되면 이 편리성이 무너지는 경우가 굉장히 많다. 의외로 시나리오나 게임과 상관없이 성이 거대해지는 경우가 많은데, 그 이유는 경쟁작들이 너도나도 그래픽의 퀄리티를 올리려는 현상 때문이다. 다른 게임보다 더 거대하고 웅장한 성을 만들어 유저에게 제공함으로써 이슈를 만들려는 의도가 포함되기 마련이다. 하지만 막상 플레이를 하다보면 동선이 상당히 까다롭거나 너무 먼 거리를 반복적으로 왕복해야 하는 퀘스트가 발생하게 된다. 시나리오를 준비하는 기획자와 배경을 설계하는 기획자 간의 커뮤니케이션이 없이 배경 설계가 끝난 후에 시나리오를 입히는 경우가 이 부분에 영향을 미치게 된다. 이때는 앞에서 언급한 바와 같이 부서 간의 소통이 가장 필요하다.

마케팅적인 디자인의 우월성

성 작업이 커지는 근본적인 이유는 이 마케팅적인 이유가 대부분을 차지하기 때문이다. 따라서 의외로 작게 만드는 것이 게임상에서는 편리하며, 고레벨로 갈수록 동선을 짧게 만드는 것이 몰입도를 높이는 지름길이다.

유저를 분산하여 프레임을 유지하는 것도 이유가 될 수 있지만, 거의 대부분은 이런 광고적인 역할이라고 볼 수 있다. 공중을 나는 성이라든지 거대한 성곽을 가진 성이라든지 게임 플레이 화면에서 판타지적인 앵글을 잡을 수 있기 때문이다.

*
프레임 60프레임이 게임에서 최적의 속도이다. 보통, 스트레스 없이 게임을 진행하기 위해서는 30프레임이 필요하며, 20프레임 밑으로 떨어질 때부터 유저는 게임 진행에 어려움을 느끼게 된다.

서버 선택 화면 제작용으로 디자인되어 외부 광고, 월페이퍼, 로딩 화면, 각종 포스터 배경 이미지로 사용

추가 지역 설정을 위한 콘셉트화로 제작하여 로딩 화면, 광고용 이미지, 월페이퍼 등으로 사용

던전의 이해와
던전 제작

2000년대로 들어서면서 필드의 중요성보다 강조되는 것이 던전이다. 특히, 2010년의 경우 필드 시스템을 배제하고 제작된 던전 형식의 MORPG 게임이 봇물처럼 쏟아져 나오고 있다. 특정 게임마다 자신들의 게임 시스템을 차별화시킨 게임 형태가 등장하고 있다. 즉, MMORPG식 MORPG이다. 이런 경향 속에서 강조되고 있는 것이 던전 시스템이다. 각종 함정들과 기계 장치들이 더불어 새로운 미션을 제공할 수 있고, 좀 더 전문화된 게임으로 발전되고 있다.

이하 작업 설명(넘버링)은 실 작업에 쓰인 그대로의 문장을 현장감 있게 그대로 적었으며, 실무적으로 느낄 수 있도록 하였다.

⠿ 배경 기획의 꽃 _ 던전 기획의 구성 보기

던전에 대한 설명은 종전에 필드나 다른 배경적인 부분보다 심도 있는 내용으로 진행하려고 한다. 이하의 구조에 대한 내용에 대해서는 설명을 전부 이해할 필요는 없다. 다만 여기서 좀 더 자세한 내용을 다루는 이유는 게임 개발 현장에서 사용하는 BP의 내용을 현장감 있게 전달하고 싶기 때문이다. 따라서 전체적인 흐름 위주로 글을 읽어나가야만 도움이 될 것이라 생각한다.

다음은 어느 지하 던전의 BP이다. 게임에 관련된 내용 부분(명칭이나 호칭)은 삭제했으며, BCA 작업을 위한 최대한의 소스를 정리해 보았다.

이 기획서 이미지를 보면 첫인상이 어떤 수학 공식이나 시스템 설계도라는 이미지일 것이다. 그러나 파트 부분을 조금씩 뜯어서 보면 그리 어려운 내용이 아니다. 콘솔 게임을 즐기는 사람들이라면 바로 이해할 수 있다고 생각한다. 왜냐하면 현대에 넘어와 온라인 게임에서는 콘솔 게임의 시스템을 접목하는 현상이 많이 늘고 있기 때문이다.

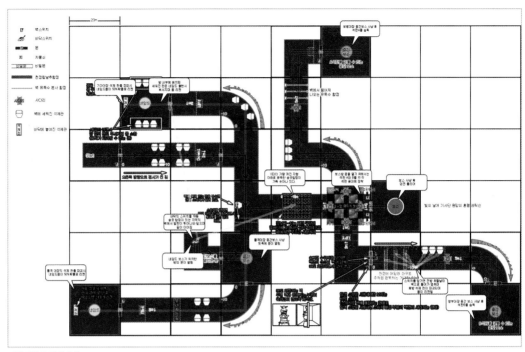

지하 던전의 전체 구성도

1 일반 기획서의 구성

기획서는 크게 세 가지 내용(전체의 구조를 볼 수 있는 페이지, 옵션을 정리한 페이지, 부분 제작을 정리한 페이지)으로 제작되어 그래픽 담당자에게 넘어가게 된다.

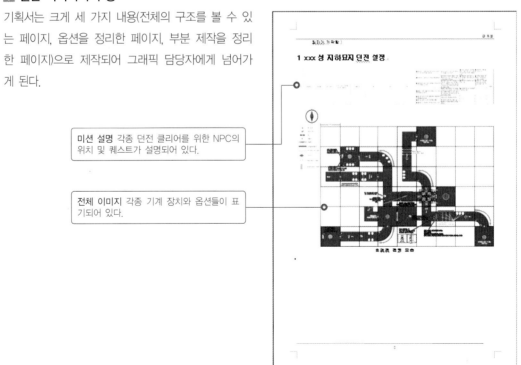

미션 설명 각종 던전 클리어를 위한 NPC의 위치 및 퀘스트가 설명되어 있다.

전체 이미지 각종 기계 장치와 옵션들이 표기되어 있다.

전체 구성을 한눈에 볼 수 있는 기획서 페이지

기관 장치 리스트 각종 던전에 필요한 기관
장치 리스트가 설명되어 있다.

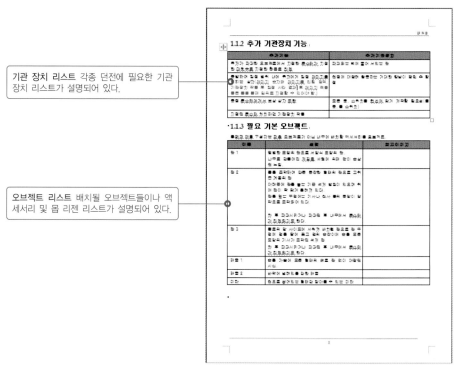

오브젝트와 기관 장치의 목록이 정리되어 있는 파트이다.

오브젝트 리스트 배치될 오브젝트들이나 액
세서리 및 몹 리젠 리스트가 설명되어 있다.

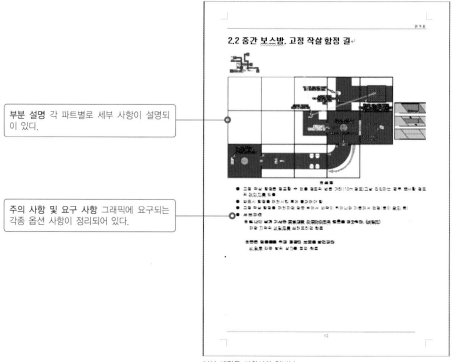

부분 설명 각 파트별로 세부 사항이 설명되
어 있다.

주의 사항 및 요구 사항 그래픽에 요구되는
각종 옵션 사항이 정리되어 있다.

부분 제작용 기획서의 일부분

던전 기획서의 구체적인 고찰

우선 현장에 쓰는 내용의 흐름에 대하여 구체적으로 고찰해 보자.

지하 던전의 기획 내용과 해설

❶ 던전 기획 제작 일정의 표기법

개정 일시	변경 내역		담당	승인	확정
○○-○○-○○	초안 작성				
○○-○○-○○	미션 부분 추가				
○○-○○-○○	퀘스트 및 미션 부분 삭제				

※ 위 표에는 완료 날짜 및 내용 담당자, 해당 팀장의 승인, 최고 결정자의 확정란이 표기되어 있다. 실 작업자의 작업물을 바탕으로 관리자가 면밀히 체크한 후, 각 팀의 담당자들과 상의하고, 실현 가능한지를 검토하며, 최종 결정자에게 확정 사인이나 체크를 받는다.

❷ 던전 기획서의 목차의 예

1	던전 설정
1.1	분위기
1.1.1	참고 이미지
1.1.2	추가 기관 장치 기능
1.1.3	필요 기본 오브젝트
1.1.4	필요 몬스터 설정
1.2	던전 입장 조건
1.3	맵 클리어 조건
1.4	난이도별 차이
2	부분별 세부 설명
2.1	시작 지점
2.2	중간 보스방, 고정 작살 함정 길
2.3	A 석판 드롭하는 중간 보스방 진행
2.4	B 석판 드롭하는 중간 보스방 진행
2.5	보스방, 보스방 진입로

전 파트에서 설명한 부분이 기관 장치의 기능별로 플레이 방법에 맞추어 목차가 구성되어 있다.

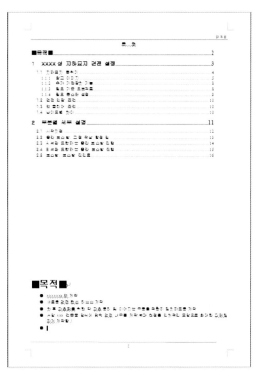

목차는 다음과 같이 던전을 구성하는 이미지, 기관 장치, 몬스터 설정, 보스방 함정 등을 목차별로 설명하였다. 던전은 꽤 복잡한 구조를 가지고 움직인다. 특히, 서버와 클라이언트의 동기화나 기획팀과의 호흡도 굉장히 중요한 포인트 중의 하나이다. 이 기획서 제작 당시의 제작자의 주의 사항을 살펴보자.

던전 제작을 위한 콘셉트 아트 시작하기

작업에 들어가기 전에 알고 있어야 할 세부 사항을 확인해 보자.

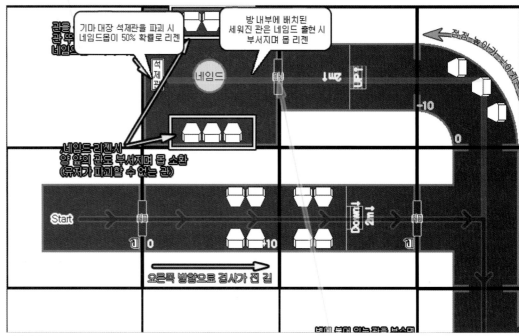

작업 설명 2_1

시작 지점 : 던전 내부의 벽에 붙어 있는 관은 특별한 경우가 아닌 이상 전부 공격하여 파괴할 수 있으며, 그 중 일부는 일정 확률로 몬스터가 리젠되는 경우가 있다.

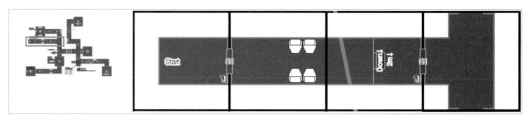

작업 설명 2_2

고정 작살 함정은 점프할 수 없을 정도의 넓은 거리(10m 정도)이다. 그냥 진입하는 경우 즉사할 정도의 데미지를 입는다. 반드시 함정을 해체시킨 후에 통과해야 한다.

던전 제작에 관해서는 각 개발사마다 다양한 차이가 있다. 기관 장치에서부터 구조와 시스템까지 천차만별의 차이를 보이므로 전체의 기획서에서 BCA 쪽으로 작업해야 할 부분을 걸러 내어 정리하는 것이 중요하다고 본다.

던전 콘셉트 아트

1 부분 파트의 3D 더미 모델링을 만들어 보자

보이는 3D 이미지는 필자가 정확한 BCA 작업을 위하여 더미 모델링을 만들어 본 것이다. 앞에서도 언급하였지만 간단한 모델링이라도 능숙하게 구현할 수 있는 것도 BCA에는 굉장히 도움이 된다는 사실을 잊지 말자.

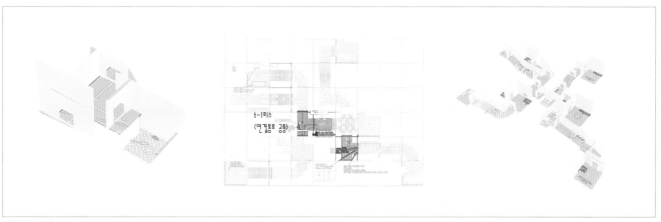

콘셉트 디자인을 하기 전에 입체적인 형태를 확인한 이미지

위에 제시된 부분의 파트를 디자인한 이미지이다.

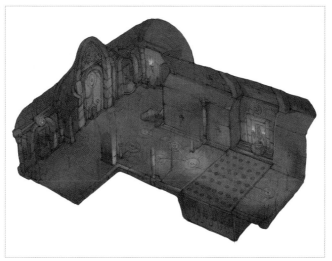

작업 설명 1_1 2군데 사용하며 중앙 기관 장치 설치 기획서를 참조해야 한다. 중앙이 벌어지면서 밑쪽에 꼬챙이가 돌출되는 애니메이션이 연출된다.
작업 설명 1_2 중앙 관을 파괴하면 스위치가 달려 있어 숨겨진 벽이 열린다.

2 파트의 연결 부분을 이해하자

왼쪽과 오른쪽 입구를 통일시켜 어떤 파트와도 연결이 될 수 있도록 구성하는 것이 중요하다. 이 밖의 장식적인 부분에는 현재까지 사용한 몬스터들을 석상 형태로 응용하여 사용하였다.

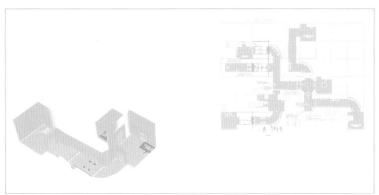

곡선 연결 통로 3D 더미

기관 장치가 무너지는 바닥 구역 _ 이 지역에 던전 체험 3번처럼 길 중에 무너지는 기관 장치가 설치됨.

3 기관 장치가 달린 파트의 제작

던전에 2 부분을 공용으로 사용하고 있다. 간단한 기관 장치인 앞쪽 부분에 거대한 트릭이 있으며, 사다리를 타고 내려가 다음 블록으로 들어가는 구조이다.

던전의 경우 공통 부분을 다른 부분과 공유하는 경우가 매우 많다. 특히, 한 미션을 클리어하기 위하여 여러 구역을 반복적으로 표현해야 할 때 같은 파트를 사용하는 것이 기획적으로나 그래픽적으로나 생산적이기 때문이다.

옆에 보이는 파트는 간단한 함정 장치가 되어 있고, 입구의 크기가 들어올 때와 나갈 때 공통적인 모델링을 사용했다. 벽과 벽 사이에 쓰이는 기둥도 던전의 경우 같은 것을 반복하여 모델링하는 것이 효과적일 것이다.

작업 설명 1_3 공통 기둥 오브제 위에 코뿔소의 반석상을 표현한다. 맵 전체에 사용한다.
작업 설명 1_4 좌측 하부 지역의 연결 통로 패턴이다. 던전에 전부 사용되고 중앙의 무늬는 점처럼 있는 곳이 연하게 빛난다.

던전 작업 결과물의 체크

다음은 보스방의 BCA적인 결과물이다. 맵에 올라간 작업물 중의 일부분이다. 벽에는 몬스터로 사용된 데이터를 석상화하여 꾸민 이미지가 있다. 어느 정도 데이터의 양이 중간 이상의 개발 단계로 접어들면 많은 캐릭터 데이터가 생산되어 있기 마련이다. 이들을 석상화하는 것도 BCA적인 면에서 매우 바람직하다고 할 수 있다. 일부러 BCA를 위해 따로 만드는 경우는 중요도와 BP의 요구가 있을 경우에 진행해 보는 것이 바람직할 것이다.

맵 에디터 작업에서도 굉장히 복잡한 구조를 띠게 된다. 던전은 그래픽이 차지하는 비율보다는 시스템과 서버의 연동, 그리고 기획자들의 시험 무대인 것이다. 마치 하나하나의 부품들이 조합되는 구조를 띠는 경우가 많다. 그래픽에서 다양한 데이터 응용을 통하여 기획에 맞는 구조의 구조물을 짜려는 노력이 필요하다. 특히, 던전의 경우 개인 작업이 되는 경우와 한 작업자가 처음부터 끝까지 담당하여 그래픽적인 모델링을 끝내는 경우가 대부분이며, 이때 발생될 수 있는 이미지가 분산될 수 있는 부분은 아트디렉터가 조종해 주어야 할 것이다.

이 장에서는 복잡한 기계 장치를 모두 다루기보다는 간단한 파트의 구성 위주로 설명하였다. 복잡한 기계 장치 쪽이나 시스템으로 설명이 흐르게 되면 한 게임에 대한 매뉴얼이 될 수 있기 때문에 많은 부분을 생략했다.

303 Chapter 05 | 던전의 이해와 던전 제작

볼테른성 부근 지하 묘지

- 좌측 하부 지역의 연결 통로 패턴 설명
- 전체 던전에 전부 사용됨.
- 중앙의 점처럼 있는 곳이 연하게 빛남.

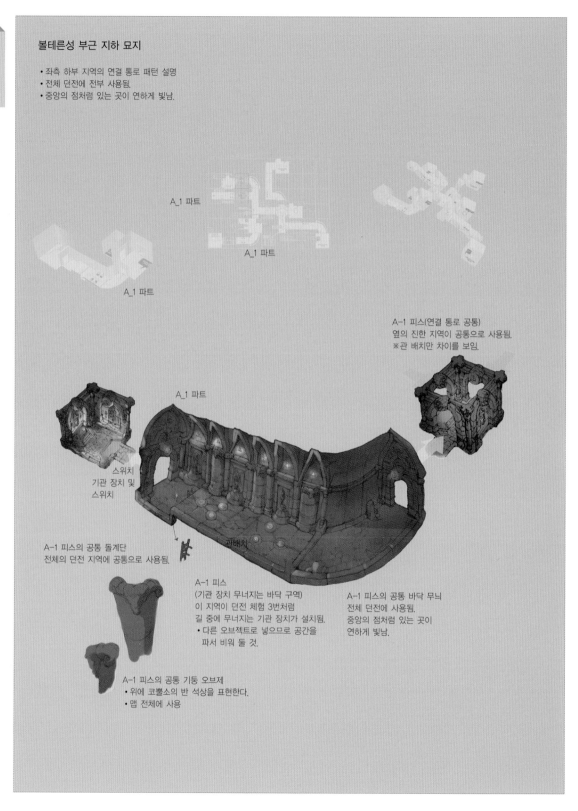

A_1 파트

A_1 파트

A_1 파트

A-1 피스(연결 통로 공통)
옆의 진한 지역이 공통으로 사용됨.
※관 배치만 차이를 보임.

A_1 파트

스위치
기관 장치 및
스위치

관배치

A-1 피스의 공통 돌계단
전체의 던전 지역에 공통으로 사용됨.

A-1 피스
(기관 장치 무너지는 바닥 구역)
이 지역이 던전 체험 3번처럼
길 중에 무너지는 기관 장치가 설치됨.
- 다른 오브젝트로 넣으므로 공간을
  파서 비워 둘 것.

A-1 피스의 공통 바닥 무늬
전체 던전에 사용됨.
중앙의 점처럼 있는 곳이
연하게 빛남.

A-1 피스의 공통 기둥 오브제
- 위에 코뿔소의 반 석상을 표현한다.
- 맵 전체에 사용

볼테른성 부근 지하 묘지

좌측 하부 지역의 연결 통로 페턴 설명
T자형 연결 통로 2군데를 사용하며, 중앙 기관 장치 설치는 추가 세부 기획서를 참고
※ 중앙이 벌어지면서 밑쪽에 꼬챙이가 보인다고 함.

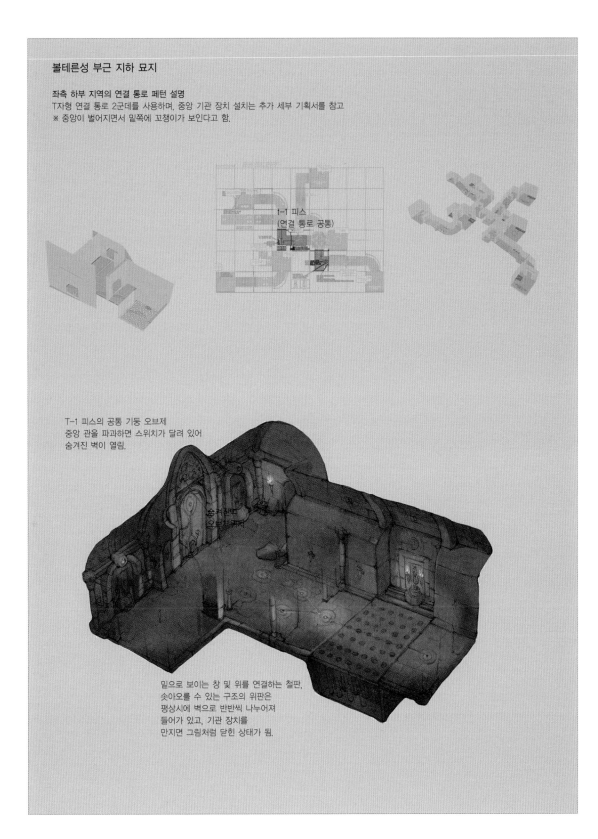

T-1 피스
(연결 통로 공통)

T-1 피스의 공통 기동 오브제
중앙 관을 파과하면 스위치가 달려 있어
숨겨진 벽이 열림.

밑으로 보이는 창 및 위를 연결하는 철판,
솟아오를 수 있는 구조의 위판은
평상시에 벽으로 반반씩 나누어져
들어가 있고, 기관 장치를
만지면 그림처럼 닫힌 상태가 됨.

흥미로운
로딩 이미지의 제작

HD 시대, 특히 블루레이 게임을 경험해 본 독자라면 그 선명도가 얼마나 발전되었는지 잘 알고 있을 것이다. 과거의 콘솔 게임이나 온라인 게임도 그렇지만, 게임에 사용됐던 풀 컬러 이미지라고 해야 컴퓨터는 800×600이고, 아날로그 텔레비전은 640×240로 출력했기 때문에 쉽게 말해서 포토샵의 700~1,000픽셀로 작업물을 완성하면 쓸 수 있었다. 그만큼 예전에는 일러스트 작업이 훨씬 손쉬웠다. 그러나 현대는 HD나 블루레이 시대로 접어들었고, 그 영상 신호가 급격히 발전하여 이제는 1장의 로딩 화면이나 포스터를 제작하기 위해서는 한 달에서 길게는 세 달까지 걸리는 경우도 있다.

현대의 해상도 변화는 HD급은 1,366×768 정도이고, FULL HD는 1,980×1,080까지 해상도가 되는데, 이에 맞추기 위해서는 적어도 3,000픽셀에 300dpi 정도로 완성해야만 확대할 때 안정적으로 사용할 수 있다. 더 쉽게 설명하자면 2000년을 전후로 하여 2000년대의 이전은 A4 크기로 스케치하여 사용하였다면 2000년대로 들어서는 A3 크기로 스케치를 하는 것이 적당하다는 것이다.

A4 작업의 선화

부분 확대한 이미지

A3로 작업한 선화

부분 확대한 이미지

물론 선이 복잡하거나 많다고 해서 고해상도라고 할 수는 없지만 확대했을 경우 디테일한 부분이 더욱 선명하고 더욱 섬세하게 표현되는 것이 고화질 포스터나 로딩 화면으로 쓰기에 적당할 것이다.

⠿ 스케치와 구체적인 이미지화

포스터로 사용할 경우 가장 중요한 것이 밀도일 것이다. 밀도를 만들어 내는 것은 크게 터치를 겹쳐서 사용하는 방식의 밀도를 높이는 방식과 라인을 좀 더 선명하게 도출하는 방식이 있을 수 있다. 필자의 경우 두께감이 그렇게 높지 않은 완성도를 추구하는 편이기 때문에 가볍고 라이트한 스타일이면서도 질감을 살려 커버하는 일러스트 작업을 설명하겠다.

초기 스케치 작업의 원화이다. 약간의 명함을 질감을 사용하기 위해 빛의 광선을 따라 어두운 부분에 데생식의 연필 질감을 남겼다.

스케치 작업 과정만으로도 빛의 각도가 어디에서 어디로 빠지고 있는지를 알 수 있을 것이다. 이 원화의 경우 라이트의 방향은 반대쪽의 오브젝트들의 약간 뒤쪽에서 비추어 오브젝트들의 앞쪽에 그림자가 생기게 한 후, 어두운 부분에 연필 질감을 넣는 방식으로 작업을 진행했다.

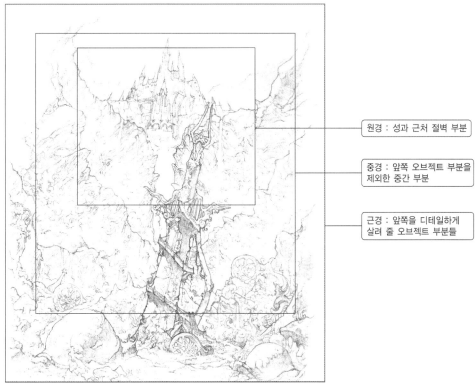

원경 : 성과 근처 절벽 부분

중경 : 앞쪽 오브젝트 부분을 제외한 중간 부분

근경 : 앞쪽을 디테일하게 살려 줄 오브젝트 부분들

1 초벌 채색법

스케치를 채색에 사용하는 스타일일수록 이 거리감에 따른 선의 강약을 항상 의식하며, 제작할 필요가 있다. 자신의 작업 스타일이 초기 스케치 선들은 거의 채색 작업에서 없애는 경우에 해당한다면, 거리감에 대한 스케치상의 표현은 그리 신경 쓰지 않아도 된다.

스케치를 멀티 레이어로 한 후 밑 색의 어두운색을 잡아 주고, 파스텔 톤의 붓을 이용하여 전체적인 채색을 한다. 이때 가장 중요한 것은 화면의 완성도를 높이기 위해 원경, 중경, 근경의 라인을 꼼꼼하게 색을 분리해 주는 것이다.

다음과 같이 멀티 레이어로 잡은 스케치의 어두운 면을 주위 깊게 보면 그리 강하게 잡지 않아도 어두운 부분에 질감이 자연스럽게 생긴 것을 볼 수 있을 것이다.

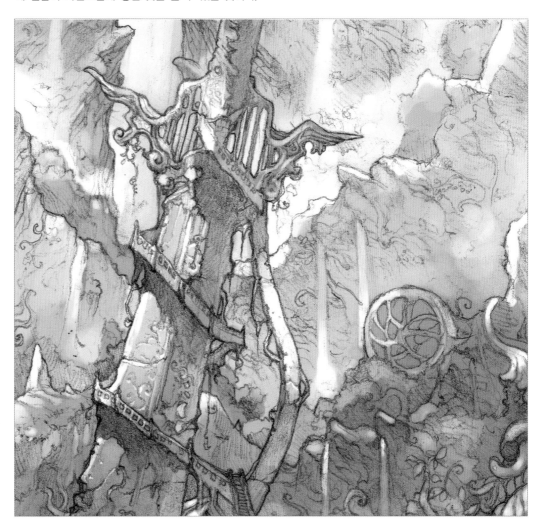

2 재질감의 표현

석재의 재질감 표현은 다음과 같이 석재의 갈라지는 느낌과 그에 따른 포인트 색의 표현이다. 이 포스터의 경우 가급적이면 터치가 쌓이는 것을 자제하고 얇은 수채화 느낌이면서도 밀도감을 살리기 위하여 라인에 경계를 자연스러우면서도 확실하게 구분할 수 있도록 작업하였다.

3 포토샵에서의 작업 방법

다음 작업은 전체적인 거리감에 따른 분위기를 나누었다. 1장의 멀티 레이어와 1장의 소프트라이트 레이어를 활용하여 어두운 곳은 멀티 레이어로 눌러 주고, 소프트라이트 레이어는 밝은 쪽을 강조하여 빛의 흐름을 강조했다. 빛이 근경에서는 명도와 더불어 콘트라스트와 어두운 부분을 유지하고, 중경에서는 근경과의 공간적인 거리감을, 원경에서는 거대 성을 실루엣으로만 표현함으로써 깊은 공간감을 유도했다.

⠿ 완성 및 정리

선 레이어(멀티 레이어로 잡은) 위에 1장의 보통 레이어를 잡아 선이 더럽거나 라인의 부정확한 부분을 정리해 주면서 근경의 경우는 색을 더욱 살려 주고 중경, 원경의 경우는 거리감 위주의 공간감을 살려 주었다.

그림을 그리다 보면 밀도감을 위해 공간상의 먼 곳에도 너무 많은 밀도를 넣어 주는 경우가 있는데, 이는 별로 좋은 방법이 아니다. 간단한 표현으로 앞쪽 근경 쪽의 오브젝트가 더욱 돋보이는 역할을 해 주는 것이 그림의 밀도감이 더욱 높을 것이다.

건축물이나 조형물에 일반적으로 사용된 컬러만 사용해서는 좋은 그림이 나올 수 없다. 판타지를 표현할 때는 색이나 형식에 얽매이지 않아야만 좋은 그림이 될 수 있다.

배경 일러스트 작업은 크게 캐릭터 뒤에 들어가는 배경과 단독으로 쓰이는 배경으로 나눌 수 았다. 작업 진행을 하다 보면 배경을 단독으로 사용하는 경우는 극히 드물다. 풀 샷으로 들어가는 경우 보통은 웹에서의 월페이퍼나 게임에서의 로딩 화면으로 주로 쓰이게 되고, 본격적인 게임 포스터의 경우는 거의 캐릭터를 받쳐 주는 역할로서 제작된다. 배경은 그리 스포트라이트를 받는 작업이 아니다. 캐릭터가 매우 중시되는 게임 업계에서는 필요 불가결한 요소이지만, 배경 자체로서 어떠한 힘을 가지고 추진되는 경우는 극히 드물다. 하지만 잔잔하고도 풍부한 맛을 줄 수 있는 세계관적인 요소로서의 배경은 그 게임의 스케일이나 완성도를 한층 고급화해 주기 마련이다. 다양한 작업을 통해 풀 스크린에서 사용할 수 있는 포스터용 원화를 그려 보기를 권한다. 스킬 향상과 유지에는 더없이 좋은 작업일 것이다.

필자가 추천하는 두 일본 작가

태라다 카츠라

태라다 카츠라는 일본의 캐릭터 일러스트레이터이다. 그는 이미 여러 권의 삽화집을 통해 젊은 마니아층을 확보한 상태이며, 그의 필체는 이미 일러스트의 영역을 벗어나 순수성의 테크닉, 즉 서양화적인 필체, 19세기 인상파의 감각적인 터치를 통해 캐릭터 일러스트의 장르를 한층 고급화시켰다. 테크닉이 지나치다는 약간의 흠이 있지만 그동안 일본의 고정적인 캐릭터 일러스트 제작 방식과 다른 캐릭터일러스트의 창작적 한계를 넘었다는 면에서 많은 인기를 얻고 있다.

테라다 씨는 최근 영역을 확대하여 극장용 애니메이션과 다양한 게임에서도 아트디렉터로서 참가하고 있다. 그는 이미 'Blood'라는 흡혈귀 애니메이션을 통해 일본 애니메이션의 새로운 창작 방향을 제시했는가 하면, 그의 감각적인 자유는 새로운 일본의 애니메이션 업계의 탈출구를 마련해 주고 있다. 한국에서 불기 시작한 페인터 열풍 역시 이 작가가 기여한 바가 크다. 이 당시 그는 무겁고 어렵게만 느껴졌던 페인터 프로그램을 자유자재로 다룰 수 있는 몇 안 되는 작가 중의 하나였다. 필자는 최근 들어 우리나라의 캐릭터 애니메이터가 세계 시장에서 명성을 떨칠 수 있었던 요소 중의 하나이기도 하다고 생각한다. 물론 이후 여러 훌륭한 한국인 캐릭터 일러스트레이터가 나타났고, 지금은 거의 국제 수준에 이르렀지만 당시 우리나라의 캐릭터 애니메이터가 테라다 카츠라라는 작가로부터 받은 영향력은 실로 지대하였다.

HACCAN

필명으로만 알려진 HACCAN 씨는 2004년 이후에 알게 된 작가이다. 그는 게임 쪽과 삽화 쪽의 작업을 주로 하는 프로 일러스트레이터이다. 이 작가의 가장 큰 특징은 다른 작가들과는 달리 유독 배경과 함께 그리는 경향이 강하다는 것이다. 우리나라에서는 라임 오딧세이로 알려진 이 작가의 작품은 회화적인 필체와 캐릭터 일러스트의 일반적인 틀을 유지한 독특한 파스텔 감각이 돋보인다. 이 작가의 주요 작품으로는 '성검전설-파이널 판타지 외전-'과 '영웅전설 6 : 천공의 궤적' 등이다.

이 작가의 작품에 흥미를 느끼게 된 것은 요즘 흔히 많이 유행하는 언리얼풍의 실사에 가까운 일러스트와는 다른 동화적인 아름다움을 지니고 있기 때문이다. 관심이 있는 분들에게 추천하고 싶다.

아트디렉터 원화 갤러리

PART 06

필자가 이 책을 쓰기 위해 준비했던 핵심 파트이다. 이 파트에서는 배경 작업을 하는 디자이너는 물론, 기초적인 준비 단계의 학생들이나 기획을 잡아나가는 사람들에게 아이디어와 발상의 원동력을 제공할 수 있도록 종합하였다. 게임을 개발하고 있는 현장의 개발자의 경우 현장에서 사용되고 있는 이미지들은 디자이너의 최대의 무기가 된다. 필자는 좋은 그래픽을 만들려면 그만큼 많은 참고 자료들을 조합, 분해, 재창조하는 등의 노력을 기울여야만 과거의 작품을 뛰어 넘는 작업을 할 수 있다고 믿는다. 과거 많은 유명 작가들이 그러했고, 많은 개발자들이 과거의 작업 결과물을 통하여 새로운 방향과 새로운 작업물을 창조해 나갔다. 다른 분야 또는 다른 디자이너들의 작업을 참고로 하여 보다 현대적인 디자인으로써 응용할 수 있는 모티브가 되었으면 하는 바람으로 이 파트를 준비했다.

배경 콘셉트 아트를 위한 아트 컨설팅 _ 스케치편 01

벽에시 뿜어져 니오는 물줄기 벽에 끼우는 식의 오브제

분수처럼 뿜어져 나오는 물줄기(소방 소화기 형태)

벽에 붙이는 오브젝트(약 2m)

마치 거미줄 같은 나무 가지 (스타일 4종 만들기)

흉안의 숲 중간 지역의 거대 뿌리가 던전처럼 굴로 표현된 지역(기획서 참조). 위에 붙는 나무뿌리는 5종 제작

FOR MODELING USE

흉안의 숲이라는 이름의 필드와 숲의 안쪽에 자리 잡은 음산한 마을을 잡은 콘셉트이다. 오브젝트의 양은 대형이 3개, 소형이 4개였다. 먼저 캐릭터 발목 정도 높이의 낮은 물 위에 있는 연꽃과 작은 분수 같은 오브젝트들이 조금 빠른 속도의 물 이펙트를 분사하도록 하였다. 마을은 촛불과 같은 이미지를 이용하여 음산한 분위기를 조성하였고, 군데군데 동양적인 조명 역할을 하는 원형 오브젝트를 추가하였다.

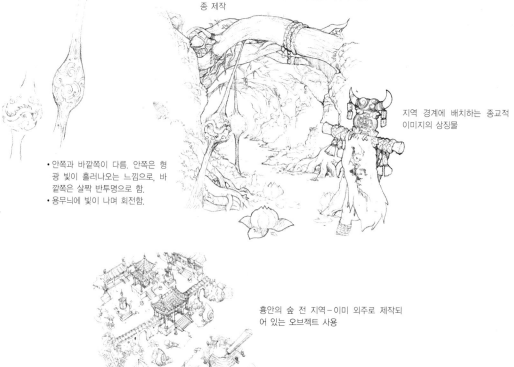

• 안쪽과 바깥쪽이 다름. 안쪽은 형광 빛이 흘러나오는 느낌으로, 바깥쪽은 살짝 반투명으로 함.
• 용무늬에 빛이 나며 회전함.

지역 경계에 배치하는 종교적 이미지의 상징물

흉안의 숲 전 지역 – 이미 외주로 제작되어 있는 오브젝트 사용

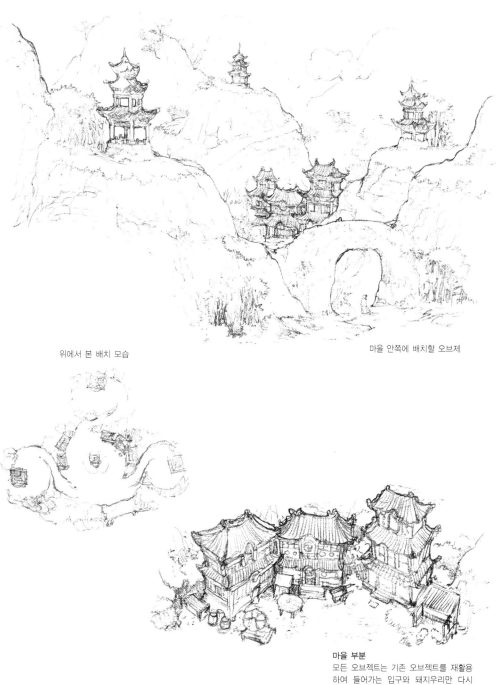

위에서 본 배치 모습

마을 안쪽에 배치할 오브제

대나무 숲에 있는 묵철 마을
이다. 터레인을 이용하여 지
형의 고저 차를 두고 마을의
건물을 층별로 배치할 수 있
도록 기획했다. 중앙에는 유
저들이 쉬어가면서 커뮤니티
를 할 수 있는 공간을 확보
하였다. 올라가는 길은 위에
서 본 지형도처럼 프로그램
상의 경사도 제한 때문에 나
선형을 유지하도록 하였다.

마을 부분
모든 오브젝트는 기존 오브젝트를 재활용
하여 들어가는 입구와 돼지우리만 다시
제작

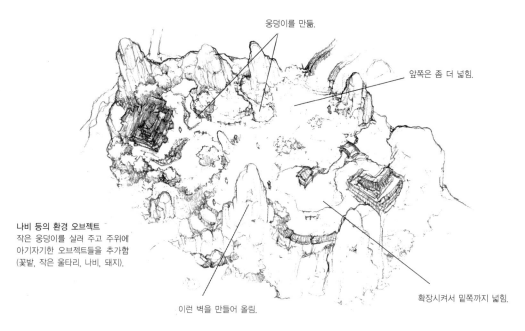

웅덩이를 만듦.

앞쪽은 좀 더 넓힘.

나비 등의 환경 오브젝트
작은 웅덩이를 살려 주고 주위에
아기자기한 오브젝트들을 추가함
(꽃밭, 작은 울타리, 나비, 돼지).

이런 벽을 만들어 올림.

확장시켜서 밑쪽까지 넓힘.

적서성의 성 안쪽에서 첫 로딩을 한 후에 만나는 초심자를 위한 마을이다. 유저가 처음 바깥쪽 필드로 나오는 첫 마을이기 때문에 각별히 비주얼에 신경 써서 제작하였다. 마을에는 나비, 소, 돼지와 같은 환경 오브젝트들을 배치했으며, 동양풍의 이미지를 느낄 수 있도록 작은 연못의 주위에 동양의 이미지를 배치하였다. 하단에 있는 오래된 나무는 동양의 토속 신앙을 모티브로 하여 콘셉트를 잡았으며, 이곳에 다양한 이펙트를 추가하였다.

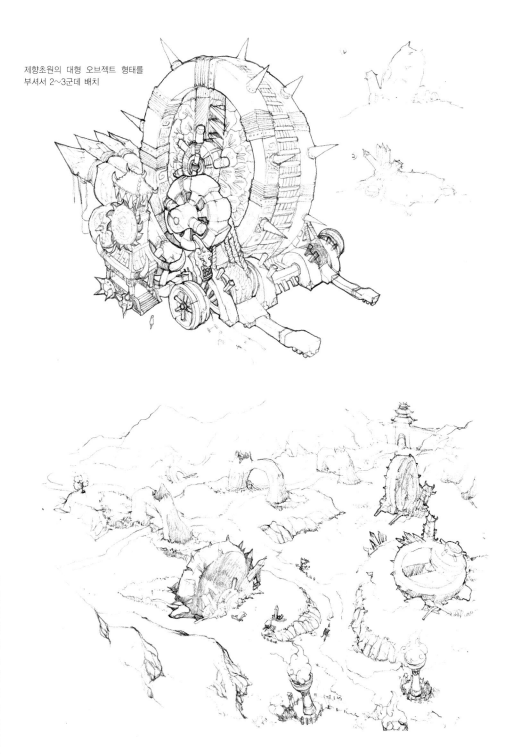

제향초원의 대형 오브젝트 형태를
부셔서 2~3군데 배치

광대한 초원을 바탕으로 다
음 필드에 있을 전쟁터인 단
수화 초원에 들어가기 전에
과거의 공성전의 느낌을 살
리려는 생각으로 잡은 싸움
터이다. 거대 병기를 기본으
로 하여 수많은 거대 병기의
잔해, 주위를 둘러싸고 있는
갈대숲을 바탕으로 언덕에
유일하게 남은 전초기지에서
필드로 보내지는 다양한 퀘
스트를 받을 수 있는 콘셉트
로 이미지를 기획했다.

폐허가 된 지역의 거대 뿌리들
용암과 같이 뜨거운 기운의 액체
가 나무뿌리 원 안쪽에서 발광하
면서 바깥으로 연기 이펙트와 같
이 올라온다.

폭포를 주변으로 하는 던전의 입구
크리스털로 이미지를 살려 주고, 내부
는 폭포의 물들이 안쪽을 조금씩 튀겨
들어오는 이펙트를 넣어 줌.

서양 지역의 망자 전쟁터 콘
셉트와 절벽의 던전 지역의
이미지이다. 전쟁터의 이미
지는 거대한 고목이 마법에
의해 하늘로 향하는 이미지
를 형상화했으며, 용암과 같
은 지하 에너지가 지상으로
당장이라도 분출할 것 같은
긴장감을 표현했다. 폭포 속
의 던전 입구는 아직 미제작
한 부분의 설정화이며, 고블
린 마을이 둘러싸여 있는 폭
포 속의 비밀 던전 입구를
콘셉트로 하여 디자인하였
다. 큰 강을 중심으로 강의
양쪽에서 돌아올 수도 있고,
건널 수도 있는 형태이다.

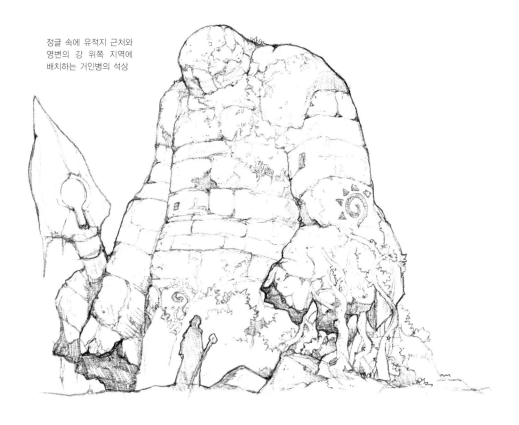

정글 속에 유적지 근처와
영변의 강 위쪽 지역에
배치하는 거인병의 석상

정글 속 구석구석에 배치되는
유적지의 일부분

정글 지역 유적지의 콘셉트
디자인이다. 거대 용병 석상
이 지금도 싸움의 흔적을 알
수 있을 정도로 지쳐 잠시
잠들어 있는 듯한 느낌을 표
현했다. 넝쿨과 정글 속에 잠
자는 거대 용병들의 이미지
를 정글 속 구석구석에 배치
하고 고대인들이 살았을 법
한 마법의 유적지를 연상하
게 하는 유적지를 정글의 중
심에 배치하였다.

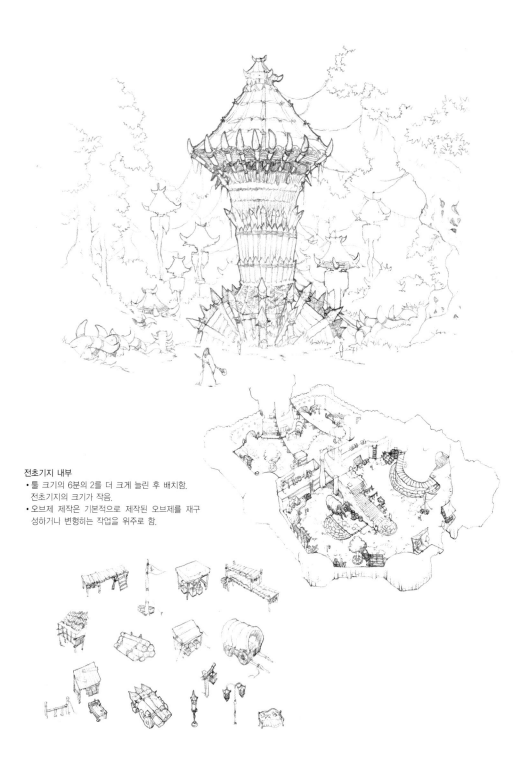

전초기지 내부
• 툴 크기의 6분의 2를 더 크게 늘린 후 배치함.
  전초기지의 크기가 작음.
• 오브제 제작은 기본적으로 제작된 오브제를 재구
  성하거나 변형하는 작업을 위주로 함.

고블린 지역의 중심 건물 보
초 탑이다. 보초 탑을 중심으
로 고블린 마을이 존재하고
금방이라도 전쟁을 일으킬
것 같은 고블린들을 마을 곳
곳에 배치할 예정이다. 하단
은 테르윙 전초기지의 평면
도이다. 외부보다는 내부가
중요하기 때문에 내부 위주
의 콘셉트를 잡았다. 큰 형태
를 중심으로 하여 다양하고
작은 오브젝트들을 배치할
수 있도록 하나하나 끊어서
모델링 제작 시 여러 사람이
같이 할 수 있도록 디자인하
였다.

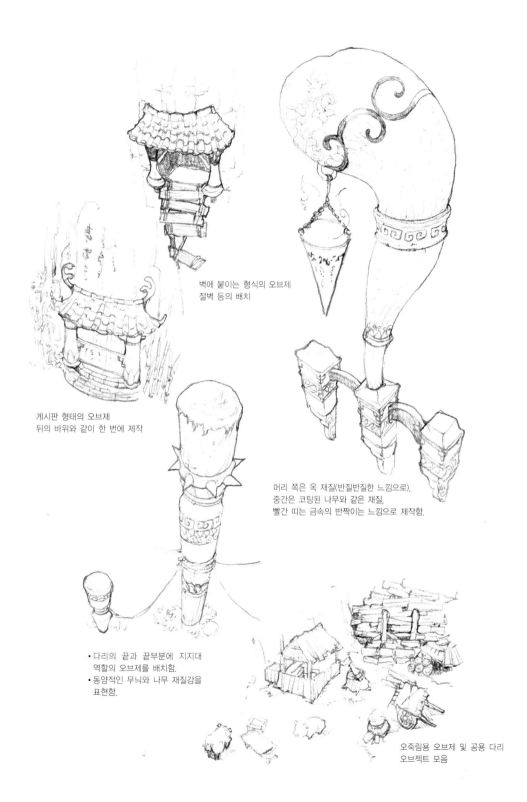

벽에 붙이는 형식의 오브제
절벽 등의 배치

게시판 형태의 오브제
뒤의 바위와 같이 한 번에 제작

머리 쪽은 옥 재질(반질반질한 느낌으로),
중간은 코팅된 나무와 같은 재질,
빨간 띠는 금속의 반짝이는 느낌으로 제작함.

• 다리의 끝과 끝부분에 지지대
  역할의 오브제를 배치함.
• 동양적인 무늬와 나무 재질감을
  표현함.

오죽림용 오브제 및 공용 다리
오브젝트 모음

오죽림을 건너는 다리와 승
룡사 토벌대 마을 쪽의 오브
젝트들이다. 다리를 멀리에
서도 한번에 알 수 있도록
하기 위해 특징 있는 기둥과
오리엔탈 문명의 흔적을 표
현하였다.

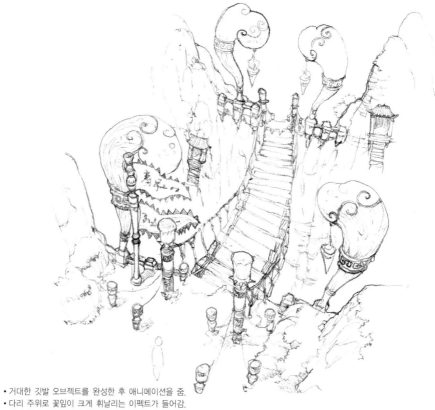

• 거대한 깃발 오브젝트를 완성한 후 애니메이션을 줌.
• 다리 주위로 꽃잎이 크게 휘날리는 이펙트가 들어감.
• 강가에는 연꽃잎과 개구리 잎이 떠내려감.

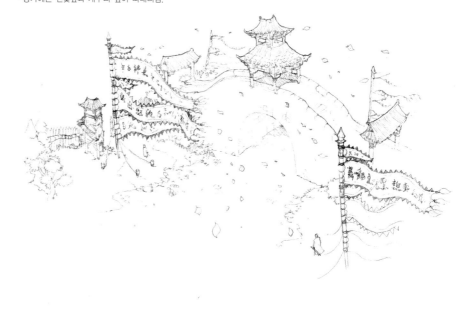

절벽과 절벽 사이의 구름다리이다. 깃발을 계곡에 부는 바람을 느낄 수 있는 느낌으로 전달하고, 거대 조형물을 통하여 서양과 차별화하였다. 하위 쪽의 다리는 평지의 일반 다리를 콘셉트화하였다. 중국 무협에 나올 것 같은 거대한 깃발들이 강가에 휘날리는 모습을 표현하였다.

FOR MODELING USE

10

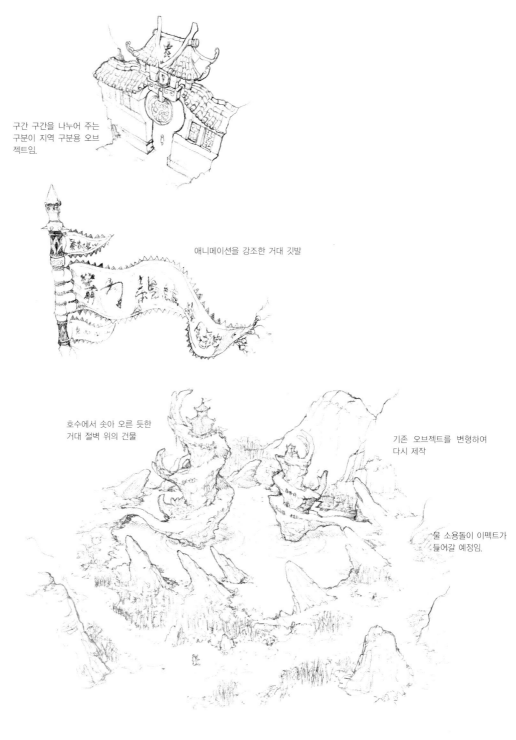

구간 구간을 나누어 주는
구분이 지역 구분용 오브
젝트임.

애니메이션을 강조한 거대 깃발

호수에서 솟아 오른 듯한
거대 절벽 위의 건물

기존 오브젝트를 변형하여
다시 제작

물 소용돌이 이펙트가
들어갈 예정임.

오죽림 대나무 숲 사이의 작은 연못이다. 상위의 구역 입구를 경계로 하는 지역 출입구 이미지이며, 밑으로는 절벽 사이로 보이는 거대한 호수 가운데 정자의 이미지이다. 동양적인 판타지를 살리려고 노력하였다. 호수 주위를 둘러싸고 있는 작은 절벽은 지나가는 유저들이 긴장감을 느낄 수 있도록 꾸며 보았다.

비단 같은 반질반질한 느낌의 연한
무늬가 들어가도록 제작함.

다리와 만나는 지점까지의
길들을 통합한 이미지임.

오죽림에 터레인 작업자를
위한 전체도이다. 마치 볼링
핀 같이 생긴 건물들이 작은
웅덩이에 동양 건축물의 느
낌으로 서 있으며, 길 주위로
캐릭터를 가릴 것 같은 대나
무 숲을 디자인하였다. 다소
좁은 길을 연결하고, 중앙에
는 작은 폭포도 배치하였다.
절벽과 절벽 사이에는 대나
무 숲에서 다음 필드로 넘어
가는 길에 특이한 구역 표시
조형물을 배치하였다.

애니메이션을 강조한 거대 깃발
추가 오브젝트

백사굴 던전 입구
절벽을 용의 발톱을 표현하여 발톱 끝에 이펙
트를 붙이고, 나무에 발광성 있는 반투명의
하늘색 꽃잎이 반짝이도록 함.

던전으로 들어가는 입구에 있는 길이다. 초기 이미지 콘셉트 설정 당시 어떻게 하면 서양과 차별화된 던전 입구의 분위기를 만들 것인지를 고민하다가 생각해낸 아이디어이다. 거대한 용의 발톱을 형상화한 콘셉트 이미지를 잡아 보았다. 길의 양쪽에 투명한 느낌의 발광하는 나무들을 배치하여 다른 지역과 차별화된 긴장감을 조성하고자 노력하였다. 하단에 있는 탑은 초기 디자인 당시 탑 위주로만 되어 있는 디자인을 추가 오브젝트로 한 번 더 보강하였다.

• 절벽으로 올라가는 성벽을 먼저 만들고, 에디터에서 밑을 맞추는 형식으로 평면이 아닌 굴곡을 만들어 줌.
• 기본적으로 안에 들어갈 수 없음.

FOR MODELING USE

13

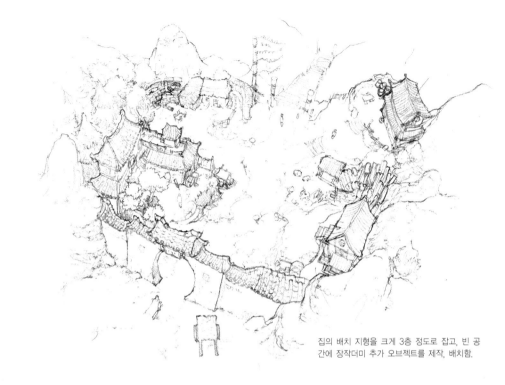

집의 배치 지형을 크게 3층 정도로 잡고, 빈 공
간에 장작더미 추가 오브젝트를 제작, 배치함.

상단은 승룡사 토벌대라는 마
을과 마을 오브젝트 배치도이
다. 보통 마을의 경우에는 단
층이 많은데, 콘솔 게임을 개
발할 때 경험한 마을의 집들
을 층별로 표현할 때 배경적
인 재미를 준다는 사실을 적
용한 디자인이다. 온라인 게
임에서 모든 필드의 밀도를
올리는 일은 사실상 불가능하
기 때문에 중요한 부분만을
먼저 강조해 주고자 노력하였
다. 또 하단은 그 어떤 곳에
배치해도 무방한, 퀄리티 있
는 폭포를 디자인하였다.

• 절벽 오브젝트를 통째로 제작함.
• 폭포의 물 이펙트는 모델링에 맞춰 제작함.

- 흉안의 숲에 있는 집은 유령이 사는 듯한 분위기로 제작함.
- 앞쪽에 있는 붓으로 된 조형물은 약간 검은색으로 유지함.
- 입구 앞에는 촛불과 같은 이펙트를 배치함.

자무협곡의 기본 이미지
절벽 사이로 거대한 로프를 배치하고, 절벽과 절벽
사이에 거대한 다리를 배치함.

하단에 있는 자무협곡의 제
작 당시 가장 힘들었던 것은
기획에서 요구한 높은 고저
차이다. 툴의 한계에서 오는
급격한 고저 차 표현은 터레
인이 길게 늘어져 보이는 문
제를 어떠한 방법으로 극복
할 것인지가 관건이었다. 이
러한 과정을 거쳐 거대 로프
로 절벽 주위를 울타리처럼
커버하여 유저의 시각을 막
아 버리는 방법을 생각해내
게 되었다.

절벽 사이에 배치하는 건물들

15

- 거대한 중앙 굴착기를 기본으로 하여 배치함.
- 중앙 오브젝트는 스펙큘러와 라이트맵을 적절하게
  사용하여 거대한 느낌이 나오도록 유도 로프와 땅
  이 연결되도록 함.
- 벽에 배치될 오브젝트 위해 터레인은 가급적 경사
  도가 있게 제작함.

물탱크
재질의 나무

- 중간 부분에 스펙큘러 넣어 줌.
- 사방으로 퍼지는 로프 느낌
  거대한 드릴을 표현함.

랜덤으로 벽에 붙일 수 있는
오브제 변형을 3개 더 제작

동양과 서양이 공동으로 제
작하는 게임이었기 때문에
기획에서 요구되는 채금광의
이미지가 서양에서는 표현하
기 쉽지만 동양에서는 표현
하기 힘들었다. 기본적인 자
료가 없기 때문이다. 어떤 식
으로 동양적인 채금광을 디
자인할 것인지를 생각하다가
중앙에 배치한 굴착기 모양
의 디자인을 생각해내게 되
었다. 제일 위에 기화를 잡아
주고 기둥 자체의 무늬를 동
양적으로 디자인하여 동양의
채금광의 이미지를 살렸다.

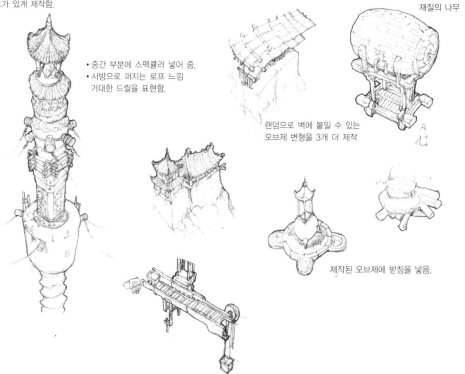

제작된 오브제에 받침을 넣음.

벽 쪽에 배치하는 오브젝트 3종과 필드에 배치하는
레일 형식의 오브젝트에 채석장 분위기가 풍기는
오브젝트들로 전체를 구성함.

채석장도 채금광과 마찬가지
로 동서양을 구분하기가 힘
들었다. 서양 판타지를 주로
작업해 왔던 필자의 경우, 채
석장의 디자인은 다른 디자
인보다 크리티컬한 문제였
다. 따라서 이 지역에서는 어
떤 식으로 동양적인 느낌을
살릴 수 있을 것인지를 많이
고민했다. 하단 좌측에서는
지역에 들어갈 동양의 무늬
를 연상시키는 조형물을 디
자인하였다.

채석장 전반에
배치한 조형물

석재를 운반하는 수레

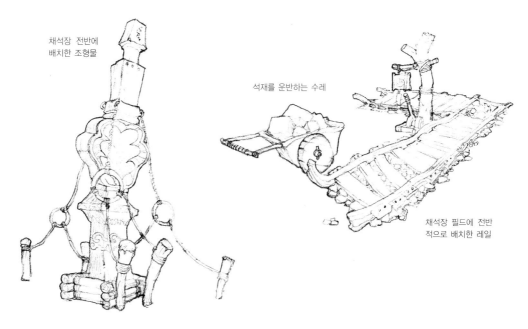

채석장 필드에 전반
적으로 배치한 레일

FOR MODELING USE

적서성으로 들어가는 입구의 성 내부에 중앙 광장으로 들어가는 부분
동서남북으로 2개의 석상들을 배치하고, 4가지 석상의 종류를 밀러화시켜서 배치함.

자무협곡의 절벽 전경, 큰 로프 오브젝트를 중심으로 가파른 언덕을 터레인 작업함.

적서성에 위치한 거대 석상
이다. 이는 사천왕을 연상할
수 있는 석상으로, 보통 석상
과 달리 색이 들어가는 나무
재질로 디자인하였다. 하단
의 디자인은 자무협곡의 계
곡 디자인이다.

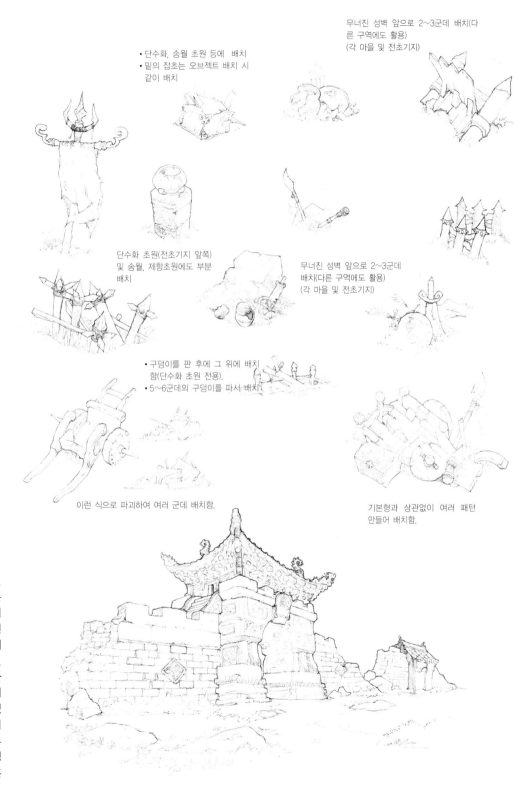

• 단수화, 송월 초원 등에 배치
• 밑의 잡초는 오브젝트 배치 시
  같이 배치

무너진 성벽 앞으로 2~3군데 배치(다른 구역에도 활용)
(각 마을 및 전초기지)

단수화 초원(전초기지 앞쪽)
및 송월, 제항초원에도 부분
배치

무너진 성벽 앞으로 2~3군데
배치(다른 구역에도 활용)
(각 마을 및 전초기지)

• 구덩이를 판 후에 그 위에 배치
  함(단수화 초원 전용).
• 5~6군데의 구덩이를 파서 배치

이런 식으로 파괴하여 여러 군데 배치함.

기본형과 상관없이 여러 패턴
만들어 배치함.

단수화 초원이라고 불리는, 과거 전쟁터였던 지역의 콘셉트 디자인이다. 지역이 매우 넓고 전쟁의 폐허를 표현하려면 일반적으로 다량의 오브젝트 양이 요구되는데, 제작적인 리스크를 최소화하기 위해 가능하면 소도구 위주로 반복하여 사용할 수 있는 방법을 채택했다. 다만 너무 자잘한 형태로 가는 지루함을 피하기 위해 거대한 성문이 전쟁을 통해 부서진 흔적을 군데군데 배치하였다.

FOR MODELING USE

019

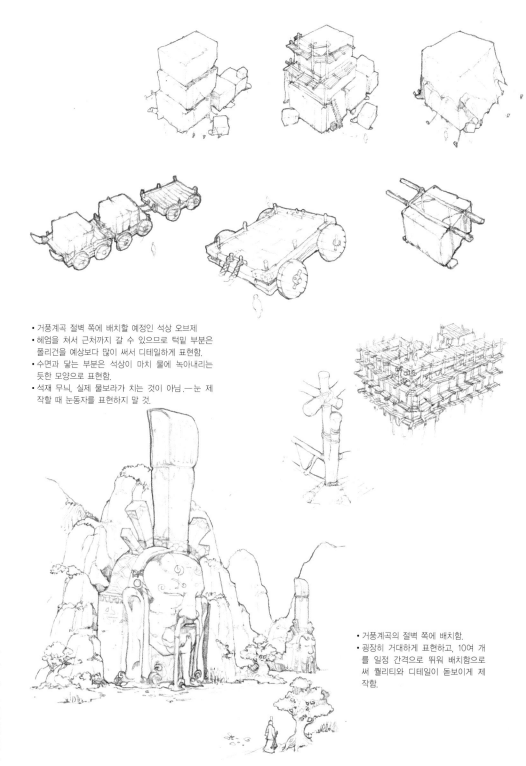

- 거풍계곡 절벽 쪽에 배치할 예정인 석상 오브제
- 헤엄을 쳐서 근처까지 갈 수 있으므로 턱밑 부분은 폴리건을 예상보다 많이 써서 디테일하게 표현함.
- 수면과 닿는 부분은 석상이 마치 물에 녹아내리는 듯한 모양으로 표현함.
- 석재 무늬, 실제 물보라가 치는 것이 아님.—눈 제 작할 때 눈동자를 표현하지 말 것.

채석장을 꾸미는 대형 오브 젝트들이다. 석재의 이동 수 레 및 석재가 놓여 있는 오 브젝트들을 디자인하였다. 하단에는 거풍계곡의 강가에 있는 거대 석상을 배치하였 다. 중국에 과거 관직에 있던 사람들의 의상을 참고로 하 여 디자인해 보았다.

- 거풍계곡의 절벽 쪽에 배치함.
- 굉장히 거대하게 표현하고, 10여 개 를 일정 간격으로 띄워 배치함으로 써 퀄리티와 디테일이 돋보이게 제 작함.

020

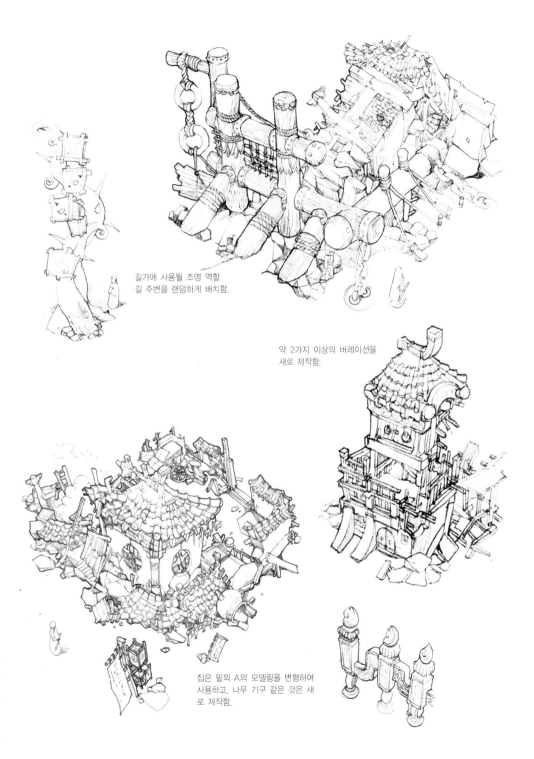

길가에 사용될 조명 역할
길 주변을 랜덤하게 배치함.

약 2가지 이상의 버레이션을
새로 제작함.

집은 밑의 A의 모델링을 변형하여
사용하고, 나무 기구 같은 것은 새
로 제작함.

거풍계곡의 고블린에 있는 페허가 된 마을들이다. 이 지역을 제작할 때는 오브젝트가 많이 제작이 되어 있는 상태였기 때문에 소스 오브젝트를 사용할 수 있었다. 가능하면 신규 제작보다는 기존 건물을 파괴하여 사용하는 쪽으로 디자인을 맞추었다.

FOR MODELING USE

021

툴 배치 참고용 설정 원화

• 기본 설정은 숲에 작은 시냇물이 흘러가는 느낌의 약간 울창한 숲 이고, 군데군데 유적이 있음.

• 약간의 마법 느낌이 존재하며, 푸른색과 청색 계열, 황토색 계열을 기본 베이스로 잡아 둠.

위로 가득 채운 숲 밑쪽은 늪지 같은 느낌의 물이 고이고, 작게 반짝거린다. 군데군데 구슬 모양의 오브젝트에서 빛이 발광하는 이펙트를 제작함.

오색의 숲에 기본 터레인을 설정한 것이다. 길 자체를 낮은 강으로 유지해 가면서 제작했고, 곳곳에 조형적인 이미지를 살려 주는 오브젝트들을 배치했다.

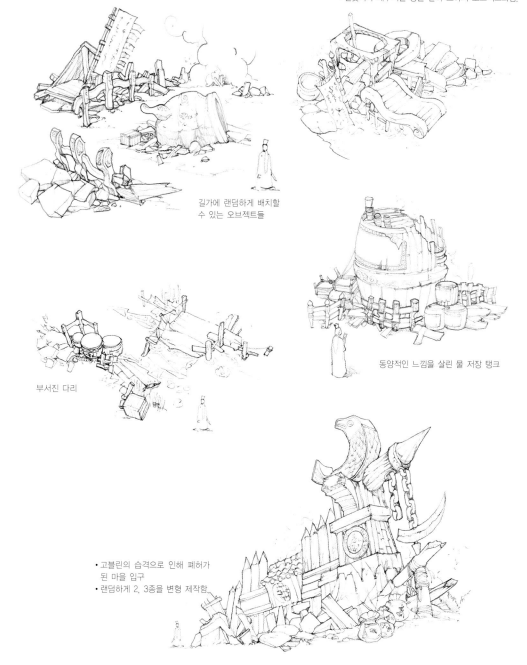

• 작은 연못 주변에 배치하는 작은 부서진 나루터임.
• 연꽃이나 개구리풀 등을 같이 모아서 오브젝트화함.

길가에 랜덤하게 배치할
수 있는 오브젝트들

부서진 다리

동양적인 느낌을 살린 물 저장 탱크

• 고블린의 습격으로 인해 폐허가
  된 마을 입구
• 랜덤하게 2, 3종을 변형 제작함.

• 작은 돌들은 따로 제작함.
• 애니메이션 제작 예정임.

카르시드 던전 보스몹 구역

철쇄 사슬은
메시를 많이
나누어 둘 것
(애니메이션
제작 예정).

중앙에 이펙트 제작 예정

철쇄 사슬이 여러 가닥으로
늘어져 있음.

바닥은 땅이 갈라져 울퉁불퉁하지만
점프할 정도로 제작하지는 않음.

애니메이션 제작 예정임.

이펙트를 줄 예정

거대 몹
배치 공간

이펙트
제작 예정

애니메이션 제작 예정

단전 중앙부 거대 몹 배치 지역

'카르시드라는 공동 전쟁 구역을 들어가는 입구'라는 주제의 던전이다. 기획서의 요구는 동양도 서양도 아닌 공동 구역이라는 이미지가 살아날 수 있도록 해야 한다는 것이었다. 떠 있는 계곡 느낌의 다양한 이미지를 중심으로 디자인을 잡아 보았다. 이 던전에서는 이펙터들의 힘을 많이 빌렸고, 작은 돌덩이들의 애니메이션이나 조명 역할을 하는 이펙트를 군데군데 넣어 효과를 추가하고자 하였다.

FOR MODELING USE

기본 길들의 평균 이미지

중앙에 이펙트
제작 예정(대형)

애니메이션
제작 예정

이펙트 제작 예정

길 하단부에 꼽는 형식

거대 석조
• 천천히 주위를 돌아가는 애니
  메이션을 제작할 예정임.
• 잔돌들은 큰 돌과 다른 방향
  으로 애니메이션을 제작함.

지형은 기본 블록이
모인 느낌이나 걸어
다닐 수는 있지만 점
프할 정도로 제작하
지는 않음.

하단은 카르시드로 가는 길
이라는 던전의 중간 보스를
배치하는, 조금은 넓은 지역
이다. 이 던전은 공중에 들어
가는 수많은 오브젝트들의
자연스러운 애니메이션을 수
차례에 걸쳐 체크하면서 진
행하였다.

중국 진시왕의 무덤
속의 병사들이 마법
에 걸린 것처럼 땅에
서 석상으로 올라오
는 듯한 분위기 연출
이 지역의 특정 부분
에 배치함.

• 기본 설정은 숲에 작은 시냇물이 흘러
  가는 느낌의 약간 울창한 숲이고, 군데
  군데 유적이 있다.
• 약간의 마법 느낌이 존재하며, 푸른색
  과 청색 계열 및 황토색 계열을 기본
  베이스로 잡음.

큰 넝쿨들이 마법에 의해 땅에서
돌출되는 듯한 이미지

• 필드의 경계 지역 사이사이를 구
  분할 수 있는 유적의 흔적임.
• 주로 싸움터와 싸움터 경계 부분
  에 배치함.

거풍계곡의 터레인 작업을
위한 전경과 하단으로, 오색
의 숲에 들어가는 오브젝트
들이다.

026

카르네아 신전 부근에 배치하는 거대한 검의 성
- 계단이 위쪽까지 올라가 있어 공중에서 밑이 보일 수 있는 이미지임.
- 바람의 느낌의 애니메이션을 적용하고 군데군데 달린 잡초가 애니메이션
  으로 흔들린다.

초기 개발 단계에서 서버 선택 화면으로 사용하려다가 게임의 콘셉트와 조금 맞지 않는다는 의견이 있어서 필드 쪽 오브젝트 원화로 돌린 거대 검의 형상을 한 탑이다. 하단의 용은 용암 지역에 배치할 석상의 콘셉트 디자인이다.

용암 지역의 거대용
거대한 용의 석상에서 용암이 떨어지는 이펙트 제작

마르코 항구의 술집 외부

마르코 항구의 술집 내부

마르코 항구의 술집 디자인이
다. 실내 맵이 존재하는 디자
인으로써 각 층마다 NPC를
배치하여 퀘스트를 전달할 수
있는 공간을 마련하였다.

FOR MODELING USE

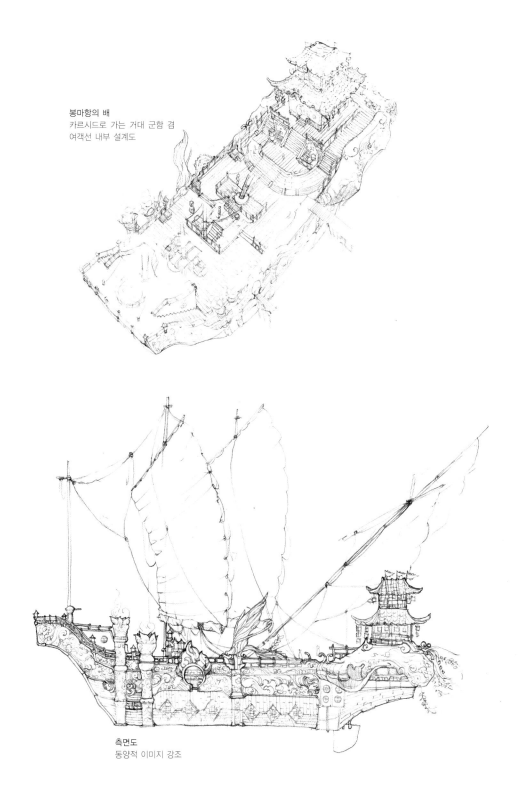

봉마항의 배
카르시드로 가는 거대 군함 겸
여객선 내부 설계도

봉마항에 들어가는 거대 함
정이다. 서양과 동양에 존재
하는 항구에서 오픈 베타 서
비스 이후 가장 중요한 역할
을 하는 중앙 전쟁 지역으로
들어가게 되는 도구로 사용
되는 거대 함정이다. 유저가
이 배를 마지막으로 전쟁 지
역으로 들어가는 만큼 배 안
의 공간을 충분하게 확보하
였고, 많은 유저가 커뮤니티
를 할 수 있도록 유도하였다.

측면도
동양적 이미지 강조

봉마항 아이템 상점들
위에서부터 펫 상점, 무기
상점, 중앙 사령부

무기 상점 위의 거대 철로 위로 철을 녹이는 느낌과 연기가 있음.

봉마항에 있는 항구 건물들이
다. 다른 지역과 차별화하기
위해 건물마다 역할적인 특성
을 강조한 디자인으로 콘셉트
를 잡았다. 중앙에 배치할 중
앙 관리소는 한눈에 들어올
수 있도록 유리구슬과 같은
구슬 모양에 오브젝트를 건물
중앙에 박아서 재질의 특징을
부각하였고, 대장간의 경우는
화로를 통해 대장간의 이미지
를 강조하였다.

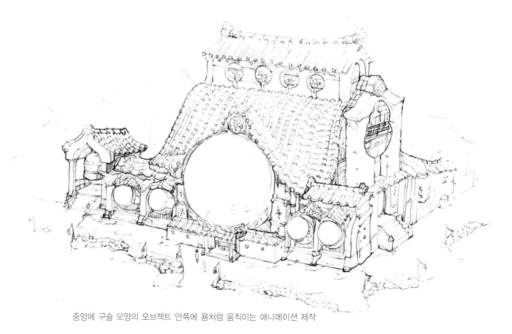

중앙에 구슬 모양의 오브젝트 안쪽에 용처럼 움직이는 애니메이션 제작

펠컨성의 중앙 광장용 일반 건물들 우측 하단에 액세서리 상점 좌측 통로로 외부와 연결될 수 있음.

펠컨성의 콘셉트 원화이다. 펠컨성의 콘셉트상의 기본은 '럭셔리한 표현'이었기 때문에 기본 건물이나 아이템 상점이 폴리곤을 많이 차지하지 않으면서도 럭셔리한 느낌을 살릴 수 있도록 금장이나 스테인드글라스 같은 느낌의 이미지를 강조하였다. 또 보는 사람이 복잡하면서도 단순한 이미지를 느낄 수 있도록 디자인하였다.

소모품 상점 로코코 형식의 창문과 지붕, 중세 유럽의 향기가 나는 거리와 작은 석상들을 함께 배치

031

- 적서성의 상점, 성의 모서리 부분에 위치한 상점, 입구의 문을 없애 편하게 출입할 수 있도록 구성함.
- 뒤쪽에 성으로 오를 수 있는 길을 마련함.

적서성은 서양의 첫 번째 성보다 규모면에서는 조금 크지만 내부 구조는 좀 더 심플하게 구성하고자 했다. 하지만 결국에는 조금 복잡하게 느껴질 정도로 작업이 완성되었다. 각 구역의 로딩 시간을 줄이기 위에 실내 맵 같은 작용을 할 수 있도록 아이템 상점 안쪽에서 외부의 유저가 보이지 않게 차단하는 것을 목적으로 디자인하였으며, 들어가는 입구 문은 과감하게 생략하였고, 내부는 실내 맵 이상으로 퀄리티를 높이려고 하였다.

중앙 상점에 일부분 들어가서 중앙 쪽에 NPC가 위치할 수 있는 스테이지를 마련함.

032

적서성 중앙에 위치한 용의 석상이 자리한 광장의 각 방향으로 자유롭게 통과할 수 있는 길을 마련하고, 동그란 원을 중심으로 안쪽에 연못을 배치하며, 하수구 같은 곳에서 분수처럼 맑은 물을 배출하는 이펙트를 제작하여 배치함.

적서성의 중앙 광장이다. 적서성에 거대한 용을 배경으로 하는 광장을 마련하여 유저들이 쉽게 이 광장에 모일 수 있도록 특징을 강조하고, 넓은 공간을 두어 개인 판매 지역으로서의 역할도 할 수 있도록 유도하였다.

초기의 콘셉트화는 용을 중심으로 한 원형 건물을 초기 설정으로 제작한 후, 위의 형태로 발전시킴.

펠컨성의 액세서리 상점 중앙에는 액세서리를 상징하는 금색 형태의 장신구를 장식하고, 좌측으로는 지역을 통과하는 입구를 마련함.

펠컨성의 방어구 상점과 액세서리 상점의 전경 디자인이다. 로코코 양식과 르네상스 양식을 접목한 장식 위주의 건물 형태를 기본으로 디자인하였다. 건물 형태만 보아도 금방 상점의 특징이 드러날 수 있도록 유도하였다.

방어구 상점, 다양한 방어구를 갖출 수 있는 NPC를 문 앞쪽에 배치함.
윗부분에 중세풍 부인의 전신 드레스 장식의 간판이 있음.

펫 상점 서쪽 중앙 부분에 아이템 상점(펠컨성의 일부), 동물 우리처럼 보이는 몇 개의 마차와
눈에 들어오는 거리의 깃발들, 나선형 계단 등을 배치

펠컨성의 펫 상점과 대장간
의 전경이다. 길을 중심으로
성에서 쉽게 찾을 수 있는
아이템 상점 간의 특징을 살
리려고 노력하였다. 성벽과
연결되는 안쪽 길이 자연스
러운 나선형을 유지할 수 있
도록 콘셉트를 잡아 본 디자
인이다.

• 대장간을 펫 상점 앞쪽에 배치하고, 펠턴성의 서문 옆에 배치함.
• 서문 통로의 위쪽에 배치하고, 대장간의 가마가 외부에서도 보이도록 배치함.

FOR MODELING USE

- 펠컨성의 중앙 본부의 설계도 펠컨성의 중심으로서 실내 맵 제작 예정임.
- 스펙큘러와 라이트맵을 적극적으로 써 주고 중앙의 등 오브젝트는 돌아 가는 이펙트와 함께 조명 이펙트를 넣어 줌.

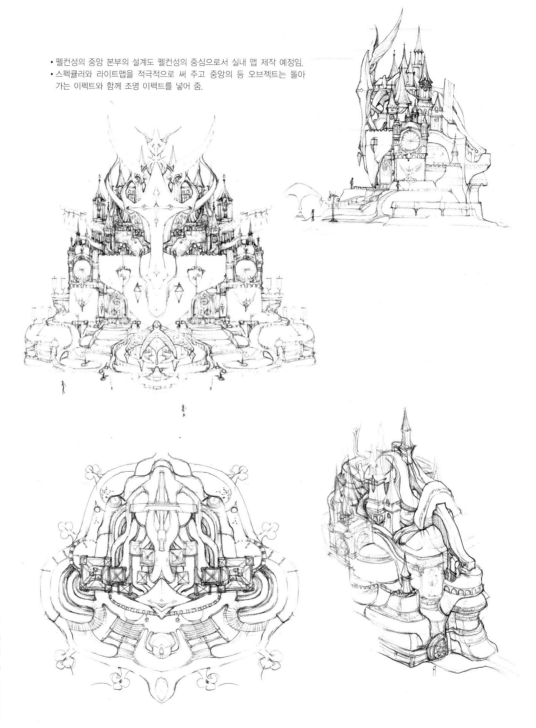

펠컨성의 중앙 본부 디자인 이다.. 가장 중요한 건물이므 로 제작 당시 3번에 걸쳐 제 작하였다. 필자의 작업과 3D 쪽 작업이 이미지가 다른 경 우가 많아서 이 건물 부분에 서의 작업적인 딜레이가 매 우 길었지만 결과물은 기대 이상으로 만족스러웠다.

o36

럭셔리한 분위기를 내기 위
해 가장 신경 쓴 부분은 건
물과 성벽이다. 일반 성벽보
다 좀 더 부드러운 라인을
유지할 수 있도록 디자인을
하였으며, 100% 완벽하게
상상했던 결과물은 아니었지
만 그런대로 완성도 있게 나
온 편이었다.

037

펠컨성의 후문이다. 스테인
드글라스의 느낌을 많이 살
리기 위해 노력하였다. 로딩
상의 부담을 줄이기 위해 정
면의 입구 쪽을 2개의 입구
형태로 제작하여 한 번에 안
쪽이 보여 로딩되는 일이 없
도록 구성하였다.

동양의 이미지를 판타지 형식으로 표현한 건물 안 연못과
중앙 건물을 캐주얼식으로 변형해 본 디자인

중국 신규 프로젝트를 하면
서 그려본 기본 콘셉트 이미
지 샘플이다. 처마를 중심으
로 디자인적인 데포르메를
유도하였다. 실 작업에서는
구름 형태의 처마로 디자인
방향을 바꿨지만, 기본 콘셉
트를 잡아 나가는 이미지 중
의 한 장이라고 할 수 있다.
하단은 적서성의 아이템 상
점 디자인이다.

적서성의 아이템 상점의 일부분

천계의 이미지를 형상화한 에메랄드 날개가 박힌 조형물 구름과
거대 절벽으로 위엄 있게 표현함.

상단은 일본에서 활동할 때
개인적으로 작업한 작업물이
다. 당시는 파이널 판타지 11
이 대히트를 기록할 때였고,
필자도 중세 판타지 표현을
위해 연구할 때였다. 하단은
위 온라인 초기 개발 단계의
콘셉트화이다.

천계의 지형을 표현한 이미지
솜털처럼 보이는 거대한 절벽과 넝쿨을 감싸는 절벽을 강조함.

FOR MODELING USE

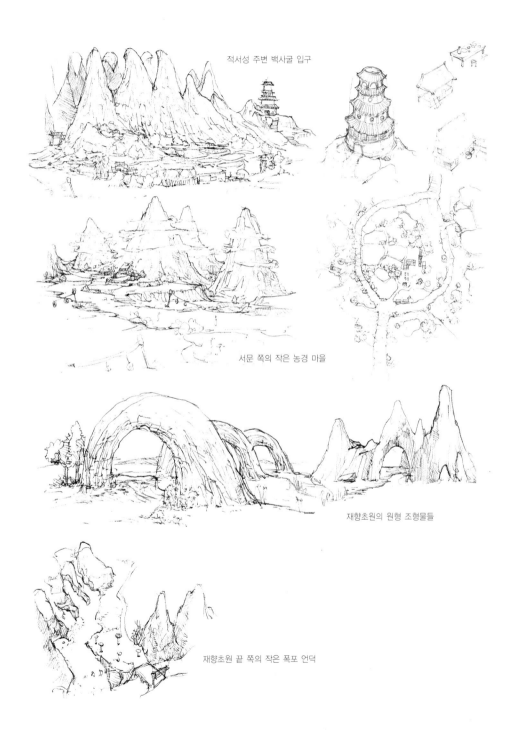

적서성 주변 백사굴 입구

서문 쪽의 작은 농경 마을

재향초원의 원형 조형물들

재향초원 끝 쪽의 작은 폭포 언덕

초기 단계의 적서성 부근의
러프 스케치이다. 지형 구성
위주로 잡아 필드의 분위기
를 대략적으로 공유할 수 있
도록 만들었다.

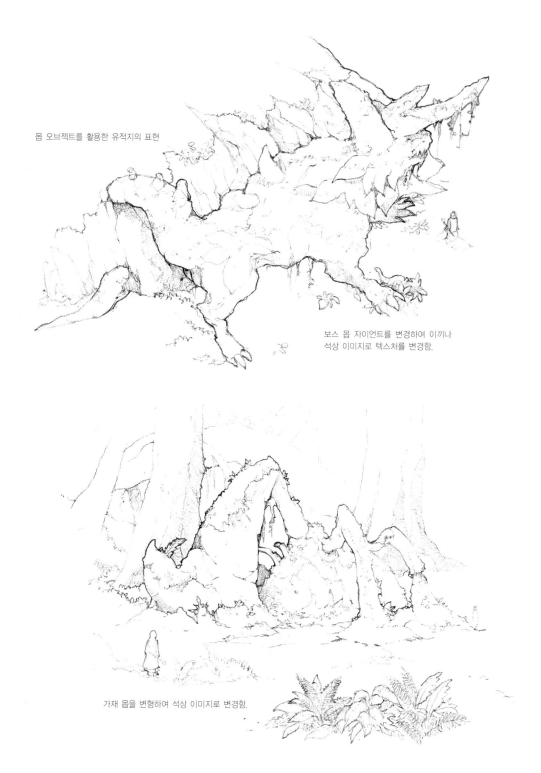

몹 오브젝트를 활용한 유적지의 표현

보스 몹 자이언트를 변경하여 이끼나
석상 이미지로 텍스처를 변경함.

가재 몹을 변형하여 석상 이미지로 변경함.

제작된 몹 오브젝트를 활용하여 정글 지역의 거대 몹 유적을 제작하였다. 캐릭터 팀의 협조를 받아 만들어진 데이터에서 일정한 포즈를 잡은 후 맥스의 뼈대 데이터를 생략하면 좋은 포즈를 얻을 수 있다.

042

정글 지역의 대형 유적들과 고블린 마을에 배치한 캠프 건물

길 사이사이에 쓰러져 있는 나무의 조형물

드러그 정글의 고대 몬스터
의 유적과 고블린 마을, 그리
고 정글을 꾸미는 작은 다리
와 정글 속에 쓰러져 있는
나무들의 디자인들이다.

'망자의 전쟁터'에 있는 대형 나무 오브젝트
용암처럼 뿌리 밑에서 연기와 함께 빛을 발산하는 에너
지 형태의 이펙트를 제작함.

길 사이사이에 배치한 가로등 형식의 조형물

'서양 쪽의 망자 전쟁터' 부
분 오브젝트의 콘셉트 이미
지다. 주로 이펙트를 활용하
여 작업을 유도하였기 때문
에 그리 많은 오브젝트는 배
치되어 있지 않다. 포지션을
크게 잡아 주고, 나머지는 이
펙트에서 불타는 전장의 이
미지를 살리도록 어드바이스
하였다.

위 온라인의 메인 이미지 콘셉트화 제작용 원화(로딩 화면 활용)

초기 서버 선택 화면 및 배경 포스터 제작용 콘셉트화이다. 작업 당시 필자는 연필선 맛에 대한 다양한 연구를 하고 있던 중이었다. 지금도 가장 애착이 가는 원화이다.

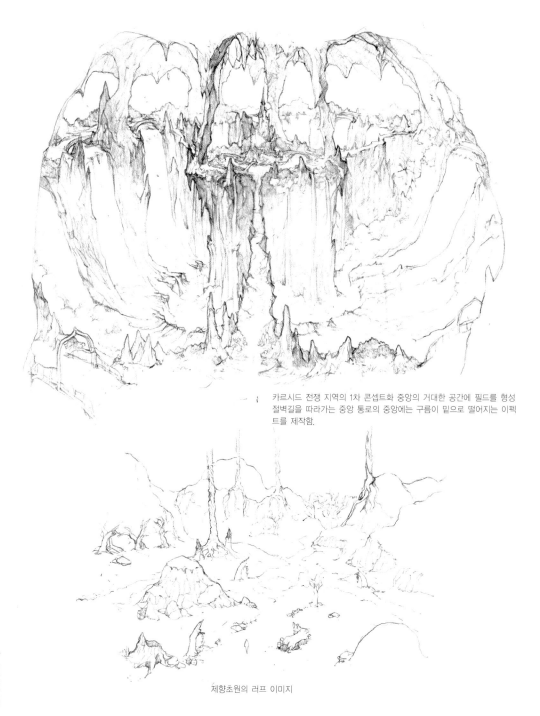

카르시드 전쟁 지역의 1차 콘셉트화 중앙의 거대한 공간에 필드를 형성
절벽길을 따라가는 중앙 통로의 중앙에는 구름이 밑으로 떨어지는 이펙
트를 제작함.

전쟁 지역으로 설정을 잡아
본 이미지이다. 아직 기획서
가 도착하지 않은 상태였기
때문에 설정 작업만 좀 더
보강하였다.

제향초원의 러프 이미지

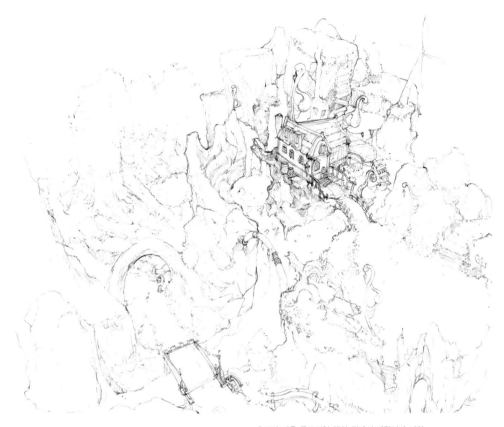

초보자 마을 튜토리얼 맵의 집에서 캐릭터가 나와
밑의 던전, 기관 장치 설명에 따른 오브젝트가 있음.

초기 접속할 때 로딩되는 내부 맵 평면도

튜토리얼의 기본 설계도이다.
게임 개념을 유저들이 쉽게
접할 수 있도록 번거로운 치
장을 최대한 줄여 작업했다.

FOR MODELING USE

047

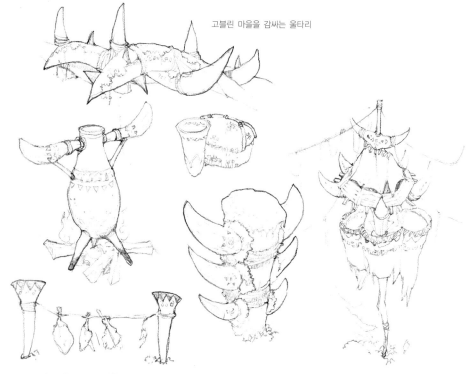

고블린 마을을 감싸는 울타리

드러그 정글 고블린 마을의 소도구들

정글 안쪽에 있는 빛나는 나무 열매

정글 속의 고블린 마을에 들
어가는 소도구들과 정글을
꾸미는 판타지 느낌이 강한
나무를 배치하였다.

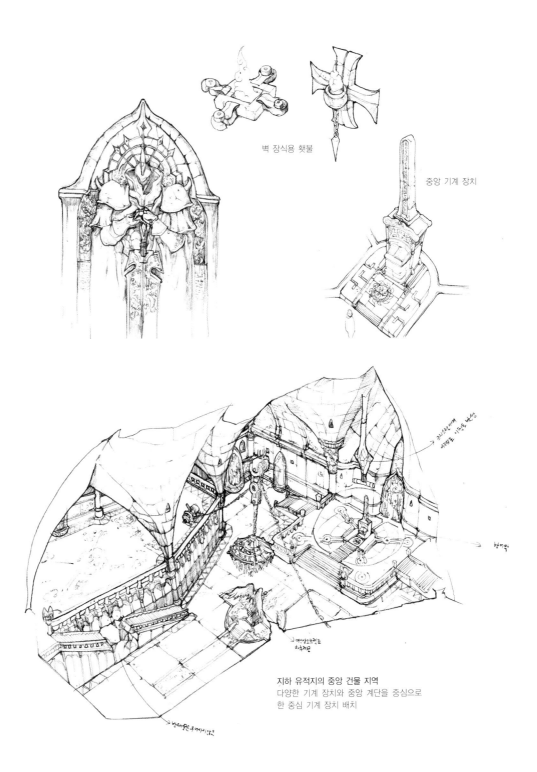

벽 장식용 횃불

중앙 기계 장치

지하 유적지의 중앙 건물 지역
다양한 기계 장치와 중앙 계단을 중심으로
한 중심 기계 장치 배치

지하 유적 던전의 첫 번째 콘셉트화다. 당시는 긴 개발 기간으로 인해 기획자의 기획서 난이도가 가장 높았던 때였다. 많이 고생하면서 제작한 콘셉트화이며, 제작 이전에 필자 자신이 모델링까지 구현해 보고 이미지화하였다.

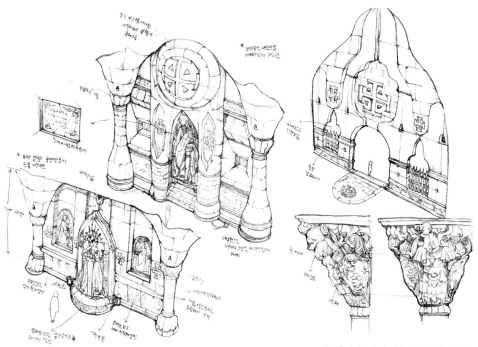

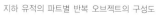

지하 유적의 파트별 반복 오브젝트의 구성도

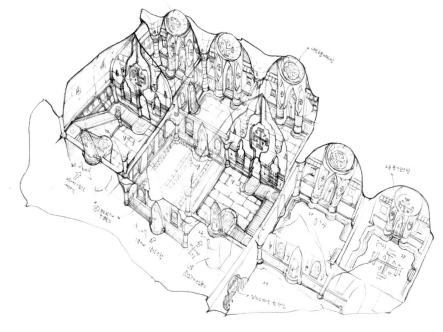

지하 유적지의 파트별로 반
복될 구역에 배치한 이미지
와 구간별 평면도이다.

천공의 마을 이미지화

천공의 도시를 기본 콘셉트
로 하여 제작한 선화이다.

용암 지역과 유적지의 설정화
이다. 고지의 분위기와 용암
지대의 분위기를 스케일이 크
게 그리기 위해 노력하였다.

높은 지역에 있는 유적지의 전경 이미지를 구름 이펙트에 싸인
유적지의 모습으로 표현

펠컨성에 있는 주점 동쪽 입구
출구 앞쪽에 있는 건물에는 나선형
계단을 둘러 주었음.

성 주위를 구성하는 작은 마차들의 이미지

펠컨성에서 가장 디자인적인 힘을 기울인 술집 디자인이다. 전면이 스테인드글라스이고, 바깥쪽으로 자리한 테라스가 고급스럽게 배치될 수 있도록 디자인하였다. 마차는 중세 유럽의 디자인을 이용하여 보강하였다.

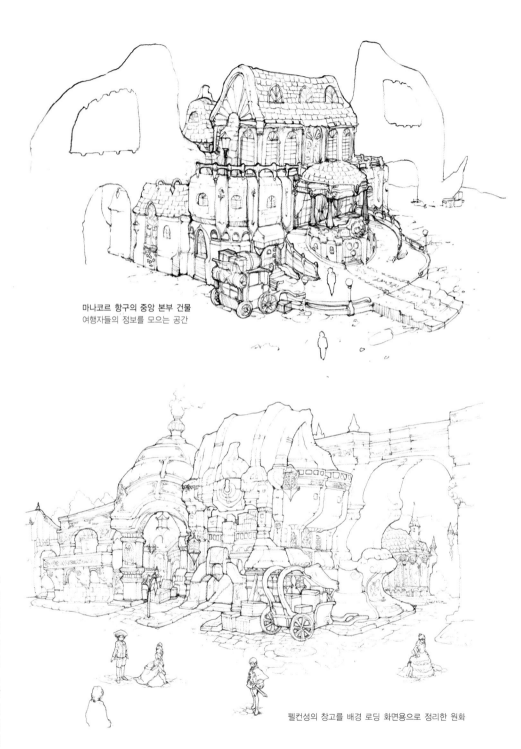

마나코르 항구의 중앙 본부 건물
여행자들의 정보를 모으는 공간

마나코르 항구의 중앙 본부
건물은 필자 자신의 콘솔적
인 이미지를 살리려고 노력
한 디자인이다. 작은 항구의
오밀조밀한 느낌을 유저들이
느낄 수 있다면 좋겠다는 생
각으로 디자인한 원화이다.
이미지는 배경 포스터 제작
을 위하여 모델링 원화를 재
작업한 선화이다. 모델링 원
화보다 한층 구체적으로 정
리해 보았다.

펠컨성의 창고를 배경 로딩 화면용으로 정리한 원화

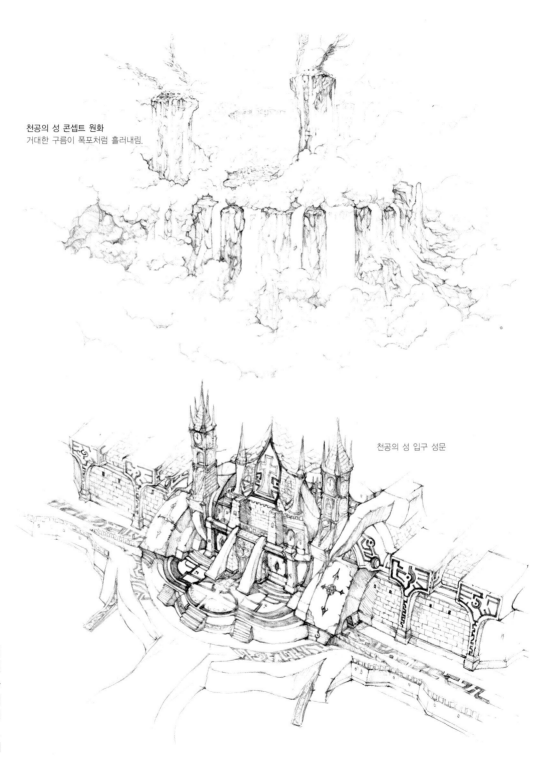

천공의 성 콘셉트 원화
거대한 구름이 폭포처럼 흘러내림.

천공의 성 입구 성문

천공의 성 콘셉트는 그래픽
적인 면이 많기 때문에 개인
적으로 즐기는 주제이기는
하지만, 게임에서 구현하기
가 힘들기 때문에 쉽게 반영
하기는 힘들 것으로 보인다.
일본에서 개인 작업을 통해
구체화한 이미지화다.

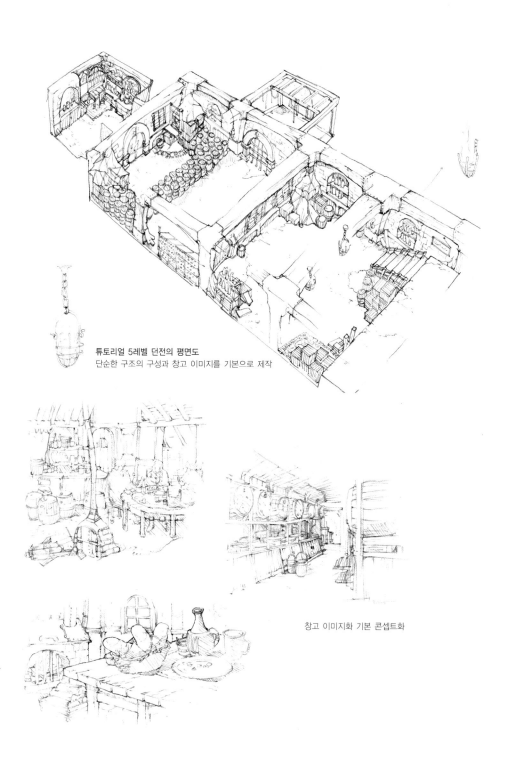

튜토리얼 5레벨 던전의 평면도
단순한 구조의 구성과 창고 이미지를 기본으로 제작

창고 이미지화 기본 콘셉트화

5레벨 던전의 시스템에 맞게
잡아 본 던전 원화이다. 기본
설정 원화를 하단과 같이 잡
은 후, 게임적으로 재해석하
였다.

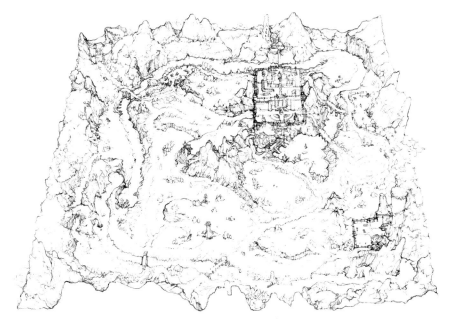

성을 중심으로 한 필드 평면도
터레인 지역의 전면도 성을 중심으로 오브젝트의 지역적
분산을 고려하여 제작함(터레인 제작 참고용).

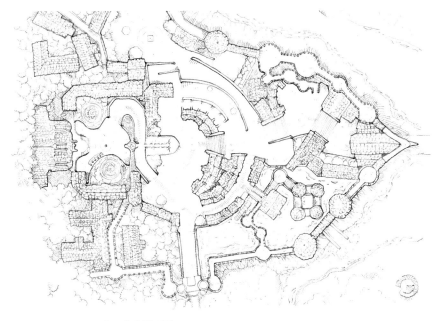

지역의 특성을 한눈에 볼 수
있게 작업해 본 콘셉트 설정
이미지이다. 상단은 용암 지
역의 이미지, 하단은 고지대
유적지의 이미지화다.

월드 맵 제작용 평면도
볼테른 성의 성 맵 길 레이어와 건물의 레이어를 분리하여
알파 처리할 예정임.

배경 콘셉트 아트를 위한 아트 메이킹_컬러편 02

FOR MODELING USE

001

흉안의 숲이라는 이름의 필
드와 숲의 안쪽에 자리 잡은
음산한 마을을 잡은 콘셉트
이다. 오브젝트의 양은 대형
이 3개, 소형이 4개였다. 먼
저 캐릭터 발목 정도 높이의
낮은 물 위에 있는 연꽃과
작은 분수 같은 오브젝트들
이 조금 빠른 속도의 물 이
펙트를 분사하도록 하였다.
마을은 촛불과 같은 이미지
를 이용하여 음산한 분위기
를 조성하였고, 군데군데 동
양적인 조명 역할을 하는 원
형 오브젝트를 추가하였다.

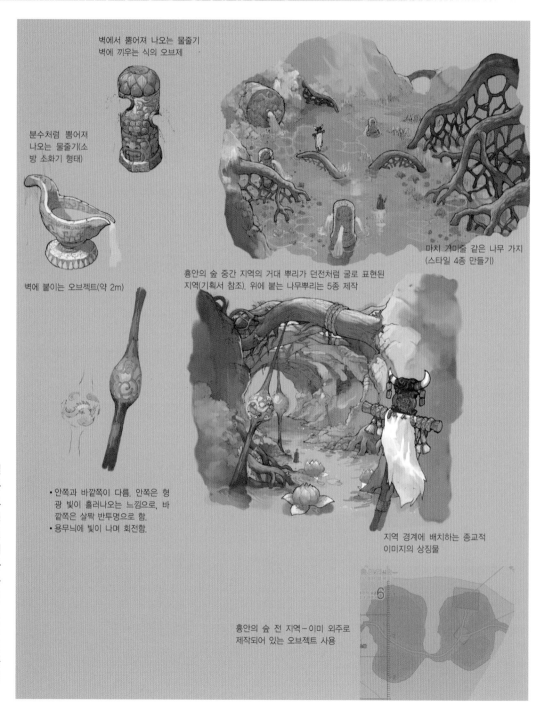

벽에서 뿜어져 나오는 물줄기
벽에 끼우는 식의 오브제

분수처럼 뿜어져
나오는 물줄기(소
방 소화기 형태)

벽에 붙이는 오브젝트(약 2m)

마치 거미줄 같은 나무 가지
(스타일 4종 만들기)

흉안의 숲 중간 지역의 거대 뿌리가 던전처럼 굴로 표현된
지역(기획서 참조). 위에 붙는 나무뿌리는 5종 제작

• 안쪽과 바깥쪽이 다름. 안쪽은 형
광 빛이 흘러나오는 느낌으로, 바
깥쪽은 살짝 반투명으로 함.
• 용무늬에 빛이 나며 회전함.

지역 경계에 배치하는 종교적
이미지의 상징물

흉안의 숲 전 지역 - 이미 외주로
제작되어 있는 오브젝트 사용

나비 등의 환경 오브젝트
작은 웅덩이를 살려 주고 주위에
아기자기한 오브젝트들을 추가함
(꽃밭, 작은 울타리, 나비, 돼지).

웅덩이 만듦.

앞쪽은 좀 더 넓힘.

이런 벽을 만들어 올림.

확장시켜서 밑쪽까지 넓힘.

적서성의 성 안쪽에서 첫 로딩을 한 후에 만나는 초심자를 위한 마을이다. 유저가 처음 바깥쪽 필드로 나오는 첫 마을이기 때문에 각별히 비주얼에 신경 써서 제작하였다. 마을에는 나비, 소, 돼지와 같은 환경 오브젝트들을 배치했으며, 동양풍의 이미지를 느낄 수 있도록 작은 연못의 주위에 동양의 이미지를 배치하였다. 하단에 있는 오래된 나무는 동양의 토속 신앙을 모티브로 하여 콘셉트를 잡았으며, 이곳에 다양한 이펙트를 추가하였다.

00**3**

제향초원의 대형 오브젝트 형태를
부셔서 2~3군데 배치

광대한 초원을 바탕으로 다음 필드에 있을 전쟁터인 단수화 초원에 들어가기 전에 과거의 공성전의 느낌을 살리려는 생각으로 잡은 싸움터이다. 거대 병기를 기본으로 하여 수많은 거대 병기의 잔해, 주위를 둘러싸고 있는 갈대숲을 바탕으로 언덕에 유일하게 남은 전초기지에서 필드로 보내지는, 다양한 퀘스트를 받을 수 있는 콘셉트로 이미지를 기획했다.

벽에 붙이는 형식의 오브제
절벽 등의 배치

게시판 형태의 오브제
뒤의 바위와 같이 한 번에 제작

머리 쪽은 옥 재질(반질반질한 느낌으로),
중간은 코팅된 나무와 같은 재질,
빨간 띠는 금속의 반짝이는 느낌으로 제작함.

• 다리의 끝과 끝부분에 지지대
  역할의 오브제를 배치함.
• 동양적인 무늬와 나무 재질감을
  표현함.

오죽림용 오브제 및 공용 다리
오브젝트 모음

오죽림을 건너는 다리와 승
룡사 토벌대 마을 쪽의 오브
젝트들이다. 다리를 멀리에
서도 한 번에 알 수 있도록
하기 위해 특징 있는 기둥과
오리엔탈 문명의 흔적을 표
현하였다.

• 거대한 깃발 오브젝트를 완성한 후 애니메이션을 줌.
• 다리 주위로 꽃잎이 크게 휘날리는 이펙트가 들어감.
• 강가에는 연꽃잎과 개구리 잎이 떠내려감.

절벽과 절벽 사이의 구름다리이다. 깃발을 계곡에 부는 바람을 느낄 수 있는 느낌으로 전달하고, 거대 조형물을 통하여 서양과 차별화하였다. 하단에 있는 다리는 평지의 일반 다리를 콘셉트화하였다. 중국 무협에 나올 것 같은 거대한 깃발들이 강가에 휘날리는 모습을 표현하였다.

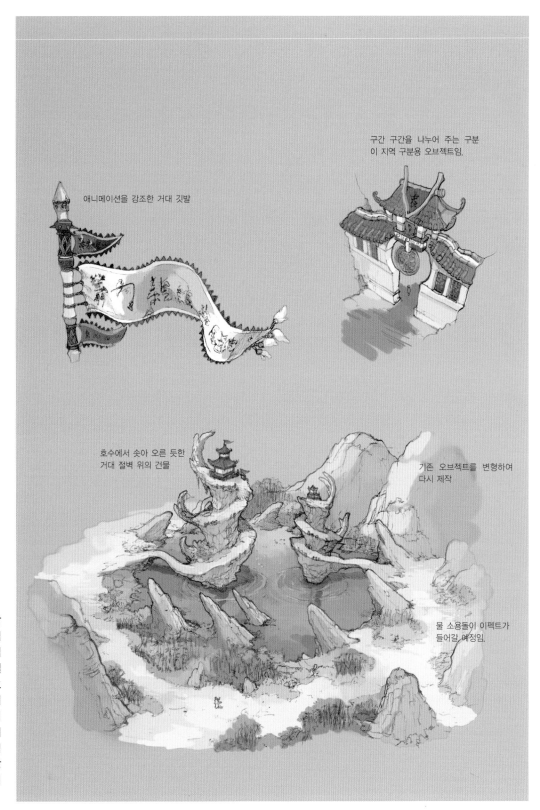

구간 구간을 나누어 주는 구분이 지역 구분용 오브젝트임.

애니메이션을 강조한 거대 깃발

호수에서 솟아 오른 듯한 거대 절벽 위의 건물

기존 오브젝트를 변형하여 다시 제작

물 소용돌이 이펙트가 들어갈 예정임.

오죽림 대나무 숲 사이의 작은 연못이다. 상위의 구역 입구를 경계로 하는 지역 출입구 이미지이며, 밑으로는 절벽 사이로 보이는 거대한 호수 가운데 정자의 이미지이다. 동양적인 판타지를 살리려고 노력하였다. 호수 주위를 둘러싸고 있는 작은 절벽은 지나가는 유저들이 긴장감을 느낄 수 있도록 꾸며보았다.

7

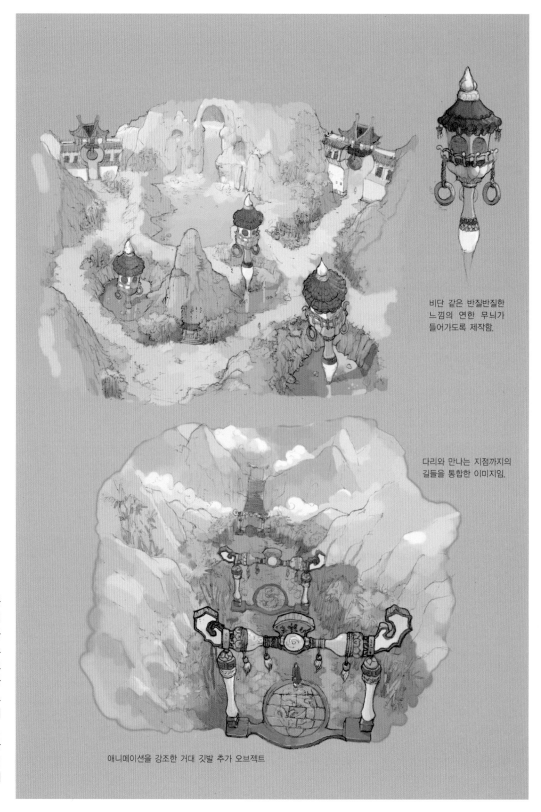

비단 같은 반질반질한
느낌의 연한 무늬가
들어가도록 제작함.

다리와 만나는 지점까지의
길들을 통합한 이미지임.

오죽림에 터레인 작업자를
위한 전체도이다. 마치 볼링
핀 같이 생긴 건물들이 작은
웅덩이에 동양 건축물의 느
낌으로 서 있으며, 길 주위로
캐릭터를 가릴 것 같은 대나
무 숲을 디자인하였다. 다소
좁은 길을 연결하고, 중앙에
는 작은 폭포도 배치하였다.
절벽과 절벽 사이에는 대나
무 숲에서 다음 필드로 넘어
가는 길에 특이한 구역 표시
조형물을 배치하였다.

애니메이션을 강조한 거대 깃발 추가 오브젝트

008

백사굴 던전 입구
절벽을 용의 발톱을 표현하여 발톱 끝에 이펙트를 붙이고,
나무에 발광성 있는 반투명의 하늘색 꽃잎이 반짝이도록 함.

던전으로 들어가는 입구에 있는 길이다. 초기 이미지 콘셉트 설정 당시 어떻게 하면 서양과 차별화된 던전 입구의 분위기를 만들 것인지를 고민하다가 생각해낸 아이디어이다. 거대한 용의 발톱을 형상화한 콘셉트 이미지를 잡아 보았다. 길의 양쪽에 투명한 느낌의 발광하는 나무들을 배치하여 다른 지역과 차별화된 긴장감을 조성하고자 노력하였다. 하단에 있는 탑은 초기 디자인 당시 탑 위주로만 되어 있는 디자인을 추가 오브젝트로 한 번 더 보강하였다.

• 절벽으로 올라가는 성벽을 먼저 만들고, 에디터에서 밑을 맞추는 형식으로 평면이 아닌 굴곡을 만들어 줌.
• 기본적으로 안에 들어갈 수 없음.

009

집의 배치 지형을 크게 3층 정도로 잡고, 빈 공
간에 장작더미 추가 오브젝트를 제작, 배치함.

상단은 '승룡사 토벌대'라는
마을과 마을 오브젝트 배치도
이다. 보통 마을의 경우에는
단층이 많은데, 콘솔 게임을
개발할 때 경험한 마을의 집
들을 층별로 표현할 때 배경
적인 재미를 준다는 사실을
적용한 디자인이다. 온라인
게임에서 모든 필드의 밀도를
올리는 일은 사실상 불가능하
기 때문에 중요한 부분만을
먼저 강조해 주고자 노력하였
다. 또 하단에는 그 어떤 곳
에 배치해도 무방한 퀄리티
있는 폭포를 디자인하였다.

• 절벽 오브젝트를 통째로 제작함.
• 폭포의 물 이펙트는 모델링에 맞춰 제작함.

10

- 거대한 중앙 굴착기를 기본으로 하여 배치함.
- 중앙 오브젝트는 스펙큘러와 라이트맵을 적절하게 사용하여 거대한 느낌이 나오도록 유도 로프와 땅이 연결되도록 함.
- 벽에 배치될 오브젝트 위해 터레인은 가급적 경사도가 있게 제작함.

물탱크
재질의 나무

- 중간 부분에 스펙큘러 넣어 줌.
- 사방으로 퍼지는 로프 느낌의 거대한 드릴을 표현함.

랜덤으로 벽에 붙일 수 있는 오브제 변형을 3개 더 제작

동양과 서양이 공동으로 제작하는 게임이었기 때문에 기획에서 요구되는 채금광의 이미지가 서양에서는 표현하기 쉽지만 동양에서는 표현하기 힘들었다. 기본적인 자료가 없기 때문이다. 어떤 식으로 동양적인 채금광을 디자인할 것인지를 생각하다가 중앙에 배치한 굴착기 모양의 디자인을 생각해내게 되었다. 제일 위에 기화를 잡아 주고 기둥 자체의 무늬를 동양적으로 디자인하여 동양의 채금광의 이미지를 살렸다.

제작된 오브제에 받침을 넣음.

FOR MODELING USE

벽 쪽에 배치하는 오브젝트 3종과 필드에 배치하는
레일 형식의 오브젝트에 채석장 분위기가 풍기는
오브젝트들로 전체를 구성함.

채석장 전반에
배치한 조형물

석재를 운반하는 수레

채석장 필드에 전반
적으로 배치한 레일

채석장도 채금광과 마찬가지로 동서양을 구분하기가 힘들었다. 서양 판타지를 주로 작업해 왔던 필자의 경우, 채석장의 디자인은 다른 디자인보다 크리티컬한 문제였다. 따라서 이 지역에서는 어떤 식으로 동양적인 느낌을 살릴 수 있을 것인지를 많이 고민했다. 하단 좌측에서는 지역에 들어갈 동양의 무늬를 연상시키는 조형물을 디자인하였다.

12

• 단수화, 송월 초원 등에 배치
• 밑의 잡초는 오브젝트 배치 시 같이 배치

무너진 성벽 앞으로 2~3군데 배치(다른 구역에도 활용) (각 마을 및 전초기지)

단수화 초원(전초기지 앞쪽) 및 송월, 제항초원에도 부분 배치

무너진 성벽 앞으로 2~3군데 배치(다른 구역에도 활용) (각 마을 및 전초기지)

• 구덩이를 판 후에 그 위에 배치함(단수화 초원 전용).
• 5~6군데의 구덩이를 파서 배치함.

이런 식으로 파괴하여 여러 군데 배치함.

기본형과 상관없이 여러 패턴 만들어 배치함.

단수화 초원이라고 불리는, 과거 전쟁터였던 지역의 콘셉트 디자인이다. 지역이 매우 넓고 전쟁의 폐허를 표현하려면 일반적으로 다량의 오브젝트 양이 요구되는데, 제작적인 리스크를 최소화하기 위해 가능하면 소도구 위주로 반복하여 사용할 수 있는 방법을 채택했다. 다만 너무 자잘한 형태로 가는 지루함을 피하기 위해 거대한 성문이 전쟁을 통해 부서진 흔적을 군데군데 배치하였다.

FOR MODELING USE

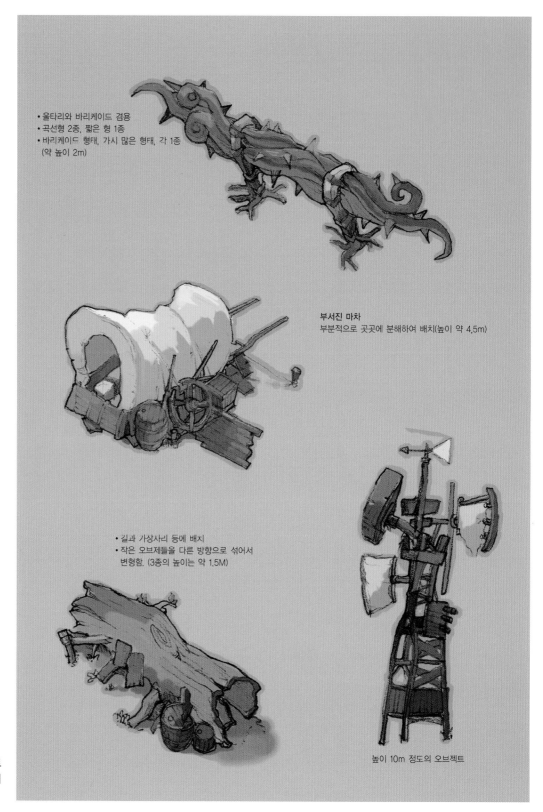

• 울타리와 바리케이드 겸용
• 곡선형 2종, 짧은 형 1종
• 바리케이드 형태, 가시 많은 형태, 각 1종
 (약 높이 2m)

부서진 마차
부분적으로 곳곳에 분해하여 배치(높이 약 4,5m)

• 길과 가상사리 등에 배지
• 작은 오브제들을 다른 방향으로 섞어서
 변형함. (3종의 높이는 약 1.5M)

높이 10m 정도의 오브젝트

서양의 황야 지역의 오브젝트
들이며, 마른 지역에 어울리
는 황야의 이미지를 살렸다.

014

- 거풍계곡 절벽 쪽에 배치할 예정인 석상 오브제
- 헤엄을 쳐서 근처까지 갈 수 있으므로 턱밑 부분은 폴리건을 예상보다 많이 써서 디테일하게 표현함.
- 수면과 닿는 부분은 석상이 마치 물에 녹아내리는 듯한 모양으로 표현함.
- 석재 무늬, 실제 물보라가 치는 것이 아님.—눈 제작할 때 눈동자를 표현하지 말 것.

채석장을 꾸미는 대형 오브젝트들이다. 석재의 이동 수레 및 석재가 놓여 있는 오브젝트들을 디자인하였다. 하단에는 거풍계곡의 강가에 있는 거대 석상을 배치하였다. 중국에 과거 관직에 있던 사람들의 의상을 참고로 하여 디자인해 보았다.

- 거풍계곡의 절벽 쪽에 배치함.
- 굉장히 거대하게 표현하고, 10여 개를 일정 간격으로 띄워 배치함으로써 퀄리티와 디테일이 돋보이게 제작함.

015

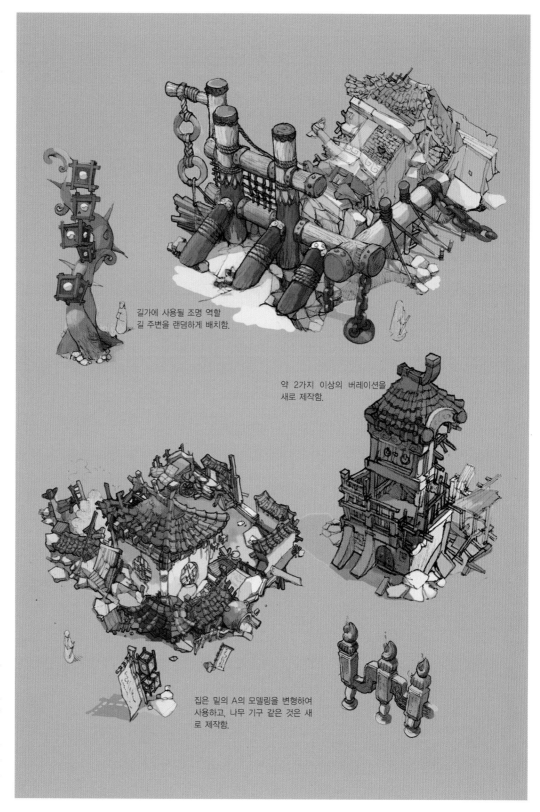

길가에 사용될 조명 역할
길 주변을 랜덤하게 배치함.

약 2가지 이상의 버레이션을
새로 제작함.

거풍계곡의 고블린에 있는
폐허가 된 마을들이다. 이 지
역을 제작할 때는 오브젝트
가 많이 제작이 되어 있는 상
태였기 때문에 소스 오브젝
트를 사용할 수 있었다. 가능
하면 신규 제작보다는 기존
건물을 파괴하여 사용하는
쪽으로 디자인을 맞추었다.

집은 밑의 A의 모델링을 변형하여
사용하고, 나무 기구 같은 것은 새
로 제작함.

0**16**

툴 배치 참고용 설정 원화
• 기본 설정은 숲에 작은 시냇물이 흘러가는 느낌
  의 약간 울창한 숲이고, 군데군데 유적이 있음.
• 약간의 마법 느낌이 존재하며, 푸른색과 청색
  계열, 황토색 계열을 기본 베이스로 잡아 둠.

오색의 숲에 기본 터레인을
설정한 것이다. 길 자체를 낮
은 강으로 유지해 가면서 제
작했고, 곳곳에 조형적인 이
미지를 살려 주는 오브젝트
들을 배치했다.

- 작은 연못 주변에 배치하는 작은 부서진 나루터임.
- 연꽃이나 개구리풀 등을 같이 모아서 오브젝트화함.

길가에 랜덤하게 배치할 수
있는 오브젝트들

부서진 다리

동양적인 느낌을 살린 물 저장 탱크

- 고블린의 습격으로 인해 폐허가 된 마을 입구
- 랜덤하게 2, 3종을 변형 제작함.

동양 추가 지역의 파괴된 마
을의 이미지이다. 파괴된 이
미지보다 깨끗한 이미지로
표현하기 위해 노력했다.

18

- 필드의 경계 지역 사이사이를 구분할 수 있는 유적의 흔적임.
- 주로 싸움터와 싸움터 경계 부분에 배치함.

큰 넝쿨들이 마법에 의해 땅에서 돌출되는 듯한 이미지

- 기본 설정은 숲에 작은 시냇물이 흘러가는 느낌의 약간 울창한 숲이고, 군데군데 유적이 있다.
- 약간의 마법 느낌이 존재하며, 푸른 색과 청색 계열 및 황토색 계열을 기본 베이스로 잡음.

거풍계곡의 터레인 작업을 위한 전경과 하단으로, 오색의 숲에 들어가는 오브젝트들이다.

019

봉마항의 배
카르시드로 가는 거대 군함 겸
여객선 내부 설계도

봉마항에 들어가는 거대 함
정이다. 서양과 동양에 존재
하는 항구에서 오픈 베타 서
비스 이후 가장 중요한 역할
을 하는 중앙 전쟁 지역으로
들어가게 되는 도구로 사용
되는 거대 함정이다. 유저가
이 배를 마지막으로 전쟁 지
역으로 들어가는 만큼 배 안
의 공간을 충분하게 확보하
였고, 많은 유저가 커뮤니티
를 할 수 있도록 유도하였다.

측면도
동양적 이미지 강조

o20

몹 오브젝트를 활용한 유적지의 표현

보스 몹 자이언트를 변경하여 이끼나
석상 이미지로 텍스처를 변경함.

가재 몹을 변형하여 석상 이미지로 변경함.

제작된 몹 오브젝트를 활용
하여 정글 지역의 거대 몹
유적을 제작하였다. 캐릭터
팀의 협조를 받아 만들어진
데이터에서 일정한 포즈를
잡은 후 맥스의 뼈대 데이터
를 생략하면 좋은 포즈를 얻
을 수 있다.

021

'망자의 전쟁터'에 있는 대형 나무 오브젝트
용암처럼 뿌리 밑 부분에서 연기와 함께 빛을 발산하는
에너지 형태의 이펙트를 제작함.

'서양 쪽의 망자 전쟁터' 부분 오브젝트의 콘셉트 이미지다. 주로 이펙트를 활용하여 작업을 유도하였기 때문에 그리 많은 오브젝트는 배치되어 있지 않다. 포지션을 크게 잡아 주고, 나머지는 이펙트에서 불타는 전장의 이미지를 살리도록 어드바이스하였다.

길 사이사이에 배치한 가로등 형식의 조형물

022

큰 넝쿨들이 마법에 의해 땅에서
돌출되는 듯한 이미지

• 모델링은 진시황제의 무덤 병사
를 기본으로 원화를 제작하였음.
• 얼굴은 약간 불상의 이미지가 포
함되도록 제작함.

중국의 진시황의 묘에 있는
병사의 이미지를 과장하여
꾸며본 필드 오브젝트들이다.

FOR MODELING USE

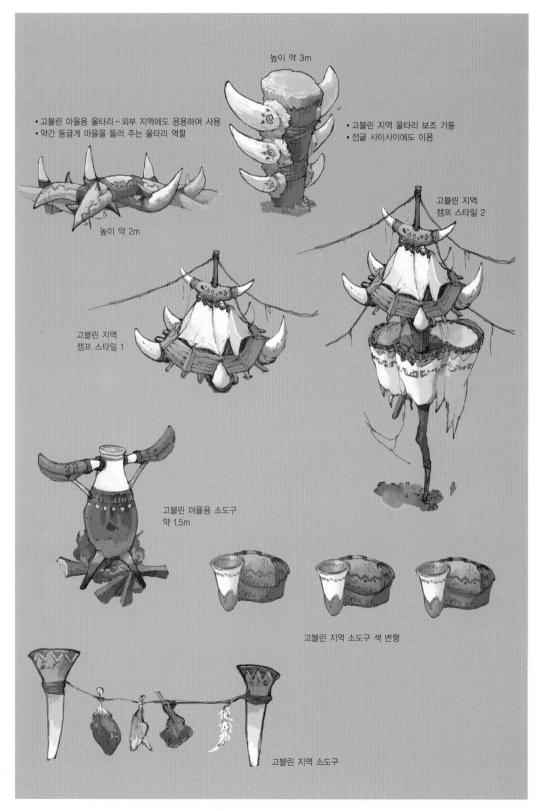

023

높이 약 3m

• 고블린 마을용 울타리 – 외부 지역에도 응용하여 사용
• 약간 둥글게 마을을 둘러 주는 울타리 역할

• 고블린 지역 울타리 보조 기둥
• 정글 사이사이에도 이용

높이 약 2m

고블린 지역
캠프 스타일 2

고블린 지역
캠프 스타일 1

고블린 마을용 소도구
약 1.5m

고블린 지역 소도구 색 변형

고블린 지역 소도구

정글 속의 고블린 마을에 들어가는 소도구들과 정글을 꾸미는 판타지 느낌이 강한 나무를 배치하였다.